ÉQUITATION

STYLES ET TECHNIQUES

ÉQUITATION
STYLES ET TECHNIQUES

EDITIONS ATLAS

Édité par :
Éditions Glénat

Services éditoriaux et commerciaux :
Éditions Glénat – 31-33, rue Ernest Renan
92130 Issy-les-Moulineaux

Cet ouvrage est une édition partielle de l'encyclopédie
« Équitation, la passion du cheval», publiée par les Éditions Atlas et dirigée par Emmanuelle Hubrecht.

Maquette de couverture : Les Quatre Lunes
Copyright des photos de couverture : Miriski/COGIS ; Caillière/Optipress ;
Anne-Sophie Flament/Optipress ; Bob Langrish ; Sunset et Sorrel

Imprimé en Italie
Achevé d'imprimer : Avril 2006
Dépôt légal : septembre 2004
ISBN : 2.7234.4883.5

INTRODUCTION

Équitation western, dressage, monte en amazone, voltige et jeux équestres, attelage : voilà toutes les disciplines que cet ouvrage intitulé *Équitation Styles et techniques* se propose de vous faire découvrir. L'équitation western est abordée de manière globale ; c'est d'abord la façon de monter à cheval et un certain esprit qui font le cavalier d'équitation western. Puis des introductions au dressage et à la monte en amazone permettent une approche de ces disciplines. La voltige est également présentée, c'est en effet un excellent moyen d'acquérir de l'équilibre et de l'aisance pour les cavaliers. Enfin, l'attelage est aujourd'hui une discipline équestre de compétition, avec des épreuves aussi diverses que le marathon ou l'attelage de tradition.

L'Éditeur

S O M M

Bob Langrish

Bob Langrish

Bob Langrish

A I R E

Sorrel

Farissier/Cogis

Monnier/Cogis

Bob Langrish

L'ÉQUITATION WESTERN

Débuter en équitation western
Un cheval pour l'équitation western
Se mettre en selle
Tenir les rênes
Conduire à une main
L'arrêt
Le reculer
Les pas de côté
Le sliding-stop
Figures de reining : le spin
Sélection selon le mental et la conformation
Éducation du poulain avant un an
Protéger le mental et le développer
L'impulsion naturelle
Développer le souffle
Évaluer le talent et le potentiel
La spécialisation
Le travail à l'assiette : la balance
Le cheval de travail et d'extérieur
Monter western sans cheval américain

Débuter en équitation western

En équitation western, l'enseignant respecte un code d'éthique, sorte de règle morale dont le but est de protéger l'avenir de cette discipline. Le débutant y est particulièrement privilégié : l'avenir, c'est lui. Tout est fait pour qu'il découvre le monde du cheval avec plaisir.

Sorrel

PREMIÈRE LEÇON : CONTACT AVEC LE MONDE WESTERN

Fondements de la psychologie équine, éléments de sécurité, principes techniques... La première leçon est si riche en nouveautés qu'on a parfois du mal à tout retenir !

1 Seller, brider

Posez le sous-tapis et le tapis bien à plat sur le dos du cheval, puis mettez la selle par-dessus avec l'aide de l'instructeur. Vous n'avez plus qu'à faire un

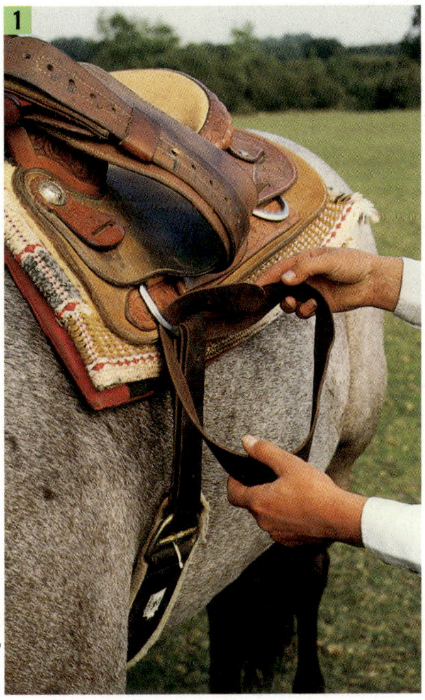

Bob Langrish

« sanglage d'écurie », très peu serré, de façon à ne pas inciter le cheval à se gonfler. Bridez votre cheval : il est éduqué pour vous faciliter la tache en baissant la tête. Présentez-lui correctement le mors, il le prendra de lui-même en bouche. Enfin, mettez-lui des protections aux membres. Il est prêt !

Au travail !

Commencez par aller chercher votre monture dans son box. Quand vous entrez, un cheval western se tourne vers vous. Il a été éduqué pour ça : jamais il ne laissera son arrière-main dans votre direction à moins qu'il ne soit attaché. Mettez-lui le licol en passant votre main droite par-dessus l'encolure : il y glissera tout seul la tête. Pour le sortir de son box, laissez-lui 40 à 60 cm de longe afin qu'il puisse vous suivre sans vous marcher sur les pieds.

Sorrel

2 En selle !

Pour vous mettre en selle, vous devez placer vos rênes croisées sur l'encolure, les prendre au centre par la main gauche tout en agrippant le tapis au niveau du garrot ou, mieux encore, la crinière.

Votre main droite saisit la corne. Pied gauche à l'étrier, poussez fortement vers le haut pour vous hisser aussi vite que possible sans déséquilibrer le cheval, pour qui le montoir (le moment où l'on monte) doit rester sans désagrément.

Passez votre jambe droite par-dessus la croupe et asseyez-vous doucement dans la selle.

Pendant tout le montoir, votre regard doit rester fixé vers l'avant, entre les oreilles du cheval.

Sorrel

Kit Houghton

3 Avancer

Prenez les rênes à deux mains en pont. Ne cherchez pas à les tendre : laissez la bouche du cheval libre.

En mettant les jambes légèrement et brièvement au contact, vous ferez partir le cheval au pas.

4 Tourner, s'arrêter

Pour tourner, il suffit de lever la main du côté où vous souhaitez aller, éventuellement en plaçant la jambe extérieure au contact.

BON À SAVOIR
Les aides

Cinq types d'aides sont à votre disposition, dont quatre naturelles – voix, mains, jambes, assiette – et une artificielle, les éperons. Les mains contrôlent l'avant-main du cheval : elles servent de volant et de frein. Les jambes permettent d'accélérer (en avant ou en arrière), aident les mains dans la direction en contrôlant l'arrière-main du cheval. Pour une première leçon, les éperons restent à la sellerie.

BON POUR LE MORAL

En respectant votre cheval, vous lui ferez partager votre plaisir. Quand on débute, l'imprécision des gestes le gêne. Le rassurer par la parole, ne pas insister quand tout va de travers, rester très doux dans les mains et dans les jambes, varier le travail et les lieux de travail : tout cela protège le mental du cheval. Le plaisir est tellement plus grand quand il est partagé !

Pour vous arrêter, choisissez de préférence un moment où le cheval est droit et, comme au sol, dites « Wôa », fermement, sans agressivité et, surtout, sans tirer sur les rênes.

L'ÉQUIPEMENT WESTERN

En équitation western, les cavaliers ne portent pas de culotte d'équitation, mais plutôt un jean spécialement coupé et, éventuellement, des chaps, avec des bottes munies de talons qui se posent bien dans les larges étriers.

Mais libre à vous de choisir la tenue qui vous semble la plus adaptée.

Bon à savoir

Il faut toujours éviter de surprendre le cheval. Quoi que vous fassiez avec lui ou près de lui, le cheval doit être prévenu d'une manière ou d'une autre – par la voix quand on l'approche. Le cheval attend que vous fassiez des gestes codifiés, qui le rassurent et lui permettent de toujours comprendre ce qui est en train de se produire et... ce qui va se produire !

Sorrel

L'ÉQUIPEMENT DU CHEVAL

Le harnachement western est également assez différent du harnachement de l'équitation classique. On utilise le plus souvent, quand le cheval est déjà dressé, un mors de bride simple, à branches plus ou moins longues. Le cheval dispose en général d'un sous-tapis personnel, facilement lavable en machine, et d'un tapis plus épais, qui protège son dos.

La selle elle-même est assez lourde (entre 12 et 17 kilos !), mais on acquiert rapidement le coup de main (et la musculature) pour la placer sans effort... et sans se faire mal au dos ! Elle est très confortable. Le cavalier y est véritablement calé, profondément assis, avec des étriers chaussés long. La « poignée » située à l'avant porte le nom de *corne*.

Sorrel

LE BON GESTE
En main

L'éducation en main est très importante. Le cheval western se tient respectueusement derrière vous ou à hauteur de votre épaule. Si vous devez tourner, choisissez de préférence de le faire par la droite. De la sorte, le cheval ne risque pas de vous heurter. Inutile de tirer sur la longe, il se décalera lorsque vous tournerez par simple respect de la distance qu'il maintient entre lui et vous. Pour tourner par la gauche, décalez-vous vers son flanc et placez une main contre le cheval.

Lorsque vous souhaiterez vous arrêter, dites « Wôa » puis arrêtez-vous. Le cheval stoppera immédiatement.

Un cheval pour l'équitation western

Pour pratiquer l'équitation western, il faut un cheval approprié. Les exigences de finesse, d'adresse et de fluidité des allures imposent en effet une conformation particulière et un bon mental.

Kit Houghton

Sorrel

QU'EST-CE QU'UN BON MENTAL ?

Les deux qualités mentales essentielles chez le cheval western sont l'absence d'agressivité et la bonne volonté. Viennent s'y ajouter d'autres qualités, comme la capacité à apprendre vite.

Kit Houghton

En observant un cheval monté, on décèle facilement ses dispositions mentales.

JUGER LE MENTAL DU JEUNE CHEVAL

Voici quelques critères pour vous aider à choisir un jeune cheval. Au pré, en compagnie des autres, le jeune cheval doit jouer, mais sans chercher la bagarre. Il ne mord pas, ne tape pas, couche rarement les oreilles.

Il respecte naturellement l'homme. Qu'il soit craintif n'est pas un problème. Mieux vaut un jeune cheval un peu timide qu'un autre trop insolent. S'il s'éloigne gentiment pour rester hors de portée quand vous cherchez à l'approcher, ne vous inquiétez pas. En revanche, méfiez-vous de celui qui part comme un fou ou se montre agressif.

GROS PLAN
Le déplacement du cheval pour l'équitation western

Au pré, un bon cheval western se déplace naturellement en gardant la tête vers le bas ou tout au plus en position naturelle. Ses allures sont rasantes, non par paresse, mais par nature. Son trot semble confortable, facile et son galop fluide et très souple. Le cheval montre naturellement un bon engagement. Il change spontanément de pied au galop.

Sorrel

Un regard calme, un front droit, une tête bien carrée : un quarter-horse digne de ce nom !

À ÉVITER

Si vous possédez un jeune cheval qui a un bon mental, ne le mettez pas en compagnie d'autres dont le mental est moins bon. En l'agressant, ces derniers lui apprendraient à se défendre. Il comprendrait vite qu'en tapant et en mordant, il se débarrasse des gêneurs. Dont vous, le jour où ce sera nécessaire !

Bob Langrish

UNE SAINE CURIOSITÉ

Un regard tourné vers vous, curieux, même de loin, est bon signe. Face aux choses nouvelles, le cheval doit montrer de la curiosité, éventuellement hésiter, sembler réfléchir avant d'accomplir. Il doit se souvenir de ce qu'il a compris la veille. Un cheval indifférent aux choses nouvelles est moins intéressant.

À ÉVITER

Évitez le dominant du troupeau, ainsi que l'individu situé le plus bas dans la hiérarchie. Un cheval qui refuse tout systématiquement, avec qui tout semble difficile, est à écarter. De même, un animal lunatique, qui se comporte un jour avec calme et s'énerve le lendemain, ne sera pas facile à canaliser.

Bob Langrish

Au moment de choisir un cheval, sélectionnez d'abord ceux qui ont un bon mental. Ensuite, vous ferez le tri selon la conformation. L'éducation ne résoudra pas tous les problèmes.

ÉVALUER LE MENTAL DU CHEVAL AU TRAVAIL

Le cheval western doit être soumis. Sans soumission, il prend lui-même des décisions dès qu'il n'est pas contraint. Il essaie, par exemple, de rejoindre ses copains dès que vous avez les rênes longues. Ce genre de cheval ne trouvera pas son compte dans votre compagnie parce qu'il ne vous reconnaîtra pas comme un partenaire dominant. Vous voulez un compagnon avec qui vous partagez des moments de vie, pas une bête de somme à qui vous devez imposer en permanence une ligne de conduite et qui ne rêve que du moment où ça va s'arrêter !

REPÉRER LE BON TEMPÉRAMENT

Pour repérer cette disposition, observez bien le cheval au travail. Il est expressif, attentif, les oreilles tournées vers le cavalier. Il regarde à peine les autres chevaux tant qu'il est en présence de l'homme. Il ne fouaille pas de la queue, garde la tête basse, semble vif et disponible. Son regard reste franc. Son comportement ne varie pas en fonction de l'environnement.

LA CONFORMATION DU CHEVAL WESTERN

Un cheval western possède un corps harmonieux, rond et non osseux. Il donne l'impression de pouvoir porter. Il est musclé, puissant. Selon les disciplines, il doit toiser entre 1,45 m et 1,60 m.

UNE BONNE AVANT-MAIN

Il a le regard doux, indiquant calme et bonne volonté. Une jolie tête carrée avec un front droit indique une ossature généreuse qui permet au cheval de bien respirer, de bien voir et de bien s'alimenter. La gorge doit être fine pour la souplesse. L'encolure, suffisamment longue pour faire un excellent balancier, est attachée assez haut pour alléger l'avant-main et a une inclinaison se rapprochant le plus possible de l'horizontale.

SOLIDE MAIS AGILE

On cherche un dos plutôt court, avec un garrot aussi effacé que possible. La croupe est ronde et le cheval culotté très bas pour la puissance de l'engagement. Ses aplombs sont corrects. Il peut être légèrement sous lui des postérieurs, mais surtout pas campé.

Examinez les membres : ils sont solides mais ni épais, ni trop courts – ce qui réduirait l'agilité –, ni trop longs, car le centre de gravité serait trop haut. L'angle des paturons est parallèle à celui de l'épaule, qui se trouve à 45°. Les pieds petits, sans être ridicules, favorisent la légèreté des allures, la vélocité et l'agilité.

LE COIN DU PRO

Un cheval soumis ?

Un cheval soumis est un cheval qui a compris qu'il a tout à attendre de l'homme : respect, nourriture, bien-être. Dans son esprit, la volonté de l'homme est incontournable, il la respecte. C'est avec l'homme qu'il passe ses meilleurs moments. Cela exclut toute forme de soumission par la force et toute violence. C'est par son intelligence que l'homme doit obtenir ce résultat.

Se mettre en selle

Monter sur un cheval et en descendre : voilà deux opérations critiques pour le cavalier et peu agréables pour le cheval. Une bonne technique de mise en selle permet toutefois de les accomplir en toute sécurité sans les rendre pénibles pour le cheval.

Kit Houghton

À DROITE COMME À GAUCHE

Pratiquez aussi bien à droite qu'à gauche car, à tout instant, vous pouvez être amené à monter d'un côté comme de l'autre. Cherchez le beau geste, celui qui donne l'impression de la facilité et que caractérisent rapidité, équilibre et douceur.

1 Amenez le cheval dans un endroit plat ne présentant aucun danger.

Évitez le bord de la carrière, vérifiez qu'il n'y a rien où il puisse se prendre les pieds.

Placez vos rênes séparées sur l'encolure en faisant le tour du cou – non en les passant par-dessus la tête.

2 Laissez vos rênes flottantes, mais presque au contact.

Votre main gauche tient les rênes et la crinière – ou le tapis. Placez votre pied gauche dans l'étrier en vous aidant avec votre main droite si nécessaire.

LE SAVIEZ-VOUS ?

En utilisant la technique décrite ici, vous garderez à tout instant le contrôle de votre cheval. Si celui-ci part en avant, il vous suffit de vous propulser rapidement en selle : vous êtes dans le sens de la marche, vous voyez où vous allez, tout va bien !

1

Sorrel

2

Sorrel

3

Sorrel

4

Sorrel

5

Sorrel

3 De la main droite, accrochez-vous à la corne de la selle.

Portez le regard vers l'avant, entre les oreilles du cheval.

4 Pour vous hisser en selle, fléchissez votre jambe droite, puis propulsez-vous vers le haut.

Passez la jambe droite par-dessus la croupe.

Les points 3 et 4 doivent s'enchaîner rapidement.

5 Asseyez-vous le plus doucement possible dans la selle.

Le cheval ne doit rien sentir : rappelez-vous qu'il est sensible au poids d'une mouche !

Attendez au moins dix secondes avant de demander quoi que ce soit.

LE SAVIEZ-VOUS ?

Seule la taille relativement moyenne du cheval d'équitation western – entre 1, 40 m et 1,60 m – permet de monter selon cette technique. Si votre cheval est très grand par rapport à vous, il faudra adapter ! Mais veillez toujours à la sécurité et pensez au confort de votre monture.

Ainsi, le cheval restera calme au montoir, sans stresser ni chercher à anticiper l'action.

ET POUR DESCENDRE ?

Réalisez les opérations dans l'ordre inverse, en pensant aux deux points fondamentaux : la sécurité et le confort du cheval.

Tenez vos rênes dans la main gauche et agrippez la crinière ou le tapis.

Déchaussez l'étrier droit et seulement celui-là.

En vous tenant avec la main droite à la corne, passez votre jambe droite par-dessus la croupe.

Posez le pied droit au sol. Ensuite seulement, déchaussez l'étrier gauche.

QUE FAIRE S'IL BOUGE ?

Aucun cheval western digne de ce nom ne bouge au montoir.

Si le vôtre le fait, vérifiez les points suivants.

- Ne faites-vous aucun mouvement maladroit ou brutal pendant que vous vous mettez en selle ?

Par exemple : rênes trop serrées, coup de pointe de pied à la sangle, gros déséquilibre au montoir, réception brutale dans la selle, etc.

Ces fautes peuvent déclencher chez le cheval, pendant le montoir, un réflexe de fuite.

- Attendez-vous plusieurs secondes dans le calme une fois en selle avant de demander quoi que ce soit ?
- Montez-vous toujours sereinement ?

Un matériel inadapté ou un cavalier nerveux stresse le meilleur des chevaux !

Au travail !

Entraînez-vous à monter et à descendre en faisant un seul rebond au sol. Mettez-vous en selle, puis descendez. Dès que votre pied droit touche le sol, ne déchaussez pas le gauche, remontez grâce à l'impulsion de votre jambe droite. Avec un peu de pratique, vous ferez cette manœuvre très facilement. Votre cheval vous en saura gré !

LE BON GESTE

Lorsque vous descendez de cheval, restez bien droit, ne vous couchez pas sur l'encolure. Vous risqueriez d'accrocher votre vêtement à la corne, ce qui est dangereux.
Maintenez le regard en avant, les épaules dans l'axe du cheval.

Sorrel

Tenir les rênes

En équitation western, il faut savoir tenir ses rênes de plusieurs manières et, parfois, selon ce que l'on fait, utiliser des rênes différentes. C'est une question de tradition ? Oui, mais la tradition s'est installée pour répondre à un besoin.

Bob Langrish

UNE OU DEUX MAINS ?

Le but du dressage en équitation western est, bien sûr, de parfaitement contrôler le cheval en tenant les rênes d'une seule main. Cependant, avant d'en arriver là, le travail se fait à deux mains.

DEUX MAINS D'ABORD

Les rênes en pont

1 Posez les rênes sur l'encolure du cheval, croisées, le flot de la rêne droite tombant à gauche et inversement. Prenez les rênes à pleines mains, comme vous attraperiez un guidon de vélo, les deux mains proches l'une de l'autre. Vérifiez que vos rênes sont de même longueur. Faites glisser vos mains en les éloignant l'une de l'autre de 20 à 50 cm selon le travail que vous allez faire. Cela crée un « pont » entre vos mains. Descendez les mains à la hauteur de la corne de la selle.

Sorrel

2 Avec cette tenue de rênes, vos mains travaillent ensemble et les sensations du cheval sont proches de celles qu'il a lors du travail à une main.

Kit Houghton

MAINS SÉPARÉES

3 Posez vos rênes croisées sur l'encolure du cheval, le flot de la rêne droite tombant à gauche et inversement. Prenez une rêne dans chaque main. Vérifiez que les deux rênes aient la même longueur. Tenez vos mains comme précédemment, à hauteur de la corne.

Sorrel

Attention : de cette manière, vos mains ont beaucoup plus de force et ne sont pas obligées de travailler ensemble.

À UNE MAIN

Pleine main

4 Posez vos rênes comme pour les prendre en pont à deux mains. Prenez-les dans la main avec laquelle vous êtes le plus à l'aise, bien au centre de l'encolure, à pleine main, troisièmes phalanges vers le haut.

Vérifiez que les deux rênes aient la même longueur.

Bob Langrish

5 Tenez votre main assez basse, toujours bien au centre, devant la corne de la selle.

Cette position a un grand avantage : en cas de problème, il est très facile de reprendre le cheval à deux mains, juste pour une seconde, ou pour plus longtemps, sans aucune modification de la position des rênes.

GROS PLAN

L'alourdissement de l'extrémité des rênes séparées permet d'éviter qu'elles volent au vent : elles tombent mieux et sont plus stables. Leur longueur est utile pour qu'elles ne passent pas du mauvais côté de l'encolure ; cette longueur peut aussi servir de cravache de dépannage. Les cowboys s'en servent également pour avoir des chevaux ground-tie, c'est-à-dire « attachés au sol ».

LE BON GESTE

Pour vous assurer que vos rênes ne glissent pas peu à peu dans vos mains, vous pouvez, au début, faire des marques.

Au travail !

Les split rein ou « rênes séparées » paraissent curieuses au novice. Elles sont longues de 2,30 m chacune, séparées et non fixées ensemble, parfois alourdies à une extrémité. Il faut apprendre à bien les tenir pour s'en servir correctement.

5

Kit Houghton

6

Kit Houghton

À UNE MAIN... POUR DE VRAI

C'est la position imposée en concours dans certaines épreuves.

6 Prenez vos deux rênes entre le pouce et l'index (ou le majeur) de la main avec laquelle vous êtes le plus à l'aise.

Si vous prenez pouce-majeur, glissez l'index entre les rênes.

Faites tomber le flot des deux rênes du côté de la main qui les tient.

Gardez les troisièmes phalanges vers le haut. Placez votre main devant la corne de la selle, assez bas, bien au centre.

7 Souvent, on voit les cavaliers western tenir bizarrement leur main libre devant eux, au niveau de l'estomac. Cette position leur permet de rester parfaitement en équilibre, les deux épaules dans le même axe, et de ne pas « vriller », comme le font bien des cavaliers sans s'en apercevoir.

7

Bob Langrish

BON À SAVOIR

Il y a une différence entre tenir fermement les rênes et avoir la main dure. Quand on ne tient pas ses rênes solidement, elles glissent entre les doigts ; il faut alors constamment les reprendre – avec le risque de les perdre si le cheval trébuche. La douceur de l'action de la main est indépendante de la fermeté avec laquelle les rênes sont tenues.

Bob Langrish

Le romal est une rêne fermée, prolongée par un flot unique. Il doit être tenu dans une seule main, comme on saisirait un verre, pouce vers le haut.

Conduire à une main

Conduire son cheval à une main demande beaucoup de compétences. Il faut le faire dans les règles de l'art : rênes flottantes, action imperceptible de la main, réponse franche et immédiate du cheval.

Kit Houghton

Hermeline/Cogis

Hermeline/Cogis

Sorrel

LE TRAVAIL DE LA MAIN

En accord avec les autres aides, la main joue son rôle par sa position et non par sa force. Vous pouvez faire à une main tout ce que vous faites à deux mains, et même plus encore.

1 Saisir les rênes correctement

Vous pouvez tenir les rênes indifféremment dans l'une ou l'autre main. Choisissez celle avec laquelle vous êtes le plus à l'aise.

De même, vous pouvez tenir vos rênes soit entre le pouce et l'index, soit entre le pouce et le majeur si vous glissez l'index entre les deux rênes. Il est interdit, en concours, de placer plus d'un doigt entre les rênes.

Placez le flot des rênes du côté de la main choisie. À droite si vous tenez de la main droite, à gauche si vous tenez de la main gauche.

2 Marcher, trotter, galoper

Pour mettre le cheval en mouvement ou pour passer à une allure supérieure, avancez votre main pour « ouvrir la porte ». Avancez également vos épaules, sans toutefois incliner tout le buste.

3 Tourner

Pour tourner, déplacez votre main du côté où vous souhaitez aller.

La rêne extérieure ne doit pas entrer en tension, mais simplement venir toucher l'encolure.

C'est ce contact qui indique au cheval que le cavalier souhaite changer de direction : c'est la neck-rein.

GROS PLAN
Les erreurs courantes à éviter

- Le cheval tourne en restant raide au lieu de s'incurver.
- Il relève la tête à l'action de la main.
- Les rênes se tendent lors des tourners, des ralentissements ou de l'arrêt.

4 Ralentir, arrêter

Pour demander à votre cheval de ralentir ou de s'arrêter, levez votre main. Dès qu'il est descendu dans l'allure demandée, ou dès qu'il entame l'arrêt, baissez la main. Vous ne devez pas exercer de tension sur les rênes.

5 Reculer

Levez la main pour « fermer la porte ».

Dès que le cheval entame le reculer, relâchez.

4

Sorrel

5

Sorrel

CHOISIR LE BON MORS

Trois types de mors sont décrits ici – parmi les dizaines qui existent.

COMPRENDRE LE PRINCIPE

Le mors « une main » doit exercer un effet de levier : il doit donc posséder branches et gourmette.

Sa sévérité dépend plus de la main qui l'utilise que du mors lui-même.

Vous devez choisir le mors selon vos compétences et selon les réactions du cheval.

MORS DE FILET ET MORS DELTA

Les premiers pas du travail à une main se font en mors de filet – mors brisé à anneau.

Mais ce mors ne permet pas de transmettre au cheval des informations suffisamment fines.

Un bon compromis, pour débuter, est d'employer un mors delta 5 ou 7 pouces.

Avec ce mors brisé, le contrôle latéral reste possible.

La plupart des cavaliers et des chevaux en resteront à ce mors.

BON À SAVOIR

• La façon de tenir les rênes est codifiée. On ne les tient pas de la même façon si on doit démontrer le niveau de dressage de son cheval en compétition ou si on l'entraîne ou l'utilise pour travailler.

• En concours, une seule position est autorisée : flot des rênes du côté de la main qui les tient, un doigt au plus entre les rênes. Le dos de la main est tourné vers le ciel. À aucun moment la main ne marque de rotation : elle se déplace latéralement ou verticalement. Toucher les rênes avec la deuxième main est éliminatoire.

• Au travail ou à l'entraînement, les rênes sont tenues à « pleine main » : elles sont croisées sur l'encolure et le cavalier les saisit ensemble, à pleine main. Cela permet notamment de pouvoir agir, si nécessaire, avec la deuxième main pour rappeler le cheval à l'ordre.

Sorrel

Le mors droit à levier ne peut être employé qu'avec un cheval déjà dressé et par un cavalier qui ne fait plus de fautes de main.

BON POUR LE MORAL

Si vous avez du mal à obtenir ce que vous voulez lors du travail à une main, ne désespérez pas. Contrôler un cheval à une main implique d'avoir, avant tout dressage, bâti le mental du cheval. C'est tout l'esprit de l'équitation western qui s'exprime : il ne s'agit pas de « faire faire » au cheval, mais de lui « demander de faire » ; il exécute avec toute sa bonne volonté. S'il se défend ou se montre distrait, travaillez d'abord le mental. S'il résiste au mors, si vous devez encore prendre le contact, revenez au travail à deux mains.

UNE PROGRESSION À RESPECTER

L'étape suivante consiste à apprendre à utiliser le mors à penture.

Il s'agit encore d'un mors brisé, mais dont la mobilité est limitée à un plan.

Ce mors éducatif est destiné aux chevaux et cavaliers bien avancés.

Le mors droit à levier est celui de la dernière étape.

On ne l'emploie que sur des chevaux parfaitement sûrs.

On ne le met entre les mains d'un cavalier que lorsque celui-ci ne fait plus de fautes de main.

LE SAVIEZ-VOUS ?

Le romal

Originaires de Californie, ces rênes fermées se tiennent uniquement à pleine main. Mettre un doigt entre les rênes est interdit en compétition. Monter à deux mains est pratiquement impossible avec un romal.

L'arrêt

La qualité des arrêts des chevaux western est très étonnante : à n'importe quelle allure, à n'importe quelle vitesse, ils s'arrêtent sans que le cavalier ait besoin de tendre ses rênes. Magique ? Mais non ! À la portée de tous...

Kit Houghton

L'ARRÊT : UNE QUESTION DE MENTAL

On n'arrête pas un cheval grâce aux muscles de ses bras ! Même si vous pesez 30 kg tout mouillé, votre cheval peut s'arrêter où et quand vous voulez. Pour cela, trois conditions doivent être remplies.

LE CHEVAL DOIT COMPRENDRE CE QUE VOUS VOULEZ

Ce n'est pas parce que vous dites « wôa » ou qu'il sent une tension dans sa bouche que votre cheval va interpréter « oh ! il faut que je m'arrête ! ». Bien au contraire, de façon naturelle, il va chercher à fuir cette pression et cette douleur en... accélérant ! La réponse au mors et au « wôa » est un long apprentissage. Si votre cheval s'arrête mal, posez-vous cette question : combien de temps ai-je passé à lui enseigner l'arrêt ? Un solide débourrage au sol, comprenant l'arrêt et l'immobilité, devrait éviter les problèmes ultérieurs. Il suffira ensuite, monté, d'associer doucement assiette et mains. Chaque arrêt réussi est prolongé, pour que le cheval comprenne qu'il a bien fait.

IL DOIT POUVOIR LE FAIRE

Pour s'arrêter, le cheval a besoin de son balancier, de son arrière-main, d'un dos haut et fort. Il faut donc lui libérer la bouche. Si vous exercez une tension sur les rênes, il y a de fortes chances qu'il lève la tête, qu'il creuse le dos et engage mal ses postérieurs. Il ne peut pas s'arrêter.

IL DOIT AIMER LE FAIRE

L'arrêt est une forme de récompense. Lors de l'arrêt, le cheval peut souffler et se

À EVITER

Arrêter un cheval pour le punir est la pire des erreurs. S'il fait une action que vous jugez devoir punir, faites-le dans le mouvement. Si vous l'arrêtez pour donner une correction, d'une part il ne fera pas le lien avec sa faute, donc la punition sera totalement inefficace, et d'autre part il aura une bonne raison de refuser les prochains arrêts.

Au travail !

Pour préparer un bon arrêt, vous devez éviter de charger l'avant-main. Si vous êtes penché en avant, le cheval sera en perte d'équilibre et se « courra après ». Pour éviter ce problème, tenez-vous bien droit dans la selle, travaillez votre assiette, ne tirez jamais sur les rênes, mais levez vos mains.

1

Kit Houghton

2

Bob Langrish

3

Bob Langrish

LE BON GESTE

Une fois qu'il a compris l'arrêt, le cheval doit pouvoir s'arrêter aux trois allures.

Mais attention, un arrêt galop-pas représente un gros travail physique pour le cheval et un vrai choc à encaisser pour l'assiette du cavalier. Restez bien droit ; les pieds jamais parallèles au cheval mais à 45°, bien à plat dans les étriers.

Éventuellement, tenez-vous à la corne les premières fois pour bien rester « collé » à la selle et ne pas gêner le cheval. Avec un peu d'expérience, tout ceci deviendra parfaitement naturel !

Kit Houghton

Bob Langrish

détendre. Si vous respectez la deuxième condition, les arrêts ne lui seront pas douloureux.

Lui rendre cette pause agréable est indispensable pour obtenir de bons arrêts.

1 Regardez l'endroit où vous avez décidé de vous arrêter. Bien droit, « debout » dans la selle, détendez-vous. Si vous vous crispez, le cheval, très sensible, se crispera à son tour et sera gêné dans son travail.

2 Placez le cheval dans une position correcte : encolure horizontale, chanfrein vertical. Ainsi, vous l'aidez à protéger son dos lors de l'arrêt. Vérifiez également qu'il engage ben ses postérieurs. S'il les laisse traîner par manque d'impulsion, c'est encore le dos qui souffrira.

3 Laissez les rênes légèrement flottantes. Puis portez du poids vers l'arrière-main en calant bien vos pieds dans les étriers, sans pour autant vous pencher en arrière. C'est un travail d'assiette. Levez légèrement les mains pour alléger l'avant-main.

À QUOI ÇA SERT ?

Un cheval est un moyen de transport. Pour sa sécurité et la vôtre, les « freins » doivent être excellents. Plus la distance nécessaire pour s'arrêter est courte, moins vous êtes en danger. Ce qui ne veut pas dire qu'il faut en abuser ! Un bon cheval s'arrête en moins d'une foulée, au « wôa », sans tension sur les rênes.

4 Au même moment, dites « wôa ». Éventuellement, levez encore très légèrement les mains avant de les relâcher immédiatement. À cet instant précis, le cheval stoppe net. Attention à la secousse !

5 Restez à l'arrêt suffisamment longtemps en laissant bien vos rênes totalement détendues. Le cheval doit comprendre qu'il a bien agi. Si vous repartiez immédiatement, il pourrait croire qu'il s'est trompé de réponse.

LE COIN DU PRO

Pour apprendre à votre cheval à arrondir le dos lors de l'arrêt, demandez-lui systématiquement quelques pas de reculer immédiatement après chaque arrêt. Ainsi, par anticipation, il se préparera à reculer en s'arrêtant : il arrondira son dos, en engageant les postérieurs.

Sorrel

LE SAVIEZ-VOUS ?

Ce n'est pas le mors qui arrête le cheval

En levant les mains, vous demandez au cheval de relever les épaules, de reporter du poids vers l'arrière. Il ne sert à rien de tirer sur les rênes pour essayer de bloquer l'avant-main : en effet, ce geste rend l'arrêt difficile, puisque la tension incite le cheval à s'appuyer sur le mors. En clair, il fait l'inverse du but recherché : il reporte du poids vers l'avant !

Le reculer

Toutes les équitations ne considèrent pas le reculer de la même manière. En équitation western, le poulain au débourrage apprend à reculer sous la selle dans le premier mois de travail. Le cavalier débutant, dans les premières heures de cours. Pourquoi et comment ?

Sorrel

Bob Langrish

RECULER, MODE D'EMPLOI

Bien droit, rien dans les mains ni dans les jambes... Un reculer de grande classe se travaille ! Tout le secret se trouve dans la préparation et l'équilibre.

1 Préparer le cheval

Le cheval doit s'arrêter bien droit et au carré, faute de quoi il ne pourrait pas reculer droit. Un reculer qui part de travers est difficile à récupérer. Dans ce cas, mieux vaut repartir au pas et demander un nouvel arrêt pour vous trouver dans de bonnes conditions.

Arrondissez le cheval. Placez-le, chanfrein à la verticale, et vérifiez qu'en s'arrêtant il a bien engagé ses postérieurs. Si ce n'est pas le cas, refaites un arrêt. Pour que le reculer soit beau, le dos doit pouvoir s'arrondir – l'engagement lors de l'arrêt est donc nécessaire.

2 Entamer le reculer

Dites « back-up », tout en levant très légèrement et, surtout, doucement vos mains. Cela aura pour effet de reporter du poids sur son arrière-main. Un cheval western vient se placer derrière son mors, ne cherchez donc pas le contact, vous l'encapuchonneriez.

Demandez de l'impulsion en pressant avec douceur de vos deux jambes. Puisque la porte de devant est fermée par les mains – s'il avançait, il viendrait au contact, ce qu'il

Kit Houghton

LE COIN DU PRO

Si votre cheval utilise le reculer comme une défense, vous pourrez résoudre ce problème en lui enseignant à reculer sur ordre. Dès qu'il saura reculer sous la selle, vous pourrez agir. Au moment où il se mettra à reculer en signe de défense, profitez-en pour lui demander un reculer très long. N'hésitez pas à lui faire traverser la carrière en marche arrière. Il aura tôt fait de comprendre qu'il ne gagne rien à reculer pour se défendre.

3

Kit Houghton

Au travail !

Asseyez-vous droit dans la selle, sans vous pencher ni en arrière ni en avant. Descendez les jambes, soyez aussi naturel que possible. Les coudes le long du corps, les mains à 10 cm de chaque côté de la corne. Assurez-vous que rien ne se trouve sur votre chemin.

4

Sorrel

À QUOI ÇA SERT ?

Vous verrez souvent un entraîneur faire reculer son cheval dès qu'il l'arrête. Ceci apprend au cheval à engager ses postérieurs pour les arrêts, ce qui est excellent pour son dos et permet des arrêts francs à partir du galop.

a appris à ne jamais faire – il se déplacera dans la direction où cela est possible, c'est-à-dire vers l'arrière.

3 Vitesse et direction

Pour accélérer le reculer, serrez les jambes. Attention, ne donnez jamais de coups de talon, pressez simplement ! Pour ralentir, relâchez un peu la pression.

Contrôlez bien la direction. Il vous suffit de serrer une jambe plus fort que l'autre et le cheval modifiera la direction du reculer. Vos mains interviennent également en changeant l'incurvation de quelques centimètres pour rester cohérent avec l'arrière-main. Enfin, remettez le cheval bien droit.

4 Pour arrêter le reculer, avancez légèrement vos mains – 2 ou 3 cm suffisent –, dites « wôa », relâchez vos jambes.

LUI APPRENDRE À RECULER

Ne vous engagez dans ce travail qu'une fois que le cheval est bien débourré au sol. Il doit, en particulier, reculer très bien en main.

RECULER EN MAIN

Un cheval qui recule bien en main se déplace sur une simple pression de quelques grammes sur le licol. Il recule droit et aussi vite qu'on le lui demande. Un autre préalable est qu'il sache se placer derrière le mors, sinon il viendra s'y appuyer et il gagnera – il est bien plus fort que vous !

POUR COMMENCER

Demandez à quelqu'un de vous aider pour le travail qui suit.

• Mettez-vous en selle, marchez, arrêtez-vous.

• Placez vos aides « reculer en selle ». Simultanément, votre assistant demande au cheval de reculer comme il sait le faire en main. Au début, votre monture reculera en réponse à la demande de la personne au sol. Mais elle associera vite votre demande à celle de votre assistant et, bientôt, anticipera.

TRAVAILLER SEUL

Peu à peu, travaillez seul. Dès que vous obtenez un pas de reculer, cessez toute demande.

Repartez au pas, arrêtez-vous de nouveau et recommencez l'opération. Félicitez abondamment votre cheval. Poursuivez ce travail, sur plusieurs séances, jusqu'à ce que votre monture recule de plusieurs pas. Ne lui en demandez jamais trop en même temps, le reculer est un exercice contraignant. Récompensez-le et laissez passer certains jours sans reculer. En quelques semaines, il reculera comme un vrai pro !

À ÉVITER

Braquer un cheval qui semble refuser d'apprendre à reculer serait une belle erreur d'entraînement. Il vaut mieux chercher d'où vient l'incompréhension. Tous les chevaux peuvent reculer. Plus ou moins bien certes, mais en douceur et sans bagarre. N'interprétez pas une difficulté comme un refus de sa part. Cherchez plutôt l'erreur de l'entraîneur...

BON À SAVOIR

En reining, on juge du potentiel d'un cheval à stopper sur la qualité de son reculer. S'il a de la facilité à arrondir le dos et l'encolure, si, spontanément, il engage fort ses postérieurs et a une tendance à baisser la tête pour reculer, on peut supposer qu'il fera de même aux stops. La conformation y fait beaucoup : les chevaux de reining sont légèrement sous eux. (Ici, Simone Reiss.)

Sorrel

Les pas de côté

Les pas de côté font partie des déplacements latéraux western difficiles à réaliser parfaitement.

Sorrel

Sorrel

BÂBORD TOUTE !

Dans les pas de côté western, le cheval doit apprendre à utiliser toute son impulsion latéralement. Plus délicat qu'il n'y paraît !

DESCRIPTION DU MOUVEMENT

Le déplacement en pas de côté est un exercice en motion avant, c'est-à-dire que le cheval passe un membre par-dessus l'autre – le droit par-dessus le gauche dans un pas de côté vers la gauche.

En revanche, il doit se déplacer latéralement seulement, sans avancer. Il reste droit, l'encolure horizontale, chanfrein vertical, sur des rênes lâches.

1 Faites un arrêt « au carré » qui seul permettra la bonne réalisation de l'exercice.

Placez-vous de préférence au centre du manège ou de la carrière parallèlement à un côté. Vous jugerez mieux, ainsi, de la qualité du travail que vous faites.

Maintenez le corps droit et le regard porté vers l'avant. Bloquez le mouvement avant en prenant deux rênes directes : vous « fermez la porte », pour indiquer au cheval que l'impulsion ne doit pas être utilisée vers l'avant. Ceci ne signifie pas que vous devez tendre les rênes, mais que vous devez lever légèrement les deux mains de façon égale.

LE BON GESTE

Pour progresser, essayez de sentir le mouvement plutôt que de chercher à le voir en regardant le cheval. En vous concentrant et en regardant droit devant, vous ressentirez les imperfections du déplacement, et vos aides agiront naturellement et spontanément.

GROS PLAN
À quoi ça sert ?

Les pas de côté sont à la fois un exercice d'assouplissement et une figure de contrôle précis du déplacement du cheval. Ils sont un obstacle fréquemment proposé, en compétition, sur les parcours de trail.

Dans la vie quotidienne, ils sont utiles quand on veut se rapprocher d'une barrière pour l'ouvrir, quand on veut se dégager d'un obstacle au-dessus duquel le cheval s'est engagé, ou... pour cueillir ces fruits tentants qui, tout à côté, pendent à deux mètres du sol !

2 Pour partir en pas de côté vers la gauche, placez votre jambe droite au contact, là où elle descend naturellement, sans l'avancer ni la reculer, car c'est l'ensemble du corps du cheval que vous voulez déplacer.

On appelle « contact » un effleurement de la jambe.

3 Vos mains ne bougent pas et votre jambe se remet au contact à chaque foulée, jusqu'à pleine réalisation de la distance que vous souhaitez parcourir latéralement.

Au cours du déplacement, regardez si vous restez parallèle au côté du manège ou de la carrière.

Pour arrêter, dites « wôa », mettez fin au contact jambe droite, placez la gauche au contact l'espace d'une fraction de seconde, posez vos mains.

CORRIGER LES FAUTES

Le déplacement n'est beau que s'il est correctement effectué.

Lorsque nos aides sont imprécises, le cheval montre assez rapidement, par son attitude, l'inconfort qu'il éprouve.

1

Sorrel

2

Sorrel

LES ÉPAULES PRÉCÈDENT LES HANCHES

Le cheval répond mal à la jambe isolée. Vérifiez que votre jambe agit correctement, qu'elle est placée au bon endroit, puis recommencez.

Vous pouvez retenir l'épaule fuyante avec une rêne contraire d'opposition accompagnée d'une régulatrice (photo page ci-contre). Vous relâcherez cet effet de rêne dès que le cheval se sera redressé.

LES HANCHES PRÉCÈDENT LES ÉPAULES

Aucune action de mains ne peut être engagée pour corriger, mais vérifiez que votre effet de rêne est bien une double rêne directe. Votre jambe est vraisemblablement trop en arrière. Retenez éventuellement cette hanche fuyante avec la jambe opposée, le temps de redresser le cheval.

LE COIN DU PRO

Évaluez la qualité de votre travail : après l'arrêt final, observez vos traces sur le sol. Il doit s'agir de deux lignes parallèles perpendiculaires au côté.

AUTRES DÉFAUTS

Si le cheval croise par derrière, il est en motion arrière. Relâchez un peu vos mains. Si le cheval avance, vérifiez que vous n'avez pas les deux jambes au contact. Levez vos mains un peu plus haut.

S'il fouaille de la queue, couche les oreilles, s'énerve, vos aides sont trop fortes ou incohérentes. Arrêtez tout, recommencez, dans le plus grand calme, avec des aides plus discrètes.

Au travail !

Pour les premiers exercices, travaillez sur le plat sans chercher à passer au-dessus d'une barre – ce que vous ferez ensuite, quand vous maîtriserez bien l'exercice. Restez calme, quoi qu'il se passe. Vos aides doivent devenir de plus en plus discrètes, et le mouvement du cheval de plus en plus fluide et naturel.

3

Sorrel

Le sliding-stop

S'il est une figure impressionnante en équitation western, c'est bien le sliding-stop. Cet arrêt spectaculaire, qui trouve son origine dans le travail du bétail, exige beaucoup d'efforts de la part du cheval et du cavalier. Mais quelle récompense !

Kit Houghton

STOPPER : UNE SENSATION INOUBLIABLE

Monter un cheval de reining est une expérience inoubliable. Sa puissance vous donne la sensation d'être monté sur un bloc de muscles. Pourtant, vous n'avez presque rien dans les mains ni dans les jambes.

1 Déterminez à l'avance l'endroit où vous voulez stopper. Fixez ce point. Mettez votre cheval dans un petit galop souple et rythmé, bien cadencé.

Sorrel

Le cheval doit se mettre en équilibre de lui-même, puis monter en puissance, prenant de la vitesse à chaque foulée grâce à l'engagement de plus en plus fort de l'arrière-main. L'avant-main est légèrement relevée, le poids se reportant à l'arrière.

2 Le cheval ne présente aucune défense, il est totalement sous votre contrôle. Vous devez arriver à l'endroit choisi pour le stop à la vitesse la plus grande possible. Relâchez alors très légèrement les rênes. Dites « Wôa » en vous enfonçant dans la selle et relevez imperceptiblement les mains sans pour autant créer de tension. Tout ceci se passe en quelques fractions de seconde.

Bob Langrish

3 Le cheval rentre l'arrière-main sous lui, semblant presque s'asseoir. Son dos est rond, son port de tête naturel. Emmené par son élan, il glisse sur ses postérieurs, sans accrocher, traçant sur le sol deux lignes parfaitement parallèles – le fameux 11 dont rêve tout reiner – pendant que les antérieurs semblent trotter. Lorsqu'il a fini de glisser, le cheval se rassemble et attend l'ordre suivant.

> ## LE COIN DU PRO
> ### Le ferrage
>
> Un cheval de reining porte aux postérieurs des fers très particuliers. Pour lui permettre de glisser, ceux-ci sont totalement lisses. Les têtes des clous sont dans le fer. Pour le protéger et le soutenir, ils dépassent de quelques centimètres en éponges. Ferré de la sorte, le cheval doit porter des protections sérieuses et rester sur un terrain ne présentant pas de danger. Dehors, il pourrait se blesser gravement.

STOPPER : LES BONNES CONDITIONS

LE SOL

La qualité du sol intervient pour une bonne part dans la longueur de la glissade. Mais celle-ci ne compte pas vraiment dans l'appréciation de la manœuvre. Certes, face au bétail, le cheval qui glisse trop dépasserait le veau, ce qui n'est pas le but recherché. Une glissade de 6 ou 7 mètres est une performance très correcte. Mais on laissera glisser tant qu'il le souhaite un cheval qui ne fait que du reining, puisqu'il n'y a pas de

> ## Bon à savoir
> ### Stopper
> *Les cow-boys ont besoin de chevaux capables de s'arrêter net en même temps qu'une vache qui en fait autant, et de repartir aussi vite que possible, sans se blesser. Les chevaux portant une charge, le stop est la seule façon de faire cela correctement. Savoir stopper est donc très important pour les chevaux destinés au travail du bétail. Le stop en épreuve de reining est une démonstration de cette qualité.*

3

Bob Langrish

petit veau qui en profiterait pour se sauver ! Un bon stoppeur doit être capable de glisser sur n'importe quel terrain, dur ou profond. Il suffit qu'il soit bien conformé et qu'il sache travailler avec son rein. Dans un terrain lourd, une action de mains un peu plus prononcée peut être nécessaire.

APPRENDRE À STOPPER AU POULAIN

Assurez-vous avant tout que la conformation de votre poulain est adéquate. Il doit être débourré et suffisamment avancé en dressage. Vous devez pouvoir régler son allure et sa vitesse avec des actions de rênes très légères. Il a compris que « Wôa » voulait dire « stop ». La façon dont il recule sera un excellent indicateur quant à son potentiel de stoppeur. Un poulain qui recule correctement sait engager ses postérieurs, arrondir son rein, transférer son poids vers l'arrière. Il doit être souple et rapide dans cette manœuvre.

PREMIERS ESSAIS

Pour lui enseigner le stop, lancez le cheval dans un galop cadencé, puis accélérez-le légèrement. Choisissez un point sur une ligne droite. Puis, simultanément, dites « Wôa », enfoncez-vous dans la selle, levez les mains pour transférer le poids vers l'arrière. Le poulain s'arrêtera en engageant ses postérieurs et en arrondissant son rein. En récompense, relâchez immédiatement les rênes. À ce stade, vous n'attendez pas encore qu'il glisse.

PAR PLAISIR

Attention ! Pour bien stopper, un cheval doit aimer ça. Si les stops sont associés à une sensation douloureuse, le poulain apprendra vite à fuir en avant.

Il faut donc soigneusement éviter de tirer sur la bouche et bien s'assurer qu'il sait arrondir son dos. Un cheval qui s'arrête en creusant le dos, soit parce que le cavalier « tire », soit parce qu'il ne sait pas ou ne peut pas se placer correctement, souffre du dos. Très vite, il refusera les arrêts.

Kit Houghton

Le reculer permet de juger le potentiel de stoppeur d'un cheval.

Kit Houghton

Un cheval bien éduqué se contrôle parfaitement sans tension dans les rênes.

ATTENTION, DANGER !

L'apprentissage du stop présente de sérieux dangers pour le cheval. Si vous n'êtes pas sûr que sa conformation le lui permettra ou que son niveau de dressage est suffisant, faites-vous assister par un professionnel de reining.

AU TRAVAIL !

Le sliding-stop ne fait que reproduire un geste naturel chez le cheval. Un cheval correctement dressé et bien musclé se livrera volontiers à ce mouvement.

Animals Animals/Sunset

Figures de reining : le spin

Le spin est une figure d'équitation western, plus précisément de reining, dans laquelle le cheval se déplace autour d'un pied postérieur pivot pour réaliser un ou plusieurs tours sur lui-même, à 360° et à grande vitesse. C'est très impressionnant et, quand on est en selle, ça décoiffe !

Bob Langrish

1

POUR TRAQUER LE BÉTAIL

L'origine du spin se trouve, comme pour beaucoup de figures de l'équitation western, dans le travail du bétail.

Il faut que le cheval puisse suivre les déplacements d'une vache cherchant à s'échapper et la prendre de vitesse.

FAIRE UN SPIN

Pour faire un spin, le cavalier doit bien maîtriser son équilibre, comme pour toutes les figures de reining, car le mouvement est très rapide et exige une excellente assiette.

Coordination et confiance dans le cheval sont deux autres qualités nécessaires.

LE COIN DU PRO
En compétition

On appelle spin un tour complet, c'est-à-dire de 360°.

Il est toujours demandé d'effectuer quatre spins vers la droite, puis quatre vers la gauche, ou inversement.

Un demi-point est déduit jusqu'à 1/8 de spin en plus ou en moins, 1 point entre 1/8 et 1/4.

Un arrêt pendant le spin est pénalisé de deux points.

Une erreur dans le nombre de spins est éliminatoire (erreur de parcours).

2

PRÉPARER LE SPIN

Faites un arrêt carré. Maintenez le cheval sous « pression positive ».

Ne le stressez surtout pas, mais sollicitez son attention afin qu'il soit prêt à se lancer dans un mouvement qui demande beaucoup d'énergie.

Restez bien assis dans la selle.

Le bas des jambes se porte un peu en avant, mais ce n'est pas une raison pour vous pencher en arrière !

Regardez loin devant vous pour conserver l'équilibre.

DONNER L'IMPULSION

Utilisez vos mains en neck-rein, comme pour « pousser » le cheval.

4

C'est une manœuvre en mouvement avant : il ne faut donc pas retenir le cheval.

Pour aller dans un spin vers la gauche – sens inverse des aiguilles d'une montre –, placez votre jambe droite au contact, en la rapprochant un peu de la sangle, pour obtenir la mobilité des épaules.

Pour accélérer, utilisez-la de nouveau.

3

GROS PLAN

Voici, dans ces photos numérotées de 1 à 7, le déroulement d'un spin (tour complet).
Observez le croisement des antérieurs, la fixité du pied pivot et l'engagement du cheval sous lui.

LE BON GESTE
Le spin parfait

Le cheval est calme, droit, l'encolure décontractée et plutôt concave. Les mains n'agissent pas, la jambe ne fait qu'effleurer.

Le cheval réalise des tours parfaits, sans soulever son postérieur pivot. Il passe l'antérieur extérieur devant l'antérieur intérieur, dans une allure glissée et non sautée.

La figure est effectuée dans une excellente impulsion.

ARRÊTER LE SPIN

Pour vous arrêter, anticipez suffisamment, selon la vitesse du déplacement.

Dites « Wôa », posez vos mains, relâchez votre jambe d'accélération et placez l'autre au contact comme pour « bloquer » le cheval.

Dès qu'il entame l'arrêt, relâchez l'ensemble des aides.

AMENEZ UN CHEVAL AU SPIN

Le spin est le résultat d'une longue préparation du cheval.

BON À SAVOIR
Une bonne conformation

Pour bien « spiner », il est préférable que le cheval soit légèrement sous lui plutôt que le contraire, ce qui lui permettra d'engager fortement son pied pivot.

Une solide arrière-main est nécessaire. Le cheval doit être véloce. Des membres lourds seraient un gros handicap, de même qu'une avant-main massive.

Cependant, certains chevaux bien conformés auront plus defacilité que d'autres pour cette manœuvre.

5

PRÉPARATION

Travaillez le cheval à deux pistes afin qu'il acquière la mobilité des hanches et des épaules en réponse à la jambe isolée.

Avant de travailler le spin, le cheval doit posséder les connaissances de base du cheval western, en particulier le pivot sur postérieur.

Préparez le travail du spin en marchant sur un cercle de 4 à 5 mètres de rayon.

Le cheval doit s'incurver, sans se coucher, et croiser facilement les antérieurs.

Au fil des progrès de votre monture, réduisez le cercle mais gardez les mêmes impératifs.

6

RÉDUIRE LE CERCLE

Réduisez de plus en plus le cercle en maintenant votre main extérieure en neck-rein.

Utilisez la main intérieure pour contrôler la direction.

Poussez le cheval avec votre jambe extérieure en la rapprochant de la sangle.

Lorsque le cheval a compris et pivote autour de son postérieur pour faire ne serait-ce qu'un quart de tour, en bonne position, de façon fluide, récompensez-le !

Recommencez en partant du cercle... le lendemain !

D'autres techniques existent.

Elles ont en commun une longue préparation, la patience et la bienveillance du cavalier à l'égard de son cheval.

7

Sélection selon le mental et la conformation

Les descendants des grands champions ne sont pas tous des chevaux d'élite. Aussi, plutôt que de s'extasier sur des origines flatteuses, mieux vaut se fier à son coup d'œil et à son expérience.

Sorrel

LA CONFORMATION

De l'impression générale aux petits détails, observez bien...

IL N'Y A PAS DE CHEVAL PARFAIT

La conformation joue un rôle fondamental dans les performances d'un cheval. Tous les chevaux ont des défauts, il faut simplement déterminer dans quelle mesure ces derniers affecteront leurs performances. Un cheval bien conformé gardera toujours une certaine supériorité sur les autres dans sa discipline. Pour autant, vous ne devez pas chercher la bête rare, car vous ne la trouverez pas. Un bon cheval est avant tout celui avec lequel vous vous entendrez bien et qui aimera ce que vous aimez parce que c'est bien à cela que sa conformation et son mental le destinent. Ce cheval presque parfait pour vous désespérerait peut-être votre voisin !

Sorrel

Tous les champions ont une excellente balance.

> ## BON À SAVOIR
>
> Lorsqu'on choisit un cheval conformé pour une discipline particulière, on s'éloigne en général du modèle harmonieux de base et on prend le risque d'avoir, hors de sa spécialité, une monture limitée.

TOUTES DISCIPLINES CONFONDUES

La plupart des manuels s'étendent longuement sur la conformation idéale et insistent sur les proportions harmonieuses, les aplombs parfaits, etc. Pourtant, dans la réalité, les plus grands champions ressemblent rarement tout à fait à cette description ; ils ont toutefois des points de force qu'aucun défaut majeur ne vient handicaper. En équitation western, on cherche avant tout des chevaux aux jarrets assez bas et aux postérieurs développés (la puissance de l'arrière-main étant indispensable à toute dis-

Kit Houghton

Sur un cheval « balancé », vous pouvez dessiner un trapèze. La longueur et l'inclinaison de l'épaule, du garrot (B) à la pointe de l'épaule (D), sont égales à l'inclinaison et la longueur des fesses mesurées du sommet de la croupe (A) à la pointe de la fesse (C).
De la pointe de l'épaule à la pointe de la hanche, on mesure une fois et demi la longueur qui existe entre le garrot et la pointe de la croupe (CD = AB x 1,5).

GROS PLAN

Les bonnes questions

Le cheval est-il...
- *bien conformé ?*
- *bien balancé ?*
- *coordonné ?*
- *athlétique ?*
- *bien disposé ?*

A-t-il...
- *la willing-attitude ?*
- *du cœur ?*
- *assez d'intelligence pour supporter la pression de l'entraînement ?*

Si vous vous destinez à la compétition, observez le cheval comme si vous jugiez un athlète.

Miriski/Cogis

cipline), avec des canons solides, des pieds suffisamment gros et un paturon incliné à 45° – inclinaison que l'on recherche également pour l'épaule et la croupe (haut de la croupe-pointe de la fesse) car elle assure une bonne répartition du poids. Accordez de l'importance à l'harmonie générale. Cette harmonie, conditionnée par les proportions, favorise un déplacement fluide, aisé et une bonne aptitude au sport. Elle donne « la balance » nécessaire.

ÉVALUER « LA BALANCE »

Quand on vous présente un cheval, tenez-vous assez éloigné et observez-le avec le plus grand soin. Vous allez investir du temps ou de l'argent pour l'entraîner : assurez-vous qu'il est fait pour la discipline que vous avez choisie. Ce n'est ni un cheval d'endurance, ni un cheval de saut d'obstacle : c'est un cheval de la discipline western, athlétique et équilibré, « balancé ».

Un cheval ayant une bonne balance possède une encolure souple, une épaule et une croupe bien inclinées (45°), un garrot visible. Son dos est court et fort, sa ligne de ventre proportionnellement longue.

Sorrel

L'expressivité – regard éveillé, oreilles mobiles, naseaux ouverts – traduit vivacité, curiosité et intelligence. Elle doit s'accompagner d'une certaine douceur dans le regard.

LE MENTAL, PLUS IMPORTANT ENCORE

Observez ceux qui gagnent : ils ont tous du cœur et ce qu'on appelle la « willing-attitude » (volonté). Il suffit souvent de manipuler le cheval, de vivre avec lui, pour connaître sa disposition naturelle.

QU'EST-CE QU'UN CHEVAL « BIEN DISPOSÉ » ?

Un cheval bien disposé est un cheval fort et volontaire, qui choisit de mettre sa puissance mentale et physique à votre service. Une bonne disposition est une qualité essentielle chez n'importe quel cheval. Il y a assez de bons chevaux pour éviter d'en choisir un qui n'a pas envie de travailler.

Mais attention : un cheval bien disposé n'est pas un cheval mou ou sans caractère, bien au contraire. Il sera parfois nécessaire de le rappeler à l'ordre lors de l'entraînement.

COMMENT LE REPÉRER ?

Un cheval bien disposé a généralement le regard doux, le front plat et large, de petites oreilles assez mobiles.

- Au pré, il vient vers vous.
- Au box, il s'intéresse à vous, se prépare à mettre la tête dans le licol, mais sait rester à sa place.
- En main, il est fiable, facile à manipuler.
- Monté, il reste calme en toutes circonstances, respecte la main et la jambe du cavalier.
- À l'entraînement, il cherche à comprendre ; il se montre très volontaire et donne tout ce qu'il peut sans chercher à se défendre.

POURQUOI TANT D'IMPORTANCE ?

Un cheval mal disposé, de mauvaise volonté, ne cesse d'opposer des résistances lors de l'entraînement. Cela complique son dressage et prolonge parfois beaucoup la durée des apprentissages. C'est aussi une source de dangers.

Cette mauvaise attitude peut être le résultat d'un mauvais entraînement et non d'une mauvaise disposition naturelle. Malheureusement, une fois qu'elle est installée, rectifier le tir est souvent long et difficile.

LE COIN DU PRO

Les chevaux « all around » (toutes disciplines) sont d'un modèle très harmonieux. Ce sont des chevaux à la conformation et au mental exceptionnels. Ce qui les met au-dessus du lot, c'est qu'ils ont été capables de devenir d'excellentes montures dans diverses disciplines. C'est souvent aussi le résultat d'une vraie rencontre avec un cavalier qui a su tirer le meilleur parti de leurs possibilités.

L'éducation du poulain avant un an

Le jeune cheval est capable d'apprendre bien avant l'âge traditionnel du débourrage. L'éducation qu'il peut recevoir permet d'éviter tout rapport de force dans le futur. C'est le début d'un partenariat entre lui et vous.

Sorrel

ÉDUQUER ET RASSURER : SOUMETTRE SANS VIOLENCE

Tout le dressage d'un cheval se résume à résoudre deux problèmes : la domination – le premier qui impressionne l'autre a gagné – et l'instinct de proie – vous devez ôter à votre poulain la peur d'être mangé tout cru.

1 Conduisez le poulain dans le rond de longe. Si vous pouvez lui mettre un licol et s'il sait marcher en main, ce sera facile. Sinon, utilisez un cheval que le poulain accepte de suivre.

Une fois dans le rond, faites sortir le cheval adulte. En dernier recours, mettez-vous à plusieurs pour encadrer le poulain (mais respectez sa distance de sécurité, environ 2 ou 3 m tout autour) et guidez-le doucement jusqu'au rond.

2 La première étape consiste à chasser le poulain pour l'inciter à fuir. Il ne s'agit pas de vous poser en prédateur pour lui faire peur, mais d'agir comme un cheval adulte dominant qui, pour montrer sa position hiérarchique, chercherait à l'écarter de lui.

En vous dirigeant vers son arrière-main, lancez-lui une corde qui sera le prolongement de votre main. Ce geste demande de l'entraînement. N'attendez pas d'être en situation pour vous préparer.

3 Le poulain vous observe et comprend vos intentions. Ne parlez pas. À ce stade, la voix ne signifie rien pour lui. Il s'éloigne de vous pour maintenir une distance de respect.

Ne lui donnez jamais de coups de corde ou, pire, de chambrière pour obtenir ce résultat. Si la corde le touche, c'est simplement de son propre poids, en retombant.

Au travail !

Si vous devez éduquer un jeune cheval, un rond de longe est indispensable. Vous pourrez y travailler en sécurité avec un cheval libre de toute contrainte. Le même travail fait au bout d'une longe n'a aucune valeur éducative. Le rond doit avoir de 15 à 18 m de diamètre, le poulain ne doit avoir aucune possibilité de s'y blesser et les côtés doivent être infranchissables.

1

Sorrel

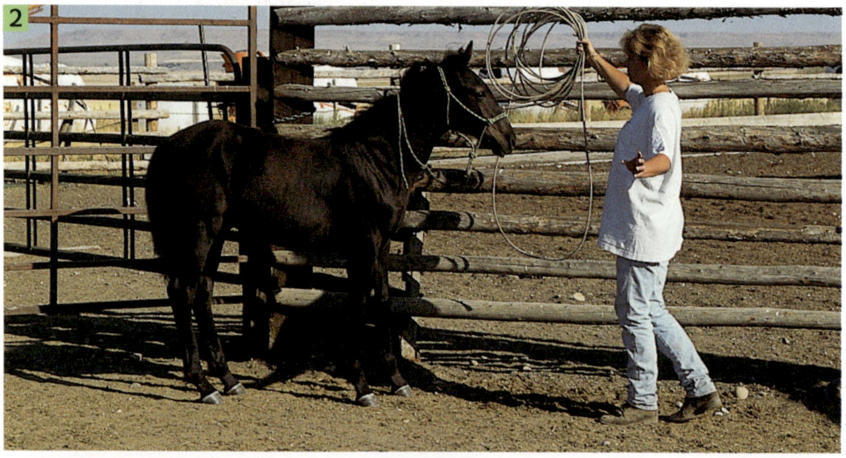

2

Sorrel

3

Sorrel

À ÉVITER

Impressionner n'est pas faire peur. Le but de votre attitude n'est pas que le poulain ait peur de vous, mais qu'il comprenne que vous lui êtes hiérarchiquement supérieur. Il doit vous respecter, non vous craindre. Une erreur de ce type, même très brève, coûte plusieurs mois de travail.

Sorrel

4 Lancez et relancez la corde jusqu'à ce que le poulain s'éloigne spontanément. Il va fuir en courant autour du rond. Il doit galoper, non trotter. Dans la situation idéale, cessez alors de lancer la corde. Il va s'arrêter en vous faisant face. Il peut aussi s'arrêter sur le cercle sans oser vous regarder. Il choisira souvent de venir dans votre dos, derrière vous. Dans tous les cas, laissez-le souffler, tournez-lui le dos, baissez la tête. Cela lui fera comprendre vos bonnes intentions.

5 Doucement, regard vers le bas, approchez-vous de lui, caressez-le. S'il fait mine de s'éloigner, chassez-le à nouveau. Attendez qu'il revienne. Puis, tournez-vous et marchez. Si le travail est réussi, le poulain vous suivra docilement. Il est convaincu que vous êtes celui qui contrôle ses déplacements, qui décide pour lui. Pas de doute : vous devez être un dominant, qui éduque, qui rassure, qui protège. Avec vous, il est en sécurité et vous doit le respect.

5

Sorrel

LA FORCE TRANQUILLE

Nous enlevons le poulain à son troupeau très tôt. Nous sommes donc responsables de son éducation. À nous d'en faire un cheval bien dans sa peau, calme et tranquille. En résumé, un vrai cheval !

L'INSTINCT GRÉGAIRE

Le jeune cheval naît avec un instinct qui lui permet de survivre : celui de rester dans le troupeau. Pour cela, la nature lui accorde de longues jambes capables de courir à peine deux heures après la naissance. Sous la protection des adultes, il ne se fera pas manger. La peur est inscrite dans ses gènes et la fuite est son premier recours. Si, et seulement s'il ne peut pas fuir, il se débattra. Il faut tenir compte de cet instinct et, au lieu de le combattre, en utiliser tous les avantages.

BON À SAVOIR

Mettre un licol à un tout jeune poulain, le soigner, le transporter peut s'avérer indispensable. Toutes les expériences du jeune, bonnes ou mauvaises, s'impriment dans son esprit. Bonnes, c'est un bon point pour l'avenir. Mauvaises, gare aux bagarres. L'éducation fera toute la différence entre un poulain agréable à vivre et un poulain qui vous en fera voir de toutes les couleurs.

JOUER POUR APPRENDRE

Au contact des autres chevaux, le jeune apprend les lois de la société. Respect de ceux qui le dominent, jeux avec les autres poulains, insolence avec les plus faibles de la hiérarchie. Les punitions font aussi partie de la vie. S'il dépasse les bornes, il sera écarté du troupeau pendant un certain temps par la jument chargée de son éducation. Nous devons utiliser ce schéma social et être, pour le cheval, un dominant.

LE COIN DU PRO

En main

L'éducation en main commence très tôt. Passez de bonne heure le licol et commencez à mener le poulain en main. Il doit apprendre à vous suivre à hauteur d'épaule ou légèrement en arrière. S'il vous respecte, il ne lui viendra à l'esprit ni de vous passer devant, ni de vous toucher : on ne se permet pas une insolence pareille avec un dominant !

Sorrel

L'instinct grégaire dicte au cheval de ne pas quitter ses congénères. Non compensée par une solide éducation, cette particularité pose des problèmes à de nombreux cavaliers !

Protéger le mental et le développer

Le poulain vient au monde avec un mental programmé. Sa race, ses origines, ses parents et sa personnalité déterminent déjà son comportement. Quand un poulain montre un mental excellent, il faut savoir le repérer et le protéger.

Sorrel

Kit Houghton

Un poulain ayant grandi en société fera un meilleur partenaire pour un cavalier qu'un poulain de tempérament comparable ayant grandi isolé des autres.

Kit Houghton

Préférez un poulain à l'œil doux, dont les accès de peur restent mesurés.

COMMENT ÉVALUER LE MENTAL ?

Un éleveur ou un marchand de chevaux vous diront toujours que leurs produits ont un excellent mental ! Ne vous fiez qu'à vous ou à l'évaluation que fera un professionnel de confiance.

L'ENFANCE DU CHEVAL

Pour être psychologiquement équilibré, un poulain doit avoir grandi dans un troupeau, en liberté. Un cheval qui a grandi au box, ou seul dans un pré, souffrira vraisemblablement de névrose, même si c'est difficile à diagnostiquer immédiatement.

OBSERVEZ

Avant tout, orientez votre choix sur un cheval naturellement peu agressif, qui n'adopte pas spontanément des attitudes de défense. Au pré, il joue sans se montrer agressif avec les autres. Il ne tape pas, ne cherche pas la bagarre.

Il ne se tient pas non plus à l'écart du troupeau. Un bon poulain peut être craintif avec l'homme et chercher à fuir ou bien se montrer assez familier. Dans tous les cas il doit être respectueux : il ne vous bouscule pas, ne vous menace jamais en couchant les oreilles ou en se tournant pour montrer la croupe.

AU TRAVAIL

En cours d'éducation, un poulain au bon mental cherche à comprendre. Il est attentif et montre du cœur et de la bonne volonté. Il ne se met pas en colère, se montre

Sorrel

Votre comportement dans les moments d'inquiétude forgera le mental de votre cheval. Même s'il a très peur, il calquera son attitude sur la vôtre, si vous avez sa confiance. Donc maîtrisez-vous, restez calme.

LE BON GESTE

Un poulain bagarreur doit être tenu à l'écart des autres poulains. Le mieux est de le placer dans un petit troupeau avec une jument dominante, une vraie, qui ne tape pas mais éduque et sait se faire respecter. Il apprendra à se soumettre.

respectueux des différentes aides. En résumé, il est disponible pour vous dès que vous êtes en sa présence : il ne conteste pas vos ordres et ne remet pas l'acquis en cause.

BIEN DÉMARRER

Quand un poulain naît avec un mental favorable à la coopération avec l'homme, l'intervention de ce dernier peut tout faire basculer du bon ou du mauvais côté.

1. Choisissez un poulain né de parents possédant un tempérament respectueux. Renseignez-vous auprès d'autres propriétaires ayant des frères et sœurs de votre futur poulain. Évitez d'acheter un jeune dont l'un ou l'autre parent est caractériel, même s'il est performant.

2. Sevrez en douceur. Faites grandir ensemble plusieurs petits avec leurs mères. Quand vous enlèverez les mamans, les petits seront moins stressés. Un mauvais sevrage provoque un traumatisme qui dure parfois plusieurs années.

3. Mettez le poulain au mental équilibré avec d'autres poulains ayant la même qualité. Un jeune sans agressivité naturelle ne doit pas apprendre à se défendre.

4. Enseignez-lui très tôt l'attache et la patience. Manipulez-le quotidiennement. Débourrez-le au sol dès que possible, à partir de 6 mois, comme pour aller en concours de modèle et allures western. Un travail de 10 à 15 minutes par jour suffit. Après une heure d'attache, il peut retourner jouer au pré.

ATTENTION, DANGER !

Élever un poulain seul ou uniquement avec sa mère est une hérésie. Imaginez un enfant qui grandirait enfermé dans une maison, même avec un grand jardin ! Avant de devenir une monture, il doit devenir un cheval, apprendre dans le troupeau les lois de la vie en société, le langage gestuel, le respect, la soumission. Il doit jouer, courir, s'exprimer.

Sorrel

EN CAS DE DOUTE, S'ABSTENIR !

Si vous avez un doute, il vaut mieux ne rien faire plutôt que de prendre le risque de commettre une erreur. Un jeune cheval qui n'a jamais été manipulé est préférable à un cheval élevé par des amateurs non éclairés.

Au travail !

Même s'il est destiné à la compétition, le cheval a besoin d'élargir le plus possible son horizon. Entre 6 mois et 2 ans, emmenez-le en longe en extérieur au côté d'un cheval que vous montez et qui servira de maître d'école. Plus il verra de choses différentes, moins il réagira aux changements d'environnement. Cela préserve le calme et la sérénité de son mental.

Faites

1 Imprégnez-le à la naissance SI VOUS SAVEZ LE FAIRE. Une imprégnation réussie change toute la vie du cheval.

2 Respectez-le en tenant compte de sa nature et faites-vous respecter en adoptant des comportements compréhensibles par lui.

3 Construisez la confiance en mesurant chacun de vos gestes et en rassurant le cheval lorsqu'il est inquiet. C'est un travail quotidien. Si vous ne pouvez pas vous en charger, faites appel à un professionnel.

4 Prenez le temps de lui enseigner chaque chose.

5 Soyez toujours serein et confiant en vous quand vous manipulez un cheval. Il perçoit la moindre anxiété.

6 Pour qu'il devienne attentif à vous, chacun de vos gestes doit avoir un sens, être mesuré et réfléchi.

Ne faites pas

1 Confondre imprégnation et câlins ou imprégnation et éducation. Une imprégnation ratée produit parfois des chevaux dangereux.

2 Reculer devant lui, quelle qu'en soit la raison. Il l'interpréterait comme un signe de soumission.

3 Punir le cheval quand il ne se comporte pas comme vous vous y attendez détruit toute communication entre vous.

4 Crier, taper, s'énerver contribue à la destruction du mental.

5 Évitez de manipuler un cheval qui vous inquiète. Il sait qu'il peut vous dominer. Prenez confiance avec des chevaux tranquilles.

6 Même si c'est tentant, éviter de jouer avec un poulain.

L'impulsion naturelle

L'impulsion, thème cher à tous les cavaliers, a fait couler beaucoup d'encre. D'un point de vue strictement pratique, l'impulsion est simplement la capacité ou la volonté d'un cheval de se porter en avant. Cette aptitude est un préalable à tout dressage.

Sorrel

EXPLOITER L'IMPULSION NATURELLE

Elle est la clef de tout. Mais comment l'utiliser, la contrôler, l'exploiter dans l'intérêt du cheval et, donc, du cavalier ? Avant tout, en évitant certaines erreurs.

UNE QUALITÉ À DÉVELOPPER

Un cheval de deux ans montre généralement moins d'impulsion qu'il ne le fera plus tard. C'est notamment le cas des quarter-horses et de la plupart des chevaux au mental équilibré. Avant toute chose, pour que le cheval se porte en avant facilement et spontanément, vous devez l'aider à développer cette aptitude par un travail en liberté dans le round-pen.

Évitez :

• de monter en selle sur un poulain avant d'avoir obtenu ce résultat ;

• de l'effrayer pour qu'il avance, ce qui réduirait à néant tout le travail d'éducation et de confiance que vous avez fait avant de parvenir à cette étape de débourrage sous la selle ;

• de confondre impulsion et énervement incontrôlé du cheval.

« FAIRE » LA BOUCHE

Une fois que le cheval se porte volontiers en avant en liberté, vous pouvez lui passer un filet, puis le faire travailler enrêné pour lui apprendre à céder au mors. Attention : un seul côté à la fois.

Cherchez à obtenir le même résultat que précédemment dans le round-pen. Auparavant, vérifiez bien la denture : dents de loup et de cochon peuvent anéantir tout le travail.

Évitez :

• d'utiliser un enrênement si vous n'avez pas appris à le faire auprès d'un professionnel ;

• d'être pressé ;

• d'enrêner les deux côtés à la fois ;

• d'enrêner trop tôt, alors que le cheval ne sait pas encore se porter suffisamment en avant à la demande et dans le calme.

Sorrel

Ce poulain apprend ce que l'on veut de lui : qu'il nous porte, que ça ne fait pas mal, qu'il ne risque rien, qu'il n'est pas plus prisonnier avec ou sans nous sur le dos. Dans un premier temps, qu'il coure s'il en a envie, ensuite il courra parce qu'on le lui demande.

L'IMPULSION DU CHEVAL MONTÉ

Lorsque le poulain semble prêt, montez-le. Puis, cherchez à obtenir qu'il se porte en avant de la même manière qu'en liberté. Surtout, ne faites porter aucun contact sur

BON À SAVOIR

Un excès d'impulsion rend le travail difficile, mais n'est pas considéré comme une tare. En revanche, un manque d'impulsion anormal, appelé « immobilité », est une des huit tares retenues pour l'annulation légale d'une vente.

Bob Langrish

Il faut une trentaine de jours de travail pour qu'un poulain apprenne à porter et retrouve une façon naturelle de se déplacer.

Sorrel

Le lasso ou la longe servent de prolongement de la main. Vous pouvez utiliser une chambrière, mais elle ne doit jamais frapper, ni claquer sauf nécessité, car le poulain apprendrait à avoir peur des bruits et mouvements qui viennent par l'arrière. La voix – appels de langue – doit devenir un code que vous pourrez alors utiliser en selle.

la bouche ! L'idéal est de faire ce travail en licol. Il serait dommage d'actionner les freins quand on n'a pas encore de moteur ! Si vous n'êtes pas sûr de vous, demandez à un professionnel de vous venir en aide. Mais sachez qu'un cheval en avant n'est pas dangereux, surtout dans un round-pen. S'il veut courir, même vite, laissez-le faire : c'est ce que vous voulez. Ne cherchez pas à l'arrêter, il le fera tout seul au bout d'un moment.

Évitez :

- de travailler trop longtemps – 5 mn sous la selle le premier jour, ajoutez ensuite quelques minutes par jour. N'oubliez pas de donner deux jours de repos au pré par semaine ;
- d'avoir des réactions (ou même seulement des pensées) de peur, qui se répercuteraient sur le comportement du cheval ;
- de faire ce travail si vous n'êtes pas sûr de vous.

PROCÉDER PAR ÉTAPES

Le but d'un bon dressage est de tirer le meilleur parti possible de l'impulsion naturelle du cheval. Un travail plus délicat qu'il n'y paraît.

EN EXTÉRIEUR

Lorsque le travail en round-pen porte ses fruits, vous pouvez envisager de monter le poulain en extérieur.

Cherchez les grandes étendues (un très grand pré est idéal) et évitez les chemins.

Mettez le cheval en avant au trot et au galop, en décrivant de très grands cercles (100 m de diamètre par exemple).

Il ne faut pas chercher, en licol, avec un jeune cheval, à faire plus petit ! L'important est d'éviter la ligne droite. Avant de sortir, vérifiez que le poulain répond à la pression sur le licol et qu'il change bien de direction.

LE FILET : PAS TROP TÔT

Vous ne commencerez à travailler avec un mors de filet que lorsque votre cheval aura suffisamment d'impulsion.

Prenez sur une seule main à la fois. Prendre sur les deux mains est une erreur car cela bloque le mouvement en avant. Cherchez à faire retrouver à votre poulain les mêmes sensations qu'il a éprouvées avec l'enrênement. N'exercez pas de tension vers l'arrière, mais seulement sur le côté. Le cheval doit en principe savoir céder au mors grâce au travail d'enrênement.

Évitez :

- de rester au contact ;
- de maintenir la pression ; vous devez agir dans vos jambes et vos mains à l'inverse du prédateur : prenez très doucement, relâchez très vite.

LE COIN DU PRO

Vous ne pouvez exploiter que ce que la nature a bien voulu donner au cheval. Vous pouvez éveiller l'impulsion latente d'un « deux ans » qui en a les moyens, mais vous ne créerez jamais l'impulsion qui n'existe pas chez un cheval trop froid. Avant de destiner un poulain à un travail ou à un autre, vérifiez que son potentiel est bien là, sinon vous courez à l'échec et lui à l'enfer.

Bob Langrish

Développer le souffle

Un cheval en travail est un athlète. Lui apprendre ce que l'on attend de lui ne suffit pas : il faut lui donner les moyens de le faire. L'aspect sportif de son entraînement ne doit pas être négligé. Se rappeler que le souffle est à la base d'une bonne performance sportive.

Bob Langrish

LE COIN DU PRO

Le cheval possède, pour oxygéner ses quelque 500 kilos, environ 40 litres de sang et deux poumons d'une contenance totale de 12 l en moyenne (0,5 l chez l'homme !)

Au repos, son cœur bat de 32 à 45 fois par minute et son cycle respiratoire se répète 8 à 15 fois pendant le même laps de temps.

Pendant l'effort, le cœur et les poumons d'un cheval entraîné accélèrent moins et moins vite que ceux d'un cheval qui manque d'exercice.

Sorrel

Normalement, le travail de mise en souffle se fait en extérieur, ce qui permet une bonne oxygénation. De surcroît, un cheval est toujours plus en avant en extérieur qu'en manège, ce qui facilite pour lui et pour le cavalier le travail du souffle. Choisissez de bons terrains présentant des dénivelés. Si la beauté et la variété du paysage font oublier l'effort, c'est encore mieux !

TRAVAILLER LE SOUFFLE : POURQUOI ?

La capacité respiratoire détermine les conditions de l'effort. Une bonne oxygénation est indispensable.

PRINCIPES DE BASE

Un programme de travail sérieux se planifie sur trois mois au moins, à raison de quatre ou cinq jours de travail par semaine.

Afin que le cheval garde un bon moral et continue d'aimer sortir, il faut varier autant que possible l'entraînement. Vos efforts seront vains si le cheval s'ennuie.

Afin de ne pas le décourager ni l'user prématurément, veillez à ne pas dépasser ses capacités. La dose d'effort doit être progressivement augmentée, mais il faut savoir accorder des répits si le besoin s'en fait sentir : les séances de travail léger et les journées de repos sont indispensables et font partie d'un bon entraînement.

ADAPTER L'EFFORT À CHACUN

Nous présentons ci-après un exemple de programme de mise en souffle qui convient à un cheval adulte mais non âgé (entre 5 et 12 ans) et en bonne santé. Il faut l'adapter si le cheval est plus jeune, ou plus âgé, s'il est convalescent, ou s'il est resté au vert pendant de nom-breuses années.

Que ce soit au début ou à la fin du programme, les efforts doivent être progressifs. N'hésitez pas à adapter les séances au niveau du cheval et à la façon dont il réagit.

LE SAVIEZ-VOUS ?

Pour soulager le dos du cheval, vous pouvez adopter le cow-boy trot : trottez en suspension, rênes longues, en vous tenant à la corne de votre selle. Vous pourrez ainsi parcourir des kilomètres en épargnant des efforts inutiles à votre monture et à vous-même.

Parfois, la compagnie d'un congénère est stimulante et motive le cheval. Mais, si les chevaux se mettent en compétition, ils iront au-delà de leurs possibilités et se fatigueront inutilement.

Sorrel

ATTENTION, DANGER !
Le cheval en inversion

On dit qu'un cheval est en inversion lorsque son rythme respiratoire, normalement plus bas que son rythme cardiaque, devient plus rapide que celui-ci. Cela signifie qu'on lui a trop demandé. Il faut alors impérativement interrompre l'effort et faire marcher le cheval pour provoquer une récupération active.

UN PROGRAMME TYPE

Durant tout le programme, le jour 5 est consacré à une sortie plus courte et peu exigeante, les jours 6 et 7 à un repos au pré ou au paddock, pendant lequel le cheval pourra marcher à sa guise et éliminer ses courbatures.

PREMIÈRE SEMAINE

• J1

- Préparez un circuit d'environ 5 km, avec peu de dénivelé.

- Emmenez le cheval en longe, vous-même étant monté sur un autre. Cela sous-entend que vous savez mener deux chevaux ainsi et qu'eux-mêmes sont préparés à ce type de travail.

- Partez au pas, sur environ 500 à 700 m. Puis, prenez le petit trot. Trottez sur 1,5 ou 2 km. Marchez à nouveau pendant 500 à 700 m. Recommencez. Rentrez au pas.

• J2 à J4

- Partez au pas, revenez au pas, mais, peu à peu, réduisez puis supprimez les 500 m de pas du milieu de la sortie.

DEUXIÈME SEMAINE

• J1 : refaites le même circuit que le troisième jour.

• J2 à J4 : augmentez la distance ou le dénivelé. Vous pouvez parcourir jusqu'à 3 km de plus à la fin de la semaine. Faites des passages au pas, le temps de respirer, puis repartez au trot. Si le cheval semble aller bien, accélérez le trot sur 100 ou 200 m, puis reprenez une allure plus tranquille. Si vous avez choisi de forts dénivelés, vous devez, bien sûr, rester au pas.

TROISIÈME SEMAINE

Reprenez le même travail que la première semaine, mais en montant le cheval au lieu de l'emmener en longe.

Les deux semaines suivantes, augmentez peu à peu les temps de trot et espacez les repos au pas. Amenez le cheval à maintenir le trot dans les petites montées en ralentissant la vitesse, puis gardez la même petite vitesse une fois parvenu sur le plat pour qu'il entre en phase de récupération active. Si vous avez bien adapté le programme jusque-là, votre monture devrait retrouver son souffle assez rapidement.

LES SEMAINES SUIVANTES

À la cinquième ou à la sixième semaine, introduisez un peu de galop tous les trois ou quatre jours. D'abord sur quelques centaines de mètres, puis sur des distances plus importantes. Le galop doit impérativement être petit, cadencé, et le cheval totalement libre dans sa bouche. S'il n'est pas suffisamment dressé pour cela, restez au trot.

Enfin, vers la dixième semaine, vous pourrez galoper sur plusieurs kilomètres au petit galop cadencé sans que votre cheval halète. Appréciez le résultat de votre travail !

BON À SAVOIR

Les signes d'alerte

Certains signes doivent vous inciter à interrompre l'effort et à prendre les mesures adaptées.
- *Votre cheval se met à suer de façon importante et brutale.*
- *Il souffle, ses naseaux sont très dilatés, vous voyez à chaque respiration son flanc se creuser fortement.*
- *Il refuse d'avancer.*
- *Il est en inversion.*

Sorrel

Si vous travaillez sur des dénivelés, restez au pas, au moins pendant les deux premières semaines.

Kit Houghton

Les chevaux de travail et de bétail doivent être parfaitement en souffle.

Évaluer le talent et le potentiel

Vous avez eu le coup de foudre pour un cheval ? Attention ! Observez-le attentivement, longuement et efforcez-vous d'être honnête avec vous-même : semble-t-il avoir des dispositions naturelles pour ce que vous allez lui demander ?

Sorrel

REPÉRER LE TALENT

Déterminer les aptitudes d'un cheval permet d'orienter sa carrière. Observez-le dans diverses circonstances et analysez…

DES QUALITÉS INDISPENSABLES

Que vous le destiniez au trail, au reining ou à l'extérieur, un cheval doit posséder certaines qualités nécessaires à toutes les disciplines : une conformation harmonieuse, un regard doux qui traduit un naturel équilibré et docile, de l'énergie, de la bonne volonté, une bonne capacité d'apprentissage. Bien sûr, il ne doit pas avoir de vices.

Bob Langrish

Un cheval équilibré, ardent, agile, qui reporte facilement son poids sur son arrière-main, devrait se montrer talentueux en reining et dans la plupart des disciplines rapides. Il sera moins bien en plaisance.

EN LIBERTÉ

La façon dont un cheval se comporte au pré en dit long sur son tempérament. Il joue avec le chat qui passe, il est agile, vif, curieux de tout ? Ce sera un bon cheval de travail, voire de bétail.

Il est rapide et équilibré, il change spontanément et facilement de pied au galop ? Il est assez agile pour les disciplines où le changement de pied est important – à l'inverse, s'il galope à faux sans s'en préoccuper, oubliez ces mêmes disciplines.

Il stoppe spontanément en engageant ses postérieurs ? C'est plutôt bon signe pour le reining – et pour toutes les disciplines en général.

Il est indépendant, tolérant avec les autres chevaux, peu bagarreur, dynamique mais toujours de sang froid ? Il pourra sans doute sortir en groupe sans poser de problèmes.

DANS LE ROUND-PEN

Faites-le courir aux trois allures dans le round-pen.

• Essayez d'estimer ses capacités d'attention et son goût pour le travail. Est-il attentif, son oreille intérieure orientée vers vous, toujours à l'écoute, prêt à répondre à la moindre sollicitation ? Ce sera un bon élève.

À l'inverse, un cheval qu'il faut sans cesse rappeler à l'ordre ou qui couche les oreilles et montre sa contrariété quand vous l'obligez à travailler ne sera pas facile à entraîner.

• A-t-il du cœur ? Pour en juger, voyez s'il se porte volontiers en avant et avec quelle ardeur. Un cheval qui a beaucoup de cœur, qui semble ne jamais devoir s'arrêter ne sera pas heureux en plaisance. Mieux vaut le destiner aux disciplines rapides.

• Est-il équilibré, engage-t-il facilement ? Ces qualités sont indispensables pour le reining. Pour le tester, obligez-le à tourner en

Volontaire, doué, en avant et cependant doux. Voilà des qualités rarement réunies chez un même cheval. Et pourtant, on ne devrait pas acheter un cheval qui ne les possède pas.

Miriski/Cogis

BON À SAVOIR

Évaluer le talent et le potentiel d'un cheval prend certes un peu de temps, mais permet d'en économiser beaucoup par la suite.

Le cheval recherche toujours le confort. Il fera avec bien plus de bonne volonté et d'ardeur un travail pour lequel il a de la facilité qu'un travail qui lui demande de gros efforts. Vous obtiendrez nettement plus, et en bien moins de temps, si vous le destinez à ce pour quoi il est doué.

L'éleveur doit être capable de sélectionner les reproducteurs en fonction du potentiel qu'il désire trouver chez ses poulains.

le poussant face à la paroi : regardez s'il reporte spontanément du poids sur ses postérieurs pour repartir en allégeant l'avant-main.

DANS LA CARRIÈRE OU LE MANÈGE

Comparez son comportement « à la maison » (carrière ou manège) et son comportement en extérieur. Un cheval qui est mou à la maison alors qu'il marche d'un bon pas dehors est plutôt un cheval d'extérieur.

À l'inverse, celui qui semble serein et de bonne volonté à la maison, mais est sur le qui-vive partout ailleurs ne fera pas un bon cheval d'extérieur.

CHEZ LES PROFESSIONNELS : ÉLEVEURS ET ENTRAÎNEURS

L'éleveur fait naître les poulains ou les achète très jeunes, puis assure leur croissance du sevrage au débourrage. L'entraîneur, lui, s'occupe du débourrage et du dressage.

LES ÉLEVEURS

Les éleveurs jouent un rôle fondamental. Ils doivent connaître les grandes souches d'une race, les caractéristiques de chaque lignée, ce qui leur permet de choisir les reproducteurs en conséquence. Un bon éleveur s'applique à sélectionner en fonction du potentiel qu'il recherche chez ses poulains. La qualité de l'élevage compte beaucoup dans le développement et la préservation des aptitudes d'une race ou d'une lignée. Un bon éleveur pourra vous aider à choisir un poulain en fonction du potentiel que vous attendez. Mais attention, l'élevage reste un commerce : ouvrez l'œil, et le bon !

LES ENTRAÎNEURS

Un entraîneur a l'occasion d'apprécier quotidiennement, dans son travail, les qualités des produits des différents élevages. Il est probablement à même de vous conseiller tel ou tel éleveur, ou telle lignée en fonction de la discipline que vous pratiquez et du potentiel que vous attendez. Et il mettra plus de bonne volonté à vous aider dans votre choix si vous lui dites que vous lui confierez le cheval en travail par la suite : obligé d'obtenir des résultats, il évitera de vous orienter vers un animal dépourvu de talent !

GROS PLAN
Le cheval de travail et d'extérieur

C'est la discipline la plus exigeante. Le cheval de travail et d'extérieur doit pouvoir affronter les surprises de l'extérieur sans jamais mettre son cavalier en danger.

- Il doit aussi accepter de rester longtemps à l'attache et d'attendre là où son cavalier le laisse.
- Il travaille des heures durant sans rechigner.
- Il est agile et ne redoute aucune pente caillouteuse.
- Il franchit calmement les obstacles naturels – gros troncs, fossés, etc.– en les enjambant ou, selon les circonstances, en les sautant.
- Il pivote facilement sur l'arrière-main et sur l'avant-main, se déplace latéralement sans difficulté, ce qui lui permet de passer partout sans obliger son cavalier à mettre pied à terre.
- Il est toujours de sang-froid, ne craignant ni le vide, ni les ponts qui résonnent sous ses pas.
- Il sait maintenir une allure à la vitesse demandée, sans ralentir ou s'emballer.
- Il est résistant et sobre.
- Il est indépendant mais se comporte bien en groupe.

Un cheval qui rassemble toutes ces qualités est une merveille de la nature !

La spécialisation

L'une des missions fondamentales de l'entraîneur, qu'il soit professionnel ou non, consiste à cerner les qualités du cheval dont il a la charge afin de l'orienter vers la ou les disciplines qui lui conviennent. Ensuite seulement, il pourra établir un programme d'entraînement convenant à cet animal.

Bob Langrish

CHOISIR LA SPÉCIALITÉ EN FONCTION DU POTENTIEL

Il ne sert à rien de vouloir spécialiser un cheval dans une discipline pour laquelle il n'est pas doué. Mieux vaut tirer le meilleur parti de ses qualités naturelles.

EXAMEN DU MENTAL

Dans tous les cas, recherchez un cheval volontaire, ni trop craintif ni trop sûr de lui, qui se concentre facilement sur le travail et apprend vite et bien.

Si vous souhaitez faire du trail, il serait bon que, naturellement, le cheval montre de la curiosité et de l'intérêt pour les choses nouvelles, qu'il aime jouer mais n'ait pas trop de sang. Enfin, il faut qu'il vous fasse confiance facilement.

S'il montre davantage de vivacité, s'il se porte en avant volontairement sans jamais s'énerver, s'il semble agile, alerte, il s'adaptera bien au *reining*.

Un tempérament beaucoup plus froid, peu émotif, une tendance à se déplacer calmement font que le cheval conviendra au pleasure.

EXAMEN DU PHYSIQUE

Le bon sens veut que vous choisissiez un cheval aux membres agiles et possédant un bon équilibre, qualités essentielles quelle que soit la discipline. Orientez vers le *reining* un cheval aux jarrets solides et légèrement sous lui, plutôt petit, puissant. Les mêmes qualités valent pour le travail du bétail.

Le trail ou la plaisance sont réservés aux chevaux un peu plus grands, ayant des jambes plus longues et un déplacement souple.

Kit Houghton

travail du bétail exige du cheval un cow-sense *(« sens du bétail ») très*
veloppé.

ENTRAÎNER POUR SPÉCIALISER

Après avoir découvert pour quelle discipline le cheval semblait doué, établissez un programme qui le spécialisera.

LE PRINCIPE

Dès son entrée en spécialisation, en général 3 à 4 mois après son débourrage sous la selle, le cheval, comme tout athlète, va vivre et travailler avec, pour but exclusif, de progresser dans sa discipline. Au nom de ce principe, certains entraîneurs de *reining*, par exemple, ne font jamais trotter leurs chevaux. Pour le cheval, trotter avec un cavalier sur le dos n'existe pas. Aussi ne

LE SAVIEZ-VOUS ?

Un cheval « all-around » est un cheval spécialisé dans une épreuve mais également performant dans quatre autres disciplines. Ces chevaux coûtent une vraie fortune car, pour réussir dans cinq disciplines, le cheval doit vraiment être exceptionnel et avoir reçu un entraînement très long.

LE COIN DU PRO

Shower ou schooler ?

Il s'agit de déterminer une stratégie de show. Shower signifie emmener le cheval au show dans le but de gagner. Schooler veut dire qu'on l'y emmène juste pour lui donner de l'expérience et lui faire comprendre qu'un show n'est pas un lieu de stress ; c'est un travail pour aguerrir son mental. Il est bon de ne pas shower plus de trois fois par an et de schooler le même nombre de fois.

Bob Langrish

trottera-t-il pas pendant une épreuve, ce qui coûterait très cher en pénalités.

LES OBJECTIFS

Seul l'entraînement dira jusqu'où le cheval pourra aller : petits shows régionaux ou championnat du monde ?

Cependant, l'entraîneur fixe des objectifs à court et à moyen terme : un an après son débourrage sous la selle, le cheval sera inscrit dans tel show, puis dans tel autre deux mois après, etc.

L'objectif peut être de sortir simplement le cheval pour l'habituer à l'ambiance show (on dit « schooler le cheval »), mais aussi d'essayer de le placer si le niveau du show le permet. Il est impératif de déterminer ces buts à l'avance car ils sont nécessaires pour définir correctement le travail et son organisation.

LE TIMING

Le programme prévoit des échéances. On connaît le temps moyen nécessaire pour chacune des acquisitions, temps qui varie, bien sûr, selon les chevaux. Il faut pouvoir se faire une idée de la façon dont le cheval évolue par rapport à la moyenne, ce qui permet d'adapter le programme.

Kit Houghton

BON À SAVOIR

Mieux vaut un cheval au mental favorable et au physique un peu limité qu'un cheval d'un grand potentiel physique mais qui « ne veut rien savoir ».

Sorrel

LE CONTENU

À chaque discipline ses manœuvres. La difficulté consiste à décomposer chaque manœuvre en une somme d'apprentissages qui, mis bout à bout, permettront au cheval d'exécuter parfaitement celle-ci.

UN EXEMPLE : LE STOP-ROLL BACK EN REINING

Cette manœuvre est jugée par une seule note. On attend du cheval qu'il monte au stop avec une accélération régulière, qu'il stoppe, glisse, puis fasse demi-tour sur ses postérieurs vers l'extérieur du manège, loin du mur, puis reparte au galop.

LA MONTÉE AU STOP

Elle exige un parfait contrôle de la vitesse *(speed control)* : le cheval doit répondre à l'assiette, aux jambes et céder parfaitement au mors. Sur le plan du mental, la montée au stop ne doit pas « chauffer » le cheval, qui s'arrêterait mal. Voilà déjà pour quelques semaines de travail.

LE COIN DU PRO

Un cheval spécialisé en barrel ne peut pas être bon en pole-bending. Les exigences sont trop différentes : incurvation en barrel, épaules alignées en pole. Le cheval ne peut pas faire deux métiers.

LE STOP

Le stop nécessite que le cheval sache très bien utiliser son arrière-main et cède au mors sans aucune résistance. Une bonne musculature du dos est indispensable.

LE ROLL BACK

Pour réaliser le roll back, le cheval doit savoir reporter du poids sur l'arrière-main, puis pivoter sur les postérieurs, enfin utiliser son dos et la puissance de son arrière-main pour repartir au galop sans trotter. Pour un bon report du poids, le cheval doit lever les épaules en réponse au mors. Il doit répondre à la neck rein et savoir bien déplacer ses épaules à la jambe isolée.

CONCLUSION...

Le programme consistera à enseigner au cheval chacun de ces points indépendamment, puis à les coordonner au fur et à mesure qu'il progresse. On procède de même pour chaque manœuvre.

Le travail à l'assiette : la balance

En équitation western, on ne parle pas tant d'assiette que de balance, de l'anglais balance, équilibre. L'objectif essentiel est de faire en sorte que le cavalier ne gêne pas le cheval dans ses déplacements.

Sorrel

QUESTION DE BALANCE

Observez votre cheval au pré : départs au galop, changements de pied, demi-tour sur les hanches... Quelle aisance ! Le bon cavalier est celui qui ne gêne pas cette aisance.

LA BONNE SELLE

Pour pouvoir bien travailler votre balance, choisissez une bonne selle à votre taille. Si elle est trop petite, votre bassin basculera d'avant en arrière et votre cheval sera gêné par le mouvement. Il risque aussi d'augmenter sa vitesse de façon continue, car, comme on le verra plus tard, une balance « aiguisée » peut servir d'accélérateur. Si elle est trop grande, vous aurez du mal à trouver votre équilibre et vous risquez de gigoter dans tous les sens, comme un sac à dos dont les bretelles seraient trop grandes.

ASSIS OU À CHEVAL ?

Mettez-vous en selle, réglez vos étriers de sorte que vous « décolliez » de la selle de 3 ou 4 cm au maximum lorsque vous vous tenez debout. Si vous devez acquérir de la balance, vous devez monter avec des étrivières plutôt trop longues que trop courtes.

Au travail !

Pour comprendre ce que veut dire « à cheval » comparativement à « assis », faites l'exercice suivant :

- *Prenez un tabouret. Asseyez-vous dessus, normalement. Demandez à un ami d'enlever le tabouret. Vous tombez vers l'arrière ? Vous étiez « assis », ce qu'il ne faut pas faire dans votre selle.*
- *Maintenant, enjambez le tabouret pour vous trouver au-dessus, un pieds de chaque côté, puis asseyez-vous. Faites ôter le tabouret : vous êtes en équilibre ? Votre centre de gravité est au bon endroit.*

La capacité de préserver ce principe d'équilibre en toute situation s'appelle la balance.

Bob Langrish

Pour que le cheval reste en équilibre sur le cercle, il faut que le cavalier prenne un appui égal sur ses deux étriers. L'exemple extrême de cet équilibre, ce sont les épreuves de vitesse comme le barrel race : sans balance, ce n'est même pas la peine d'essayer !

Vous ne devez pas être « assis » dans la selle, mais bien « à cheval » : si on retirait le cheval qui est sous vos fesses, vous devriez tenir en équilibre sur vos pieds.

AUX TROIS ALLURES

Travaillez en cercle, d'abord au pas. Vous devez garder le même appui dans chacun des étriers, sans serrer les jambes ni vous tenir à quoi que ce soit ! Travaillez ensuite au trot sur le cercle, toujours en recherchant cet équilibre qui ne demande en fait aucun effort physique, mais juste... de la balance !

Quand il vous semblera que tout va bien, passez au galop. Si vous vous sentez rejeté vers l'extérieur de la selle, repassez au trot : vous avez encore du travail à faire ! Atten-

Pour acquérir une bonne balance, il faut monter avec des étriers suffisamment longs : jambes tendues, vous devez tout juste pouvoir « décoller » de votre selle de 3 ou 4 cm.

Kit Houghton

BON À SAVOIR

On peut peser 40 kg et constituer une grande gêne pour le cheval alors qu'un bon cavalier de 90 kg ne perturbe pas sa monture. Le poids, lorsqu'il reste raisonnable, compte peu : c'est la balance qui change les sensations du cheval.

Miriski/Cogis

tion : votre bassin ne doit pas accompagner le cheval d'avant en arrière.

LA BALANCE DANS LES MOUVEMENTS

Pour aller jouer dans la cour des grands, la balance est indispensable. Son usage est plus un automatisme qu'une technique.

LES TRANSITIONS

Les transitions montantes ne posent généralement pas de problèmes. Dans une transition descendante, contractez les abdominaux et creusez le ventre, cela peut vous aider à comprendre le mouvement. Vous pencher en arrière ou en avant risque de faire accélérer le cheval.

LES MOUVEMENTS LATÉRAUX

Dans ces déplacements, le cheval est parfaitement droit. Il n'est donc pas question de mettre du poids d'un côté ou de l'autre – imaginez que quelqu'un s'appuie fortement sur votre épaule alors que vous cherchez à vous déplacer latéralement !

LE CHANGEMENT DE PIED AU GALOP

Cet exercice exige une balance très au point. Au moment du changement, le cavalier doit faire jouer son corps pour que le cheval ne le sente pas, qu'il n'y ait pas d'à-coup. Une erreur de balance empêche la manœuvre. Elle peut aussi amener le cheval à changer de pied sans qu'on le veuille. Un cheval western est dressé pour toujours chercher la position la plus confortable. S'il est gêné par le cavalier tandis qu'il galope sur un pied, il se met sur l'autre !

Sorrel

GROS PLAN
Pour mieux comprendre

Imaginez un sac à dos chargé qui serait mal équilibré sur vos épaules : davantage de poids d'un côté que de l'autre et des bretelles trop grandes. Courez avec ce sac sur le dos, faites des exercices : changez de direction, accélérez, ralentissez, etc. Les sensations de déséquilibre que vous éprouvez sont comparables à celles que ressent un cheval qui porte un cavalier manquant de balance. Quand vous aurez pris la mesure de cette gêne, vous deviendrez sans doute plus indulgent avec votre cheval.

Une fois que la balance est acquise, le cavalier parvient à rester en équilibre sur ses deux étriers, véritablement « à cheval » et non « assis », sans jamais gêner le mouvement et l'équilibre de sa monture. C'est capital lors de mouvements rapides tels que le stop ou le spin.

Le cheval de travail et d'extérieur

Toute l'équitation western a pour origine le travail, et la nature est son cadre – la plus belle carrière du monde ! Le cheval de travail accumule les qualités et les compétences. Le dresser est une rude et formidable école.

Sorrel

Le cow-boy et sa monture font équipe : sans un vrai respect mutuel, l'équipe ne peut pas marcher.

Sorrel

Un cheval de travail apprend à développer toute l'agilité nécessaire pour exécuter sa tâche. Déplacements latéraux, demi-tours dans un mouchoir de poche, terrains difficiles : il sait comment utiliser au mieux les moyens que la nature lui a donnés !

Sorrel

LE CHEVAL DE TRAVAIL : UN PARTENAIRE

Dans l'équipe cow-boy-cheval, chacun fait sa part de travail et peut compter sur l'autre. Un véritable partenariat qui prend tout son sens dans les moments difficiles.

UN DRESSAGE PRÉCIS ET EFFICACE

Le cheval de travail... travaille. Il connaît son « job », sait quand et comment l'accomplir, guidé à la fois par son instinct et par le dressage qu'il a reçu.

Il reçoit d'abord une éducation de base. Puis, après son débourrage, il commence à découvrir son métier en suivant un cheval plus aguerri, un genre de « maître d'école ».

Ici, pas de temps à perdre avec les épaules en dedans et les pas de côté. Le cheval a quatre jambes et il doit se débrouiller avec elles. S'il comprend ce qu'il doit faire, il utilisera tout son potentiel pour atteindre le but qu'on lui prescrit. Il placera ses pieds de façon à conserver le meilleur équilibre, quitte à apprendre tout seul les déplacements utiles.

Cette démarche relève du principe fondamental de l'équitation western. Elle consiste à avoir l'humilité d'admettre qu'aucun humain n'enseigne rien à un cheval qu'il ne sache faire tout seul dans la nature. Et ça marche plutôt bien. Un cheval de travail déplace aussi bien ses hanches que ses épaules, change de pied, accélère, ralentit, stoppe et repart... pour ne pas lâcher sa vache !

RESPECTÉ ET RESPECTUEUX

Les services qu'il rend sont tels que le cheval de travail est respecté par son cavalier. Bien nourri, logé comme il se doit, il travaille en général un jour sur deux ou trois, selon l'intensité des efforts qu'il doit fournir.

En retour, il doit au cavalier respect et soumission. Un cow-boy ne trouverait pas amusant une ruade « de joie », un galop effréné et incontrôlable – simplement parce qu'il a besoin de se défouler –, encore moins un cheval qui ne voudrait pas se séparer des autres ! Son cheval est parfaitement aux ordres et ne prend que les initiatives relatives à son travail.

EN QUOI EST-IL DIFFÉRENT ?

Les cow-boys semblent enfourcher leur monture sans jamais se demander s'ils vont avoir

GROS PLAN

Le cheval de travail est monté à une main, voire sans les mains ! Comment un cow-boy pourrait-il travailler si contrôler son cheval occupait ses deux mains ? Un cheval dressé nécessite peu d'aides pour être sous parfait contrôle. Le cavalier lui indique simplement le travail à faire. En « roping », par exemple, le cavalier descend de cheval dès que le veau est pris au lasso. Le cheval s'arrête sans que le cavalier ait à le lui demander et tend la corde en faisant quelques pas de reculer, pendant que le cow-boy attache les pieds du veau. Il maintient la tension le temps que le cow-boy administre les soins nécessaires au bétail.

Sorrel

un problème avec elle. Ruade, cabré, perte de contrôle, énervement : ils paraissent ne jamais avoir à se soucier de ce genre de problèmes, pourtant si fréquents ailleurs. Ils ont même l'air de faire, avec leur cheval, une belle équipe. Le secret ? Leur professionnalisme. Les cow-boys sont des dresseurs hors pair.

Ce qui rend ce cheval si différent, c'est sa fiabilité, son extraordinaire bonne volonté. Ces qualités, présentes en général dans les races sélectionnées pour le travail, se développent, grâce au comportement du cavalier envers son cheval, au fur et à mesure que tous deux travaillent ensemble.

LE CHEVAL WESTERN D'EXTÉRIEUR

« Être cheval d'extérieur » est un métier difficile pour un cheval. Pour réussir, ce dernier doit posséder du talent, au physique et au moral.

UN VÉRITABLE ÉCHANGE

Les techniques de base du dressage du cheval de travail s'appliquent au cheval d'extérieur western. La même notion de partenariat existe, puisque le cavalier confie sa vie au cheval, et inversement.

La seule différence réside dans l'absence de travail avec le bétail. Un cheval d'extérieur western est un cheval de travail s'il est utilisé comme moyen de transport et si son dressage de base correspond à la philosophie et aux techniques western.

UN CHEVAL SÛR

Confiant en son cavalier, le cheval d'extérieur western est aux ordres et serein en toute circonstance, monté ou en main.

Il ne se comporte jamais de façon dangereuse. Il se conduit à une main, respecte l'immobilité. Il peut, avec un minimum d'aide, se faufiler dans des passages difficiles en tenant compte du cavalier et du chargement. Il a le pied sûr et sait estimer la qualité d'un terrain.

Bref, c'est un cheval qui sait tout faire et qui est fortement lié à l'homme. Si vous achetez un cheval pour aller en extérieur, portez votre choix vers les animaux ayant un excellent mental et de très bonnes capacités d'apprentissage.

Stock/Sunset

GROS PLAN

Votre cheval est-il dressé western pour l'extérieur ?

À une main, rênes longues, pouvez-vous :

- rester tranquillement au pas alors que d'autres s'éloignent au galop ?
- seul, croiser tracteurs et camions, traverser des villages animés, passer près d'un pré où courent de jeunes chevaux fous, sans que le vôtre s'en émeuve ?
- agir librement, sans jamais vous préoccuper d'une réaction malencontreuse de votre cheval ?

Si oui, vous avez un cheval western !

Monter western sans cheval américain

Acquérir un cheval américain est un rêve qui a un prix : le prix fort ! Heureusement, les adeptes de l'équitation américaine sont de plus en plus nombreux à admettre que d'autres chevaux se prêtent à cette équitation.

Sorrel

S'INITIER AVEC SA MONTURE

Vous êtes séduit par l'équitation western et vous désirez vous y mettre pour de bon : rassurez-vous, votre cheval peut sans doute s'y adapter lui aussi.

POUR COMMENCER

Naturellement, il est souhaitable de faire vos armes avec un cheval d'école déjà bien mis à l'équitation américaine : deux débutants dans la même discipline, cela ferait trop. Mais, lorsque vous maîtriserez les bases de cette équitation, vous pourrez, avec l'aide d'un instructeur western compétent, entreprendre d'y mettre votre cheval.

À moins qu'il présente des défauts rédhibitoires, il pourra très probablement acquérir les connaissances nécessaires pour faire un bon cheval de trail, voire de pleasure.

LE BON MODÈLE

Si, toutefois, vous désirez aller en compétition ou aborder des disciplines rapides, votre monture doit, en matière de conformation et de tempérament, se rapprocher autant que possible de certains critères. En équitation western, le cheval ne doit pas être trop grand – la taille idéale, celle des paints, quarter horses et appaloosas, se situe entre 1,45 m et 1,60 m. Le corps doit être compact, avec une arrière-main puissante et de bons jarrets. Il faut des membres droits et secs, pas trop longs, avec une bonne ossature.

CÔTÉ TEMPÉRAMENT

Sensible et réactif, mais calme et « bien dans sa tête », le cheval western doit posséder de bonnes capacités d'apprentissage, de la volonté et du cœur. Les chevaux dits « chauds », excitables, de même que les individus ombrageux ou peureux, ne valent rien pour cette équitation.

LE TALENT DES IBÉRIQUES

Le cheval ibérique – andalou, lusitanien ou même PRE – avec sa morphologie compacte et musclée, son équilibre naturel, sa souplesse, son courage et son intelligence, se prête fort bien à l'équitation américaine. Il apprend vite, a du tempérament, adore montrer ce qu'il sait faire. Il excelle dans le travail du bétail – après tout, ce sont ses ancêtres qui ont d'abord peuplé l'Amérique et leur sang coule dans les veines de tous les chevaux américains.

Des ibériques se sont illustrés à plusieurs reprises à un niveau national – en Suisse, l'andalou Garboso a été champion dans presque toutes les disciplines.

LA FAMILLE DES ARABES

Les pur-sang arabes sont remarquables en compétition lorsqu'ils sont suffisamment étoffés : Miss Sensation, l'un des chevaux de sa race les plus titrés en Europe, a participé avec succès aux concours de

GROS PLAN
Les chevaux d'obstacle

Parmi les chevaux de sang, mieux vaut éviter de porter son choix sur un animal qui descend tout droit d'une lignée de champions de CSO, style holstein, K.W.N.P. ou sang-chaud suédois : trop grands, trop « chauds », pas assez agiles à cause de leurs membres et de leur dos plutôt longs, ils ont du mal à se plier aux exigences des disciplines western. Certains, toutefois, parmi les plus calmes, réussissent bien en trail. D'autres se révèlent doués pour les disciplines rapides, comme le pole bending.

La plupart des chevaux de selle, s'ils reçoivent une éducation correcte, peuvent devenir de bons chevaux d'école.

Sorrel

BON À SAVOIR
Le cas des pur-sang

Les pur-sang peuvent avoir des modèles assez différents selon les lignées. Les grands pur-sang un peu dégingandés, de même que les sujets au tempérament délicat, ne sont pas conseillés pour les disciplines western. Les modèles petits et assez compacts peuvent, eux, par leur rapidité, leur agilité, leur intelligence et leur tempérament, donner de bons résultats.

Bob Langrish

presque toutes les disciplines. Les autres membres de la famille – anglo-arabe, demi-sang tels que le saghya et, bien sûr, le cousin barbe – font des montures très acceptables, parfois remarquables, dans la plupart des disciplines.

DES CHEVAUX PLUS RUSTIQUES

D'autres races, plus rustiques ou plus puissantes, se sont illustrées en équitation western.

Gehlar/Cogis

Le haflinger, comme la plupart des poneys de montagne, a un avenir forcément limité en compétition. Mais il peut faire un bon cheval d'école et bien réussir en trail.

Sorrel

D'une manière générale, les chevaux arabes font bonne figure en équitation western.

PARMI LES MEILLEURS

• Le camargue, résistant, alerte et vif, compact, est doué pour le western. Il est d'ailleurs élevé, comme les quarter horses, pour le travail du bétail.

• Le frison s'est montré tout à fait capable d'assimiler les principes western. Le champion suisse Donar a fait de belles démonstrations en trail.

• Le knabstrup danois, qui apprend vite, le franches-montagnes, solide, vif et fiable, le criollo, rapide et, même, certaines lignées de selles français ont prouvé leurs dispositions pour l'équitation western, du moins jusqu'à un certain niveau.

LES PONEYS

L'équitation américaine, très sûre, est idéale pour les jeunes enfants. Différentes races de poneys permettent à ceux-ci de faire leurs premiers pas dans cette discipline : il suffit de trouver un individu possédant un bon mental et que sa conformation ne handicape pas. Les plus doués, incontestablement, sont les connemaras.

Les new-forest, les welshs et les highlands conviennent bien. En revanche, la plupart des poneys de montagne, comme le haflinger, les fjords et les islandais, s'ils peuvent rendre service, brillent rarement en compétition.

Bob Langrish

LE DRESSAGE

Introduction au dressage

Le dressage est une discipline ardue, qui demande beaucoup de travail et un tempérament réfléchi. Mais il procure des joies à la mesure des peines et vous permettra d'aller très loin dans votre relation avec votre cheval, que vous souhaitiez ou non faire de la compétition.

Bob Langrish

LE DRESSAGE : DEUX RÉALITÉS EN SEUL MOT

Un seul mot, « dressage », désigne à la fois le fait de travailler un cheval dans le but de le rendre facile et agréable à manipuler et à monter ainsi qu'une discipline officielle de compétition.

Les épreuves de dressage doivent montrer que le cheval est devenu agréable et facile à monter.

Kit Houghton

Un travail assidu, patient et réfléchi permet d'amener le cheval à un haut niveau de dressage. Il devient souple, léger, agréable à monter.

QU'EST-CE QU'UN CHEVAL DRESSÉ ?

Les objectifs du dressage varient selon la discipline. Ainsi, l'éducation d'un cheval western se déroule fort différemment de celle d'un cheval de concours complet, de randonnée ou de dressage. L'accent est mis sur des capacités différentes, et les moyens employés pour développer ces capacités ne sont pas les mêmes.

Néanmoins, dans toutes les disciplines, il existe des objectifs communs.

Ils permettent d'établir une relation agréable et sûre entre le cavalier et sa monture et de développer le cheval physiquement et psychiquement de telle sorte qu'il puisse progresser toute sa vie durant – et qu'il en conserve le désir. Ces objectifs sont :

- l'équilibre,
- la décontraction,
- la soumission – c'est-à-dire le respect et la confiance.

Kit Houghton

Nicole Uphoff dans un arrêt superbe sur le très élégant Rembrandt.

PRINCIPES FONDAMENTAUX

Pour atteindre les objectifs du dressage dans les meilleures conditions, le cavalier doit respecter les principes fondamentaux suivants.

- Être parfaitement cohérent, c'est-à-dire employer toujours les mêmes aides pour obtenir les mêmes réponses.
- Respecter les étapes de la progression : on ne peut avancer dans le dressage que si le cheval a parfaitement compris l'étape antérieure et qu'il est à même de l'exécuter dans la décontraction.
- Dominer le cheval. Le cheval doit respecter son cavalier et lui faire confiance. Son obéissance découle de ce respect. La domination n'a rien à voir avec la violence ou la force.
- Tenir compte des facultés physiques et psychiques du cheval. Cela signifie d'abord ne pas aborder un exercice avec un cheval insuffisamment préparé. Mais, aussi, savoir que la fatigue psychique précède de beaucoup la fatigue physique.
- Employer la récompense et non la punition pour marquer la mémoire du cheval.
- Observer, travailler, réfléchir : voilà le programme du dresseur. Un cavalier de dressage ne doit jamais perdre ses capacités de réflexion. Dresser, c'est être capable de se dominer autant que de dominer son cheval, et se remettre en question avant de remettre en question le bon vouloir du cheval.

Isabelle Werth (ici avec Gigolo) est devenue l'une des plus grandes cavalières de dressage du monde.

LE CHEVAL DE DRESSAGE

Tous les chevaux ne sont pas aptes au dressage de haut niveau. Il faut s'assurer que le cheval que l'on dresse possède les capacités physiques indispensables. Un cheval suffisamment doué progresse régulièrement en restant gai et dynamique. Selon la maxime du général L'Hotte, on recherche avant tout, à toutes les étapes du dressage, un cheval « calme, en avant et droit ».

Le cavalier de dressage cherche à travailler son cheval dans un équilibre parfait afin d'accéder peu à peu à une grande légèreté. Son travail améliore les allures en développant leur amplitude et leur élasticité, dans une cadence plutôt lente et régulière.

Enfin, un cheval bien dressé exécute correctement le mouvement demandé, dans la bonne attitude, sans que le cavalier ait à employer la force.

LE DRESSAGE EN COMPÉTITION

La compétition est l'occasion de se mesurer aux autres cavaliers et de se soumettre au jugement d'un jury. Il en découle une saine émulation – qui doit inciter à progresser sans pour autant brûler les étapes.

LA REPRISE DE DRESSAGE

Une épreuve de dressage se déroule sur un rectangle de dressage de 20 x 60 m, délimité par des lisses blanches basses. Le cavalier exécute une reprise selon un protocole précis, devant un jury. La difficulté de la reprise varie selon le niveau de l'épreuve. Le jury attribue une note à chaque figure selon la façon dont elle est exécutée et des notes générales au cheval et au cavalier.

LES NOTES DU CHEVAL ET DU CAVALIER

Bien sûr, on ne juge pas de la même façon un cheval de cinq ans dans une reprise D et un cheval accompli dans une reprise internationale. Néanmoins, le cheval sera toujours jugé sur trois critères de base :

- la franchise et la régularité de ses allures,
- son impulsion,
- sa soumission.

Le cavalier, lui, est jugé sur sa position, la façon dont il emploie les aides et la précision des figures qu'il obtient.

La compétition n'est pas un objectif obligatoire, ni même nécessaire. Travailler son cheval en dressage apporte, quelle que soit sa race, de grandes satisfactions.

QUEL NIVEAU POUR DÉBUTER EN DRESSAGE ?

Pour débuter en compétition officielle de dressage en France, il faut être titulaire du galop 7. Ce diplôme permet d'obtenir l'autorisation de monter dans les reprises D, C et B. Dans un premier temps, il n'est pas indispensable de se spécialiser ; le jeune cavalier a en effet tout intérêt à pratiquer toutes les disciplines. Toutefois, il est difficile d'accéder au niveau national ou international sans une monture très « pointue » dans sa discipline.

LE COIN DU PRO

Le cavalier doit exécuter la reprise, qui dure de trois à sept minutes selon le niveau de l'épreuve, de mémoire. Les erreurs de parcours sont pénalisées et, à la quatrième erreur, le concurrent est éliminé. Il est donc important de répéter la reprise, à cheval ou… à pied : il suffit de reconstituer un rectangle de petites dimensions avec les lettres à leur place pour répéter en chaussons dans son salon ! C'est une excellente façon de se concentrer sur les figures et de réfléchir à la façon dont il faut agir.

Petit lexique des termes du dressage

Le colonel Aloïs Podhajsky dit, dans son ouvrage L'équitation *:*
« La théorie, c'est le savoir ; la pratique, c'est le savoir-faire.
Mais c'est toujours la connaissance qui doit précéder l'action. » Voilà, résumée en peu de mots,
l'utilité de ce petit lexique de termes choisis à l'intention des amateurs de dressage.

Bob Langrish

APPUYER

Le cheval ne se déplace plus droit devant lui, mais en diagonale, antérieurs et postérieurs traçant des pistes parallèles.

À la différence de ce qui se produit dans l'épaule en dedans ou les pas de côté, il regarde dans la direction où il marche.

BASSE ÉCOLE

« Dans la basse école, le cheval est exercé sur une et deux pistes dans toutes ses allures naturelles amenées à leur plus haut degré de régularité à toutes les vitesses, ainsi qu'à l'inversion instantanée du galop dans les changements de direction. »
Général Decarpentry.

CADENCE

La cadence est marquée par le temps – en principe régulier – qui sépare le poser des pieds au pas, les battues au trot et les temps du galop.

CESSION

La cession est l'interruption d'une tension ou d'une résistance, aussi bien de la part du cheval que de la part du cavalier. On demande au cheval des cessions de mâchoire (il relâche sa mâchoire et cède sur le mors), des cessions de nuque (il fléchit la nuque pour relâcher la tension sur les rênes), des cessions des hanches (le cheval cède avec ses hanches en déplaçant celles-ci latéralement). Le cavalier, de son côté, doit savoir céder dans ses aides dès que le cheval commence à faire ce qu'il lui a demandé.

DÉFENSE

Une défense est une résistance plus ou moins manifeste du cheval à une indication du cavalier : une simple raideur de l'encolure, le cheval ne se ployant pas correctement, peut déjà être considérée comme une résistance. Pendant une reprise officielle, le jury tient compte, dans sa notation, des défenses.

Deux pistes

Bob Langrish

Défense

Kit Houghton

DESCENTE DE MAINS

La descente de mains est une cession complète, souvent assez brève, des mains au cours d'un exercice, de telle sorte que les rênes deviennent molles, le cheval devant maintenir néanmoins son attitude.

La descente de mains se fait en général avec un cheval rassemblé.

DESCENTE DE JAMBES

Pendant un exercice, cession complète des jambes qui n'interviennent plus pour maintenir l'impulsion ou la position du cheval, ce dernier devant continuer de lui-même, sans le modifier, le mouvement entrepris.

DEUX PISTES

Dans le travail de ou sur deux pistes, les postérieurs tracent une piste parallèle à celle tracée par les antérieurs.

En fait, on désigne ainsi tout déplacement latéral – épaule en dedans, appuyer, tête au mur, croupe au mur, hanches en dedans ou en dehors – même quand le cheval dessine en fait trois pistes (une pour un antérieur, une pour un diagonal, une pour un postérieur).

Impulsion

EFFET D'ENSEMBLE

L'effet d'ensemble consiste à employer l'ensemble des aides pour, en quelque sorte, « comprimer » le cheval entre les mains et les jambes. Tandis que les jambes (ou les éperons) demandent au cheval de se grandir, les mains opposent un contact ferme. Un effet d'ensemble bien exécuté incite le cheval à se grandir, à se rassembler.

On l'emploie pour demander un arrêt rassemblé, rétablir la régularité d'une allure, ralentir la cadence ou obtenir un degré de rassembler plus prononcé.

FLEXIONS

Les flexions, que le cheval exécute en ployant l'encolure latéralement, ont pour but d'assouplir toutes les parties du corps. Comme elles nécessitent un total abandon, elles permettent également de tester la décontraction, la confiance et la soumission du cheval.

HAUTE ÉCOLE

La haute école est la plus haute expression du dressage. Un cheval de haute école sait exécuter toutes les figures de ce registre, soit : le piaffer et le passage, la courbette et la croupade, le travail de deux pistes, les pirouettes et pirouettes renversées, les changements de pied rapprochés au galop jusqu'au changement de pied au temps.

RASSEMBLER

Un cheval rassemblé reporte son poids vers les hanches de telle sorte que son centre de gravité recule. Ses postérieurs sont engagés sous lui, ses hanches légèrement baissées, la base de son encolure soutenue. Le cheval ne peut se rassembler sans un certain ramener.

SAUTS D'ÉCOLE

Les sauts d'école sont la stylisation des sauts naturels : ce sont la croupade, la courbette, la pesade, la levade, la cabriole.

IMPULSION

L'impulsion, clé de voûte de toute équitation, est le désir du cheval de se porter en avant. Certains considèrent qu'il s'agit d'une qualité naturelle, plus ou moins forte selon le cheval, auquel elle ne saurait être enseignée : le dressage consistant avant tout à ne pas l'altérer.

D'autres (le plus grand nombre) affirment que l'on peut et que l'on doit constamment chercher à l'entretenir et à l'améliorer, autant au moyen des exercices qui permettent au cheval de se déplacer avec une aisance et une puissance toujours plus grandes que grâce à une préservation du bon moral et de la confiance de l'animal, lesquels lui donnent envie de se livrer généreusement.

LÉGÈRETÉ

La légèreté est un mélange d'aisance, d'équilibre et de parfaite soumission aux aides les plus fines.

Un cheval léger doit se mouvoir avec grâce, comme si sa masse ne pesait plus rien ; il semble exécuter les figures les plus complexes sans effort, sur des indications si discrètes et si subtiles de son cavalier qu'elles sont pratiquement invisibles.

PASSAGE

Le passage est une allure relevée diagonalisée, sorte de trot stylisé dans lequel le cheval saute d'un diagonal sur l'autre, semblant retenir ses membres fléchis pendant un court instant dans une sorte de planer.

« Les membres antérieurs s'élèvent et se soutiennent en s'arrondissant, les jarrets se plient, comme mus par des ressorts, et les pieds rebondissent au sol comme des balles élastiques. » *Capitaine Beudant.*

PIAFFER

Le cheval au piaffer lève tour à tour ses diagonaux, les pieds venant à hauteur du boulet du membre posé, sans avancer, comme s'il exécutait une danse cadencée.

PIROUETTE

La pirouette au galop est un tour complet autour des hanches, l'un des postérieurs servant de pivot.

On commence en général par demander des demi-pirouettes.

RAMENER

Le ramener est l'attitude du cheval rassemblé qui soutient et fléchit son encolure, la nuque restant le point le plus haut, le chanfrein se rapprochant de la verticale.

Piaffer

La bonne attitude

Le cheval dans la bonne attitude donne une impression de force, d'énergie, mais aussi de liberté. Il semble se déplacer avec facilité, et c'est le cas, car il est dans la position la mieux adaptée à son mouvement !

Bob Langrish

Quel que soit le degré de placer ou de ramener du cheval, sa nuque doit toujours rester le point le plus haut.

Kit Houghton

FORCE ET LÉGÈRETÉ

La bonne attitude, c'est celle qui permet au cheval de disposer au mieux de ses moyens pour exécuter le mouvement ou la figure demandés.

LA BONNE ATTITUDE N'EST PAS TOUJOURS LA MÊME

Il n'y a pas une bonne attitude, mais une attitude correcte pour chacun des déplacements du cheval.

Un cheval dans la bonne attitude ne donne pas l'impression d'être ligoté par une main de fer : il semble à peine « posé » sur le mors.

Sorrel

L'une des erreurs les plus communes consiste à vouloir placer son cheval dans une attitude figée, immuable, dont il ne sort pas pendant toute la séance de travail ou toute la reprise.

Autre erreur fréquente : chercher un placer qui ne correspond pas au niveau de dressage du cheval, ni au type de travail demandé.

L'ATTITUDE SUPRÊME

L'attitude suprême sous la selle c'est, bien sûr, le rassembler. Dans cette attitude, le cheval livre ses forces au cavalier en toute légèreté.

Le cheval adopte de lui-même le rassembler, en liberté, lorsqu'il est excité ou inquiet et veut « faire le beau ».

La base de l'encolure est fortement relevée, le dos soutenu, la colonne vertébrale tendue à l'extrême, les hanches baissées, les postérieurs fortement engagés.

La tête est souvent au ramener, le chanfrein s'alignant avec la verticale, mais un placer un peu plus ouvert est parfaitement compatible avec le rassembler.

LA PLUS GRANDE MOBILITÉ POSSIBLE

Le cheval adopte cette attitude lorsqu'il veut rassembler ses forces, avoir à sa disposition tous ses moyens pour jouir de la plus grande mobilité possible.

Le rassembler n'est donc pas une position artificielle imaginée par les écuyers, mais bien une position naturelle qui permet au cheval de livrer ses plus beaux déplace-

LE COIN DU PRO

Le cheval qui se livre

Si le cheval a été correctement entraîné, s'il a acquis la souplesse et la force nécessaires pour le mouvement demandé, si les aides du cavalier sont correctes et ne le gênent pas, il va de lui-même rechercher la bonne posture pour faire l'exercice le mieux et le plus confortablement possible. On dit qu'il se livre. C'est cela, la bonne attitude. Elle est ouverte et basse chez un cheval en début de travail, de plus en plus relevée et ramenée au fur et à mesure que le dressage avance.

ments, avec la plus grande énergie, la plus grande légèreté et la plus grande liberté possibles.

JAMAIS FORCÉE

L'objectif du dresseur, c'est donc d'amener progressivement son cheval à retrouver cette attitude de parfaite mobilité lorsque le cavalier lui en fait la demande. Mais, s'il veut voir son travail aboutir un jour, il doit avant tout se persuader qu'aucune attitude forcée, obtenue par la contrainte, ne permet d'atteindre le but cherché, qui est de mettre le cheval dans la meilleure disposition possible pour exécuter un mouvement.

À CHAQUE ÂGE SA BONNE ATTITUDE

La bonne attitude n'est évidemment pas la même selon que le cheval est en début de dressage ou en reprise Saint-Georges.

CHERCHER LE CONTACT

Un jeune cheval à peine débourré éprouve quelque peine à trouver une posture qui lui permette de se déplacer avec aisance malgré la présence du cavalier sur son dos. On ne se préoccupe donc pas de son attitude, qui est très instable, pendant les premières semaines.

Mais, dès qu'il parvient à se déplacer avec une certaine aisance et qu'il trouve son équilibre dans des mouvements simples, le cavalier commence à chercher le contact, d'abord là où le cheval le prend : l'encolure étant relativement basse, le nez en avant.

À la faveur d'un tournant, parfois d'une transition, le cheval redresse légèrement la base de son encolure et ferme, dans un contact léger, l'angle tête-encolure. Il le fait parce que cette position lui permet de soutenir son dos, d'engager ses postérieurs, de fléchir sa colonne, donc de rester en équilibre tout en conservant sa mobilité. S'il est bien dressé, il ne cessera d'évoluer dans ce sens.

VERS LE RASSEMBLER

Plus le dressage du cheval progresse, plus celui-ci acquiert de force et d'équilibre. Il devient capable d'aborder des exercices de plus en plus complexes, de rassembler ses allures. Son attitude évolue en même temps que son dressage. Les allures relevées, qui témoignent de l'équilibre, de la force et de la légèreté du cheval, ne peuvent être exécutées correctement que dans une attitude rassemblée. Cela ne signifie pas que le cavalier impose le ramener pour obtenir le piaffer, mais, au contraire, que le cheval, pour répondre à la demande de son cavalier et pouvoir piaffer, se place de lui-même dans la seule attitude qui lui permet d'exécuter correctement ce mouvement.

GROS PLAN

À chaque allure son attitude

Plus l'impulsion s'exprime vers l'avant, plus l'attitude est basse et ouverte. Plus l'impulsion s'exprime vers le haut, plus l'attitude est relevée et ramenée. Ainsi, un cheval qui marche d'un pas libre en extérieur avance avec une encolure basse, la nuque étant pratiquement au niveau du garrot. Il étend ses membres vers l'avant mais ne les relève pas. Au piaffer, au contraire, allure dans laquelle toute l'énergie s'exprime vers le haut, sans déplacement vers l'avant, l'attitude est rassemblée, le cheval étant dans un ramener aussi proche de la verticale que sa conformation le permet.

Delaborde/Cogis

À ÉVITER

La mauvaise attitude

Certaines postures sont toujours de mauvaises attitudes, quel que soit le travail demandé.

- Le cheval se renverse en creusant l'encolure, le bout du nez allant vers le haut. Cette position provoque un creusement de toute la colonne vertébrale et empêche l'engagement des postérieurs.

- Le cheval s'encapuchonne, le chanfrein étant ramené en-deçà de la verticale. Cette position prend sur l'impulsion du cheval et fausse son équilibre, son poids portant beaucoup sur l'avant-main.

Bob Langris

Les allures en dressage

En dressage, l'ensemble de la prestation repose sur la qualité des allures. Quels que soient les dons naturels du cheval, seul un excellent travail de dressage lui permet de développer pleinement la beauté et la fluidité des mouvements (ci-dessous Christine Stuckelberger sur Gauguin de Lully).

Kit Houghton

DES ALLURES NATURELLES

Un bon travail de dressage permet d'améliorer et d'embellir les allures d'un cheval, mais il ne pourra jamais lui donner ce qu'il ne possède pas. Une monture que l'on destine à cette discipline doit donc posséder naturellement de belles allures.

JUGER LES ALLURES NATURELLES

On ne peut les juger chez un cheval monté : il faut observer l'animal en liberté, sur une surface suffisamment grande pour qu'il exprime librement son dynamisme.

BON À SAVOIR

Seul un cheval parfaitement gymnastiqué, possédant la musculature et la souplesse d'un athlète, peut soutenir des allures rassemblées. Mais, même alors, elles lui imposent un effort important. Il faut lui accorder régulièrement des récréations rênes longues, encolure libre.

Avant de le lâcher, regardez-le marcher au pas en main, en ligne droite, s'éloignant de vous puis revenant vers vous. Son pas doit être généreux, souple, parfaitement droit et régulier.

Lâchez ensuite le cheval. Ses allures doivent être amples, élastiques et régulières. Au trot, il bondit souplement d'un diagonal sur l'autre, en se propulsant fortement avec les postérieurs. Le geste des antérieurs part de l'épaule (et non du genou), le membre développant un mouvement généreux et souple.

Au galop, le cheval se détache du sol avec élasticité. Il est capable de modifier sa direction brusquement, en changeant de pied spontanément.

RETROUVER LES ALLURES NATURELLES

Ces allures brillantes ne se retrouvent pas forcément sous la selle : lors du débourrage, le poulain se contracte sous le poids du cavalier et adopte des allures plus étriquées et plus contraintes. S'il n'est pas correctement et patiemment gymnastiqué, il risque de s'installer dans ces allures appauvries.

L'objectif d'un bon débourrage est donc de permettre au cheval, dans un premier temps, de retrouver l'aisance et la force de ses allures naturelles. Le but premier du dresseur est de développer l'impulsion du poulain monté, dans une attitude décontractée. Ensuite, par une gymnastique régulière, de l'amener progressivement à modifier son équilibre et à déplacer une partie de son poids des épaules vers les hanches.

ACCÉDER AUX ALLURES RASSEMBLÉES

Ce déplacement du poids du corps permet au cheval, petit à petit, de se redresser. Il se rapproche alors de l'attitude rassemblée qu'il adopte dans la nature dans certaines circonstances : combat, intimidation, parade... L'encolure est portée haute et fléchie, la tête ramenée presque à la verticale, les hanches abaissées. Le cheval lève haut les membres et raccourcit ses foulées sans

Un galop élégant et plein d'allant, un cheval attentif et décontracté, posé dans une attitude parfaite sur une main légère... Nicole Uphoff et Rembrandt !

Kit Houghton

LE COIN DU PRO

Chaque gradation d'allure a son attitude. Plus l'allure est rassemblée, plus l'attitude générale du cheval est relevée et ramassée. Plus l'allure s'allonge, plus l'attitude s'étend. Pour ce trot allongé, Biraldo (ci-dessous, monté par C. Hanson Boylen) devrait être dans une attitude légèrement plus ouverte.

Kit Houghton

réduire la force de la propulsion. Dans ces allures rassemblées, l'impulsion, très importante, est canalisée pour s'exprimer verticalement. Ce n'est possible que dans un équilibre parfait, avec un cheval léger disposant d'une souplesse et d'une puissance considérables. Un cheval non dressé ne peut les soutenir que quelques instants. Le travail aux allures rassemblées est le résultat d'années de gymnastique.

LA GAMME DES ALLURES

Le cheval de dressage doit maîtriser parfaitement les transitions ascendantes et descendantes entre les allures et à l'intérieur de chaque allure.

LE RÈGLEMENT

Le règlement de la Fédération équestre internationale définit pour chaque allure quatre gradations possibles. On trouve ainsi :

- le pas rassemblé, le pas moyen, le pas allongé et le pas libre ;
- le trot rassemblé, le trot de travail, le trot moyen et le trot allongé ;
- le galop rassemblé, le galop de travail, le galop moyen et le galop allongé.

En fait, il est évident que cette gradation est pratiquement infinie, et que la distinction entre une gradation et l'autre est parfois difficile à définir.

GROS PLAN

Même dans les épreuves internationales, il est rare de voir un vrai passage ou un vrai piaffer, avec un cheval léger, qui danse gracieusement d'un diagonal sur l'autre, avec régularité (ici Bonfire, monté par Anky Van Grunsven). Trop souvent, les allures relevées sont obtenues par une véritable « compression » du cheval entre les mains et les jambes : on voit alors des cavaliers semblant porter leur monture, des chevaux contraints, coincés dans leur encolure et dans leur bouche, qui exécutent à force d'actions peu discrètes un trépignement impatient qui a peu à voir avec les airs d'école.

Bob Langrish

Bob Langrish

En liberté, le cheval donne la pleine mesure de ses allures. Le cavalier de dressage s'efforce de retrouver, puis d'embellir, ce naturel.

On attend des allures qu'elles soient franches, régulières, avec une cadence lente et égale à l'intérieur d'une même allure.

Dans les allures rassemblées, le cheval fait des foulées plus courtes, mais il est plus léger et plus mobile. Les hanches sont actives, l'impulsion venant de l'arrière-main.

LES ALLURES ARTIFICIELLES

Les allures artificielles sont le passage et le piaffer. Ce sont des allures relevées et diagonalisées : le cheval lève fortement ses membres en les fléchissant, par diagonal ; il se propulse puissamment, dans une cadence lente.

Au passage, le cheval fait des foulées très élastiques, très courtes, avec un temps de suspension entre le poser de chaque diagonal. Au piaffer, il passe d'un diagonal sur l'autre avec légèreté, en restant sur place.

Cadence et régularité

Cadence et régularité sont des qualités sans lesquelles aucun air de dressage n'a de réelle beauté. Le cavalier cherche continuellement à améliorer ces qualités chez son cheval.

Bob Langrish

LA RÉGULARITÉ D'ABORD

La première étape dans la recherche de la cadence, c'est la régularité des allures.

PAS DE CADENCE SANS RÉGULARITÉ

La cadence est déterminée par la régularité et le rythme des posers dans une allure ou un mouvement. En dressage, on recherche une cadence lente et bien marquée, en principe parfaitement régulière à l'intérieur d'une allure, quelles que soient les variations de celle-ci. Il n'y a pas de cadence sans régularité des allures.

UN FRAGILE ÉQUILIBRE

La régularité des allures est en principe excellente au naturel chez un cheval que l'on destine au dressage. Mais parce qu'elle dépend de l'équilibre, elle est remise en question lorsque le jeune cheval est monté et, chez un cheval déjà dressé, lors de l'apprentissage de nouveaux exercices.

La régularité permet de juger du degré d'acquisition d'un mouvement : tant que le cheval ne l'exécute pas en maintenant une parfaite régularité, il faut encore travailler.

Kit Houghton

Un cheval que l'on destine au dressage doit montrer en liberté des allures amples, élastiques et régulières, promesses d'une belle cadence à venir.

L'IMPORTANCE DES AIDES

Pour obtenir et conserver cette brillante régularité, il faut que, par votre assiette, vous sentiez bien le mouvement des jambes et la disposition du corps de votre monture ; il faut aussi que vos jambes et votre main soient prêtes à rétablir cette harmonie si une hésitation du cheval venait à la déranger. Le cavalier qui est bien assis, bien descendu dans sa selle, doit sentir dans sa colonne vertébrale tout ce qui se passe au niveau du dos et des membres du cheval.

À CHACUN SES ALLURES

Certains chevaux ont de naissance une cadence si naturelle et un équilibre si bon qu'ils gardent cet équilibre même sous le poids du cavalier. D'autres ont des allures larges mais pas un bon équilibre ; d'autres encore relèvent trop les allures et n'avancent pas convenablement ; d'autres enfin

Les allongements extrêmes – trot en extension, par exemple – sont de véritables révélateurs en matière de cadence. (Isabell Werth sur Gigolo)

Bob Langrish

LE BON GESTE

Pour obtenir une belle cadence dans un pas rassemblé, les actions de jambes et de mains qui provoquent ou modèrent l'impulsion doivent s'exercer dans un juste rapport. Fixez votre main légèrement en gardant un contact doux avec la bouche. Entretenez l'impulsion avec vos jambes pour obtenir des battues égales et bien cadencées.

LE COIN DU PRO

Plus le cheval se rassemble, plus la cadence est en péril si les forces en jeu ne sont pas parfaitement équilibrées car l'effort produit est considérable.

Ainsi, de nombreux chevaux qui ont déroulé une reprise scandée comme au métronome perdent cette belle régularité dans les allures relevées (C. van Baalen sur Olympic Ferro).

Kit Houghton

ont des allures rasantes, piquées et gardent les épaules contractées.

Il faut voir d'abord comment fonctionne le dos sous le poids du cavalier et tâcher de trouver au début du travail quelle attitude et quel rythme adopter : certains chevaux ont besoin de travailler dans des allures plus amples pour être dans un meilleur équilibre, d'autres dans des allures plus courtes dont on augmentera progressivement l'étendue au fur et à mesure qu'ils se cadenceront. À d'autres enfin, il faut un travail prolongé au pas pour obtenir un équilibre qu'ils conserveront au trot et au galop.

GROS PLAN

Une belle cadence au galop, parfaitement régulière et bien marquée, n'est pas chose courante, même dans les épreuves internationales.

On en jugera lors des pirouettes au galop, où seuls les plus grands maintiennent une vraie régularité (Kyra Kyrklund sur Flynge Amiral).

Bob Langrish

UNE BELLE CADENCE

Une fois qu'il est capable de maintenir des allures régulières, le cheval peut travailler la cadence. On cherchera alors à améliorer l'élasticité de ses foulées, qui rythme l'allure, et leur amplitude, qui permet d'obtenir une cadence lente.

Pour que la cadence reste régulière dans une même allure, quelles que soient les variations (du pas moyen au pas rassemblé, par exemple), le cheval maintient une impulsion égale, mais s'étend ou se rassemble plus ou moins.

DANS LA PRATIQUE

Variations d'allures, transitions, changements de direction, barres au sol : toute gymnastique bien exécutée contribue à améliorer la cadence.

LES VARIATIONS D'ALLURES

Demandez des successions de transitions dans l'allure – du pas moyen au pas allongé, du pas allongé au pas de travail – et d'une allure à l'autre – du pas au trot, du galop au trot, etc. Commencez par des transitions simples et allez progressivement vers des transitions complexes. Dans une même allure, ce sont les foulées qui doivent être raccourcies ou étendues, la cadence restant parfaitement régulière.

LE TRAVAIL SUR LE CERCLE

Le travail sur le cercle est l'un des moyens les plus efficaces pour donner au cheval la souplesse, la régularité et la grâce dans toutes les allures. Plus le cheval avance dans son dressage, plus il devient capable de maintenir une cadence active et régulière quel que soit le diamètre du cercle. Travaillez en augmentant et en réduisant la taille du cercle. Le travail sur le huit de chiffre est également indispensable pour tester la régularité du cheval quel que soit le sens de l'incurvation.

LES BARRES AU SOL

Le travail sur des barres au sol, d'abord au pas puis au trot, oblige le cheval à régulariser et à rythmer ses foulées.

Dans le même ordre d'idées, le travail sur de petits obstacles en ligne, à une foulée ou en saut de puce, apporte beaucoup en termes de régularité et d'équilibre, même chez un cheval de dressage.

À ÉVITER

Il n'y a pas de cheval décontracté, donc régulier, sous un cavalier raidi : « Quand la légèreté se perd et que la cadence est rompue, c'est que le cavalier, au lieu de ne faire qu'un avec son cheval, a tout fait pour plaire à la galerie, transformant malheureusement le cheval en piédestal. » (Nuño Oliveira)

Le travail au pas

Le travail au pas est souverain dans bien des cas, notamment pour aborder dans le calme et la décontraction les nouveaux apprentissages. On a souvent tendance à l'escamoter parce qu'on a l'impression que le cheval ne travaille pas vraiment, ce qui est une erreur.

Bob Langrish

LE BON GESTE

Le jeune cheval est à la recherche de son équilibre avec un cavalier sur le dos. Pour ne pas multiplier les difficultés, il faut repasser au pas dès que l'on veut lui faire comprendre une nouveauté. Il peut ainsi l'aborder dans le calme et se concentrer sur l'apprentissage.

Bob Langrish

LES AVANTAGES ET LES INCONVÉNIENTS DU PAS

Confortable pour le cheval comme pour le cavalier, le pas permet de travailler dans de bonnes conditions, mais il faut, évidemment, maintenir une allure active.

L'AISANCE DU CHEVAL

Le pas est une allure marchée à quatre temps : cela signifie que le cheval a toujours trois pieds posés au sol et qu'il maîtrise aisément sa force, son équilibre et sa direction. C'est aussi une allure qui favorise son calme et sa décontraction. Dans de telles conditions de travail, il lui est facile de se concentrer sur les demandes de son cavalier. C'est pourquoi il est souhaitable, généralement, d'aborder les nouveautés au pas plutôt qu'au trot – ne parlons pas du galop, qui tend à exciter le cheval et pose des problèmes complexes d'équilibre et de position des membres.

LA SOUPLESSE

Le pas, parce qu'il favorise l'équilibre et la décontraction du cheval, est également l'allure la plus adéquate pour travailler la souplesse et les étirements. Flexions longitudinales et latérales, extensions d'encolure, allongements, déplacements des hanches, travail sur deux pistes sont très profitables au pas, où il est aisé de s'assurer que le cheval ne se contracte pas et qu'il se livre pleinement.

L'AISANCE DU CAVALIER

Le cavalier, naturellement, est lui aussi plus à l'aise et plus détendu au pas. N'ayant pas à se soucier d'amortir des foulées sautées – comme au trot, souvent particulièrement inconfortable avec les chevaux de dressage –, il se détend et peut plus facilement, comme sa monture, se concentrer sur ce qu'il fait et

Pour stimuler l'énergie du cheval, demandez de nombreuses variations dans l'allure et ne prolongez jamais trop le travail au pas : alternez avec des allures plus vives.

Sorrel

Bob Langrish

LE COIN DU PRO

Certains partisans de l'école allemande soutiennent qu'il ne faut pas aborder le travail sur deux pistes au pas car on risque, alors, de provoquer une perte d'impulsion. Cette objection ne paraît pas vraiment fondée. Le risque n'existe que si l'on « coince » le cheval entre mains et jambes. Exécutés avec finesse et avec une main souple, les exercices latéraux au pas favorisent au contraire la « bonne » impulsion : un engagement important des postérieurs avec un bout de devant soutenu et léger.

sur la façon dont le cheval répond à ses demandes.

Cette aisance lui permet aussi de se montrer plus audacieux dans ses requêtes et d'aller au bout des exercices sans se crisper.

C'est pourquoi il est important de considérer le pas comme une véritable allure de travail et non pas comme une simple pause entre deux exercices. Consacrez toujours 10 à 15 minutes de travail à cette allure par séance – en plus des récréations rênes longues.

LES INCONVÉNIENTS DU PAS

Les inconvénients du pas découlent de ses avantages : comme c'est une allure confortable, le cheval peut avoir tendance à s'éteindre un peu, à travailler en « sous-régime ». De plus, et pour les mêmes raisons, le cavalier lui-même peut se laisser bercer par la facilité.

Afin que le travail au pas n'entraîne pas une perte d'impulsion, il faut veiller à changer fréquemment d'amplitude – en faisant alterner pas moyen, pas de travail, allongements, rassembler si le cheval en est capable – et exiger toujours un bon engagement du cheval. Il faut également varier beaucoup les demandes et préférer plusieurs séquences courtes de travail à quinze longues minutes de travail au pas.

LES INDICATIONS DU TRAVAIL AU PAS

Le travail au pas est indispensable à tous les stades du dressage.

POUR LE JEUNE CHEVAL

Le jeune cheval manque d'équilibre et, souvent, s'excite dans les allures vives. Il doit beaucoup travailler au pas : c'est à cette allure que l'on abordera avec lui tous les apprentissages de base. Le travail au pas lui permettra d'acquérir tranquillement, sans fatiguer ses articulations et sans s'essouffler, la souplesse et la musculature nécessaires pour supporter le poids du cavalier.

POUR TOUS LES APPRENTISSAGES

À tous les niveaux, le pas est l'allure des nouveaux apprentissages. Toutes les figures, ou presque, peuvent et doivent être préparées par un travail au pas, même quand elles sont destinées à être exécutées au trot ou au galop. La pirouette au galop, par exemple, bénéficiera d'un sérieux travail préparatoire au pas.

POUR LE RETOUR AU CALME

Le pas est naturellement l'allure tout indiquée pour revenir au calme et rééquilibrer le cheval quand son attitude ou son comportement se dégradent au trot ou au galop. Pour en tirer le meilleur parti, commencez par accorder une pause rênes longues, ce qui permet au cheval d'étirer ses muscles et de se détendre physiquement et moralement. Puis, reprenez vos rênes pour travailler au pas.

BON À SAVOIR

Un bon pas est actif, régulier et délié. Le cheval doit engager les postérieurs loin sous la masse : s'il se déjuge (la trace du postérieur vient derrière la trace de l'antérieur), l'impulsion est insuffisante. De même, dans les exercices latéraux, on cherchera une grande amplitude, le cheval croisant franchement les membres.

Bob Langrish

Allure calme et confortable, le pas permet au cheval et au cavalier de travailler sereinement.

L'arrêt et le salut

« Arrêt. Salut. » Dans toutes les épreuves de dressage, le cavalier doit venir s'arrêter face au jury et le saluer au début de la reprise. C'est un moment toujours délicat, qui en dit long sur le dressage du cheval et sur la compétence du cavalier.

Kit Houghton

LE BON ARRÊT

Un arrêt franc et d'aplomb, suivi d'une parfaite immobilité, est une chose bien rare, même dans les reprises de haut niveau.

1 Si possible, prenez l'allure demandée à l'extérieur du rectangle, décrivez un cercle qui vous amène sur une droite face à l'entrée, dans l'axe de la ligne du milieu. Vous entrez ainsi en piste en A avec un cheval dans l'impulsion, attentif et droit.

Trottez ou galopez jusqu'en X. Le cheval est jugé sur sa rectitude. Regardez loin devant vous. Tenez-vous d'aplomb dans votre selle, avec la plus grande décontraction possible, les mains basses et, éventuellement, un peu écartées pour encadrer votre monture.

1

Kit Houghton

Kit Houghton

2 Quelques foulées avant la lettre X, préparez l'arrêt en vous grandissant. Une foulée avant X, redressez-vous en fermant les doigts sur les rênes.

Anticipez d'autant plus que votre cheval est en début de dressage.

La transition doit être franche, mais non heurtée. Préférez une foulée au pas à un arrêt brusqué qui risque d'inciter le cheval à se traverser ou à entrer en défense.

Cédez aussitôt que le cheval s'arrête. Dans les reprises D, on note surtout l'attitude du cheval et du cavalier ainsi que l'immobilité. Dans les épreuves de

3

Kit Houghton

GROS PLAN

Les hommes saluent en se découvrant de la main droite, en abaissant leur couvre-chef le long de leur cuisse tout en le faisant pivoter de façon à ne pas en montrer l'intérieur au jury. Les femmes font un simple salut de la main en laissant celle-ci descendre le long de leur cuisse. Cavaliers et cavalières accompagnent ce geste d'un léger salut de la tête, le menton s'abaissant vers la poitrine.

Kit Houghton

niveau supérieur, on juge aussi la correction de l'arrêt (arrêt « carré ») et la netteté de la transition.

3 Pour saluer, passez les deux ou les quatre rênes dans la main gauche sans modifier le contact ni déplacer votre assiette. C'est souvent lors de ce passage des rênes dans une seule main que le cheval rompt l'immobilité. Le cavalier, qui appréhende un mouvement de sa monture, se crispe et lui transmet inconsciemment sa tension. Du calme, donc !
Saluez.

4 Reprenez les rênes dans les deux mains. Restez décontracté : toute tension dans les mains ou dans le corps sera ressentie par votre monture, qui risque alors de se traverser ou de piétiner. Demandez le départ au trot avec l'assiette et, si nécessaire, avec les jambes, en descente de mains, afin que le cheval se sente libre de se porter en avant avec franchise. Il doit partir droit. Dans les reprises de niveau supérieur, on juge la franchise du départ.

LE BON GESTE

Quand le cheval se traverse, vous devez replacer les épaules devant les hanches et non l'inverse.

L'ARRÊT ET L'IMMOBILITÉ

Obtenir l'immobilité du cheval fait partie du dressage de base, quelle que soit l'équitation pratiquée.

REPRENDRE LE TRAVAIL À LA BASE

Si votre cheval trépigne dès que vous demandez un arrêt, reprenez le travail à la base. Travaillez l'arrêt depuis le pas ou le trot. Le cheval ne peut rester immobile s'il ne s'est pas arrêté correctement : il cherche à rectifier ses aplombs, vous résistez avec les mains et/ou les jambes, la bagarre commence et l'immobilité n'est plus qu'un... rêve inaccessible.

BIEN S'ARRÊTER

Le bon arrêt s'obtient avec un cheval équilibré, léger sur la main, qui engage ses postérieurs et qui comprend bien la demande. Dans un premier temps, accompagnez les aides de l'ordre vocal que vous employez en longe afin que le cheval prépare son arrêt. Ne demandez pas des transitions nettes à un cheval à peine mis.

Surtout, dès que le cheval s'arrête, cédez ! Cédez dans vos mains et dans vos jambes. Cédez aussi dans votre tête : le cheval est arrêté, arrêtez-vous aussi !

PROLONGEZ L'IMMOBILITÉ

Après quelques secondes d'immobilité, caressez et rendez les rênes. Au fil des leçons, prolongez un peu l'immobilité sur la main (30 secondes). Changez plusieurs fois les rênes de main, puis caressez et rendez les rênes.

N'abusez jamais de la patience de votre cheval. En revanche, vous pouvez prolonger l'immobilité rênes longues : tant que vous ne donnez pas le signal du départ, le cheval doit rester en place.

Quand le cheval sait rester immobile, vous pouvez commencer à travailler le départ dans une allure sans avoir rendu les rênes. Mais revenez souvent à l'arrêt-immobilité suivi de la récréation, qui favorise la décontraction.

Pourquoi des problèmes d'immobilité ?

• Le cavalier ne cède pas quand le cheval s'arrête (ni dans ses aides, ni dans sa tête).
• Le cavalier est tendu, se projette dans la suite du mouvement : le cheval le sent et fait de même.
• Au moment du départ, le cavalier utilise brusquement ses jambes ou même ses éperons : le cheval appréhende ce geste et cherche à l'anticiper.
• Le cheval est émotif ; la cabane du jury, le public, le passage des chevaux le perturbent. Un travail fréquent dans des conditions similaires, beaucoup d'extérieur avec d'autres chevaux, et il devrait apprendre peu à peu à dominer son excitation.

Sorrel

Quand vous entrez en piste, regardez loin devant vous, vers le jury : cela vous aidera à garder votre cheval droit.

Le reculer

Rien n'est plus délicat à enseigner à un cheval que le reculer : une mauvaise expérience risque de le marquer à vie ! Un beau reculer est une question d'éducation autant que de préparation physique.

Mirski/Cogis

L'ÉDUCATION D'ABORD

Pour bien aborder cet apprentissage difficile, il est préférable de travailler à pied dans un premier temps.

DÈS LES PREMIERS MOIS

On peut apprendre de bonne heure à un poulain à accepter de reculer en main avec un simple licol.

Il suffit de se placer face à lui et de l'inciter à reculer en marchant vers lui tout en exerçant une tension intermittente sur la longe en direction de son poitrail.

Si nécessaire, on peut déclencher le mouvement des antérieurs en lui chatouillant les genoux avec le flot de longe.

La plus légère amorce de recul doit être récompensée afin que le cheval comprenne que c'est bien ce qu'on attend de lui.

Accompagnez toujours la demande d'un ordre vocal (« recule », par exemple), ce qui facilitera beaucoup, par la suite, l'apprentissage en selle.

LE SAVIEZ-VOUS ?

En équitation western, on enseigne le reculer de bonne heure, en main puis sous la selle. On n'hésite pas à faire reculer le cheval d'une dizaine de pas, voire davantage !

Kit Houghton

EN FILET

Lorsque le poulain est débourré et qu'il répond correctement aux actions sur le filet, on peut travailler à pied, le cheval étant bridé.

Faites marcher le cheval en main et demandez un arrêt. L'arrêt doit être correct, les membres bien d'aplomb, afin que le reculer se fasse à partir d'un bon équilibre. Redemandez-le plusieurs fois si nécessaire.

Placez-vous ensuite face au cheval et prenez une rêne dans chaque main près de sa bouche. Exercez une tension vers l'arrière tout en faisant mine de marcher vers lui et en disant « recule ».

Là encore, la moindre amorce de recul doit s'accompagner d'une cession immédiate et d'une récompense.

Si le cheval ne comprend pas la demande, il faut se faire aider d'une personne qui lui chatouillera les genoux à l'aide d'une badine.

LE BON GESTE
S'il se traverse

Lors de l'apprentissage, si le cheval se traverse en reculant, vous devez aussitôt le porter en avant en cédant franchement dans vos mains. Ne cherchez pas à remettre les hanches en place par des actions de jambe isolées.

En général, le cheval se traverse toujours du même côté : il déplace ses hanches vers la gauche ou vers la droite. Cela trahit un manque de souplesse ou de force du côté en cause. Vous devez donc, avant tout, vous appliquer à bien le travailler à cette main. Ensuite, faites-le reculer le long d'un pare-botte, en donnant un léger pli extérieur à l'encolure pour contrer son travers.

Par la suite, on corrige toujours la tendance du cheval à se traverser non pas en cherchant à canaliser les hanches avec les jambes, mais en imposant un léger pli d'encolure : à gauche si les hanches partent vers la gauche, à droite si elles vont vers la droite.

BON À SAVOIR

Savoir doser

Le reculer est très contraignant pour le cheval, aussi bien sur le plan physique que sur le plan psychologique.

Ne forcez pas la dose dans un premier temps : un ou deux pas de reculer suffisent pendant la période d'apprentissage. Vous augmenterez ensuite progressivement le nombre de pas en prenant soin de ne jamais outrepasser les possibilités physiques et mentales du cheval. Il doit reculer franchement, sans se défendre et, surtout, en restant droit.

Bob Langrish

Action de la main gauche pour inciter le diagonal gauche à reculer...

Bob Langrish

... puis de la main droite pour le diagonal droit. Remarquez comment la cavalière dégage l'arrière-main en déplaçant son assiette.

QUAND ABORDER LE RECULER ?

Bien que le reculer soit une allure naturelle, il est préférable de ne pas l'aborder trop tôt dans le dressage du cheval.

Dans la nature, les chevaux ne l'utilisent qu'en cas d'obligation absolue – pour se dégager d'un buisson, par exemple.

Quand ils le peuvent, ils préfèrent faire demi-tour plutôt que d'utiliser le reculer, qui les place en mauvaise posture s'ils doivent fuir.

C'est pourquoi il ne faut pas aborder le reculer sous la selle tant que le cheval n'est pas soumis et en confiance.

Il faut attendre qu'il soit capable de s'arrêter droit et de rester immobile, placé, parfaitement d'aplomb.

LE RECULER EN PRATIQUE

Bien pratiquer le reculer exige tact et sensibilité. Le reculer se demande toujours à partir d'un arrêt d'aplomb.

PAR DIAGONAUX

Le cheval recule par diagonaux : en conséquence, les aides avec lesquelles on demande le reculer doivent s'exercer alternativement à droite et à gauche, leur action se réglant sur le diagonal qui recule.

Ainsi, lors des premiers reculers, les deux mains exercent une résistance, mais la main qui correspond au diagonal qui entame le reculer doit exercer une résistance plus marquée. Elle cède ensuite légèrement tandis que l'autre main prend le relais pour accompagner l'autre diagonal.

LE COIN DU PRO
Reculer sur le rectangle

Les jurys de dressage jugent le reculer, comme les autres allures, sur l'amplitude et la régularité des foulées, le cheval devant rester droit. La note repose aussi largement sur l'aisance et la franchise des transitions avant et après le reculer.

Delaborde/Cogis

L'ASSIETTE

Plus le cheval est débutant en la matière, plus le jeu de l'assiette doit être marqué. Pour inciter le cheval à entamer le reculer, le cavalier creuse les lombaires et recule légèrement le bassin, « poussant » le cheval vers l'arrière. Ce mouvement deviendra beaucoup plus discret avec un cheval mis.

LES JAMBES

Contrairement à un usage malheureusement assez répandu, on ne doit pas utiliser les jambes pour demander le reculer.

Un bon arrêt préalable, avec un cheval tendu et engagé, permet d'aborder le reculer avec l'impulsion nécessaire – qui sera déclenchée par l'assiette. Pendant le reculer, les jambes restent décontractées et ne font qu'encadrer le mouvement avec légèreté.

LA FIN DU RECULER

Dès que le cheval a exécuté le nombre de pas de reculer attendu, ou s'il se traverse, il faut le porter en avant sans passer par l'arrêt. Le cavalier inverse le mouvement de son bassin, engageant celui-ci fortement et poussant le cheval vers l'avant.

Avec un cheval mis, on peut obtenir, depuis le reculer, des départs au pas, au trot et au galop.

Le galop allongé

Le galop allongé est sans aucun doute l'allongement d'allure le plus difficile. On ne peut l'obtenir qu'avec un cheval très avancé dans son dressage, bien rassemblé et parfaitement droit.

Bob Langrish

LE GALOP DE TRAVAIL

Obtenir un vrai galop de travail est la première étape de la délicate préparation au galop allongé.

CANTER ET GALOP

En anglais, on fait la distinction entre le *canter*, qui est le galop de travail, soutenu, en équilibre et placé, avec des foulées élastiques mais peu étendues, et le *gallop*, qui correspond au galop d'extérieur, une allure rapide, l'encolure étant assez basse et les foulées étendues. Cette distinction nous manque en français. Or, elle est essentielle pour bien comprendre le galop allongé, qui se dit en anglais *extended canter* et non *gallop*.

EN AVANT ET DROIT

Avant d'aborder l'allongement au galop, il faut donc que le cheval soit parfaitement mis au galop de travail ou *canter*. Dans cette allure, il doit maintenir une cadence régulière et assez lente, sans accélérer ou tomber sur les épaules lors des changements de direction. Il doit engager ses postérieurs et se propulser avec assez d'énergie pour que le galop soit bien à trois temps (et non à quatre) : le temps de suspension doit être marqué. Comme dans le trot ou le pas de travail, l'impulsion doit être utilisée vers le haut autant que vers l'avant et donner une allure légère et bondissante. Il est essentiel que le cheval soit capable, à cette allure, de rester parfaitement droit. S'il se traverse, même légèrement, il faut réduire la difficulté et retourner à un travail simple, mais juste, avec un placer moins rigoureux, sur de grands cercles et sur des transitions galop-trot et galop-pas.

LES VARIATIONS DU GALOP

Une fois que le galop de travail de référence est bien maîtrisé, on peut introduire des variations dans l'allure, qui conduiront à un début de galop rassemblé.

DES EXERCICES VARIÉS

Peu à peu, le cheval doit être capable d'étendre ou de réduire ses foulées sans modifier la cadence du galop ni se traverser.

Ce résultat s'obtient en travaillant la souplesse latérale et longitudinale dans cette allure grâce à divers exercices : cercles de diamètre réduit, contre-galops, transitions galop-pas et galop-arrêt, serpentines.

Pour obtenir un bon galop de référence, demandez fréquemment les départs au galop depuis une épaule en dedans au pas – le cheval se redresse et donne un départ en soutenant bien son bout de devant.

BON À SAVOIR

Le galop allongé, lorsqu'il est bien fait, demande un effort considérable au cheval. C'est pourquoi il est important de le récompenser en cédant dans les aides et en le félicitant de la voix et de lui accorder presque aussitôt une récréation rênes longues, même brève. C'est ainsi que l'on obtient un galop allongé généreux et décontracté.

LE BON GESTE

Ne prolongez pas trop le travail au galop : cet exercice très exigeant provoque rapidement des contractions latérales et longitudinales qui font que le cheval cesse d'être juste et parfaitement droit. Alternez donc quelques minutes de travail au galop, du travail au trot (pour sa symétrie) et des récréations au pas rênes longues.

L'allongement des foulées doit être sensible, et la transition descendante après l'allongement bien nette.

Bob Langrish

Bob Langrish

Si le cheval ne peut avancer le nez, l'amplitude du geste des antérieurs sera restreinte.

Bob Langrish

Il faut lui laisser avancer le nez dans une attitude soutenue pour obtenir un vrai galop en extension, le cheval semblant voler.

Il ne faut toutefois pas que cet exercice devienne trop systématique, car le cheval doit aussi apprendre à partir droit depuis le pas ou l'arrêt.

CADENCE ET RECTITUDE

À partir de ce galop équilibré, le cheval étant léger sur la main, vous pourrez aborder les premières variations d'allure dans le galop. Il faut toujours, dans ces variations, veiller en priorité à la régularité parfaite de la cadence et à la rectitude du cheval. Mieux vaut se contenter d'une variation légère sur quelques foulées avec un cheval juste que d'obtenir des transitions dans l'allure nettes, mais avec un cheval qui se vautre ou se traverse.

GROS PLAN

Allonger le galop demande au cheval d'étendre son antérieur intérieur loin devant lui, ce qui nécessite un étirement musculaire important. Tout comme un danseur, le cheval doit acquérir progressivement la souplesse qui lui permettra de faire cet effort avec une apparente facilité.

Bob Langrish

OBTENIR LE GALOP ALLONGÉ

L'allongement s'obtient à partir d'un galop pratiquement rassemblé : c'est nécessaire tant pour l'équilibre et la disponibilité du cheval que pour la beauté de la transition.

DEPUIS LE RASSEMBLER

Demandez un départ au galop depuis le pas ou l'arrêt. Si le cheval n'est pas suffisamment équilibré, faites un contre-changement de main ou deux demi-voltes successives au contre-galop.

La cadence étant régulière et le cheval léger, décrivez un cercle de 10 à 15 m de diamètre en A ou en C en demandant à votre monture de se rassembler davantage.

Reprenez la piste en exigeant une bonne incurvation et une épaule intérieure très soutenue dans le tournant. À la sortie du tournant, cédez dans vos mains et amenez vos jambes au contact tout en marquant la cadence avec vos reins.

HAUT ET LOIN

Le cheval doit pousser fortement avec ses postérieurs et lancer ses antérieurs étendus loin et haut. Son bout du nez avance un peu, l'encolure pouvant s'étendre légèrement. Mais le cheval ne doit surtout pas s'aplatir et laisser la base de l'encolure s'affaisser.

Dans un premier temps, contentez-vous de quelques foulées allongées et repassez au galop rassemblé, puis au pas. Caressez et accordez aussitôt une récréation rênes longues pour que le cheval puisse se décontracter complètement.

L'impulsion

L'impulsion est sans conteste la notion sur laquelle, quelle que soit l'école ou l'approche, chacun s'accorde le plus facilement. En dressage, l'impulsion est une nécessité absolue : sans elle, pas de rassembler, pas de piaffer, pas d'appuyer et, surtout, pas de travail correct !

Kit Houghton

Lorsque vous travaillez votre cheval en incurvation, n'oubliez pas que ces exercices nécessitent un surcroît d'impulsion par rapport au travail en ligne droite.

Sorrel

L'IMPORTANCE DE L'IMPULSION EN DRESSAGE

L'impulsion est l'alpha et l'oméga de tout dressage. On n'insistera jamais assez sur son importance : sans elle, rien n'est possible, que ce soit en basse ou en haute école.

UN CHEVAL DANS L'IMPULSION

L'impulsion peut être définie comme l'aptitude du cheval à se porter en avant. Il s'agit donc d'une forme d'énergie. Une énergie sollicitée par le cavalier et fournie par le cheval. Ayant son origine dans l'arrière-main, l'impulsion se manifeste principalement par l'engagement des postérieurs sous la masse et ne doit pas être confondue avec la vitesse. Un cheval marchant au trot ou au galop peut en effet manquer d'impulsion alors qu'un autre en montrera beaucoup au pas. Le mouvement en avant doit être canalisé et exploité par le jeu des aides : c'est à cette seule condition que le cavalier peut être considéré comme réellement maître de sa monture et à même de tirer le meilleur parti de l'énergie dont elle fait preuve.

IMPULSION ET DRESSAGE

L'impulsion peut s'exprimer de diverses manières mais elle s'étend à toutes les actions du cheval. Ainsi, elle permet des actions rapides, comme la transition immédiate aux allures allongées. Mais elle se manifeste également dans la vivacité des allures rassemblées. Ce sont précisément ces allures qui exigent le plus d'impulsion chez le cheval. Dans les airs comme le piaffer ou le passage, c'est cette impulsion puissante mais contrôlée qui donne à la réalisation tout l'éclat nécessaire. Enfin, l'impulsion joue également un rôle déterminant dans l'exécution de certains mouvements latéraux, en particulier l'appuyer.

IMPULSION ET RASSEMBLER

Un rassembler correct, condition nécessaire de toute équitation supérieure, ne peut être obtenu que dans l'impulsion. Il est en effet impératif que la main du cavalier ne prédomine jamais sur ses jambes. C'est le cheval qui doit prendre contact avec la main et non

LE SAVIEZ-VOUS ?

Vous connaissez sans doute la célèbre maxime du général L'Hotte : « En avant, calme et droit. » Ce même général a toutefois exprimé de manière plus radicale encore la nécessité absolue de l'impulsion : « Plus d'impulsion, plus de cheval. »

Kit Houghton

L'impulsion, c'est l'énergie du cheval livrée à son cavalier (ici, Christine Stuckelberger sur Tansanit).

pas la main qui doit l'y contraindre. C'est donc par l'impulsion que le cheval doit être amené à se poser sur la main.

Il se trouvera ainsi dans les meilleures conditions pour accomplir un travail volontaire et énergique. Dans un rassembler correct, le cheval engage efficacement ses postérieurs sous la masse : seul un tel rassembler, obtenu dans l'impulsion, sera durable et persistera jusque dans les exercices les plus complexes.

AMÉLIORER L'IMPULSION

L'impulsion étant à la base de tout travail efficace en dressage, il est essentiel de savoir développer cette qualité chez sa monture – le cheval n'est pas seul en cause !

CONSERVER L'IMPULSION MÊME EN INCURVATION

Le travail en incurvation sur les cercles ou les voltes exige plus d'impulsion que le travail sur les lignes droites. Ce sont là des exercices qui obligent donc à augmenter l'impulsion avant et à l'entretenir pendant l'exécution de la figure.

C'est principalement en utilisant votre jambe intérieure que vous obtiendrez ce surcroît d'énergie de la part de votre cheval. Être capable de maintenir l'impulsion durant l'exécution de ces figures prend par ailleurs toute son importance lors des épreuves de dressage.

TRAVAILLER LES TRANSITIONS

Le travail des transitions favorise l'impulsion et l'obéissance. Les variations d'allure permettent en effet de tenir le cheval en éveil et de contrôler son mouvement en avant ainsi que sa réactivité aux jambes. Avec un jeune cheval, vous vous limiterez dans un premier temps aux transitions simples, c'est-à-dire aux transitions d'une allure à l'autre (pas-trot, trot-galop, etc.).

Plus difficiles à réaliser, les variations de vitesse et d'amplitude dans la même allure (par exemple, trot rassemblé-trot allongé) sont d'excellents exercices si on les fait avec des chevaux confirmés.

GROS PLAN

Le piaffer est un trot rassemblé à l'extrême que le cheval réalise en restant sur place. C'est ce qui explique qu'il soit considéré comme un des airs les plus difficiles à exécuter : il s'agit de conserver l'impulsion et la cadence tout en restant sur place. À terme, plus le cheval gagnera en impulsion et plus il pourra piaffer avec élévation, en place et en restant expressif. Le passage est également un air qui doit être issu du mouvement en avant. Piaffer et passage sont les manifestations suprêmes de l'impulsion (ici, Reiner Klimke sur Alherich).

Kit Houghton

LE COIN DU PRO
Impulsion et appuyer

L'impulsion reste un élément fondamental même dans un mouvement latéral. Dans un appuyer, le déplacement en avant et l'engagement des postérieurs doivent être plus importants que l'amplitude latérale.

Bob Langrish

Un cheval dans l'impulsion donne une véritable impression de beauté : son dos est souple, ses postérieurs se détachent énergiquement du sol et tous ses mouvements se caractérisent par leur élasticité.

BON À SAVOIR

Dans une épreuve de dressage, en plus de la note attribuée pour chaque figure, des notes d'ensemble sont données pour certaines qualités considérées comme essentielles : l'impulsion en fait, bien sûr, partie et joue un rôle important dans la notation d'une reprise. À vous de travailler cette qualité et... de glaner des points !

AFFINER SES AIDES PROPULSIVES

Le cavalier de dressage doit constamment chercher à affiner ses aides. C'est à ce prix qu'il obtiendra un cheval qui répondra à la moindre indication. Ainsi, le bassin, par le jeu du rein, est une aide propulsive très utile. Avec un peu d'exercice, vous parviendrez facilement à influencer l'allure de votre cheval en le sollicitant simplement avec votre bassin et votre assiette sans même avoir recours à vos jambes.

Les transitions

Qu'il s'agisse de passer du galop au pas ou du pas moyen au pas rassemblé, d'allonger le trot ou de prendre le galop depuis le pas, les transitions constituent l'une des meilleures gymnastiques pour le cheval de dressage.

Bob Langrish

DEUX SIGNIFICATIONS

En équitation classique, le mot transition a deux significations : il peut désigner le passage d'une allure à une autre, ou une variation, due à un changement d'amplitude, dans une même allure.

D'UNE ALLURE À UNE AUTRE

Une bonne transition ascendante ou descendante d'une allure à une autre est la marque d'une gymnastique bien menée et d'un dressage qui va dans le bon sens.

Avant d'aborder des notions plus complexes, le cheval débutant doit apprendre à exécuter les transitions correctement, c'est-à-dire en restant droit et sur la main, sans modifier la cadence de l'allure avant la transition. Ces qualités ne s'acquièrent pas facilement.

DU SIMPLE AU COMPLIQUÉ

On commence bien sûr par travailler les transitions simples, c'est-à-dire les transitions d'une allure à l'allure immédiatement supérieure ou inférieure : de l'arrêt au pas, du pas au trot, du trot au galop et inversement.

De bonnes transitions ascendantes ne peuvent être obtenues qu'avec un cheval attentif, dans l'impulsion, tendu, qui répond parfaitement aux aides.

LES TRANSITIONS ASCENDANTES

Pour demander le passage dans une allure supérieure, vous devez formuler votre demande par un geste ferme, rapide et net des jambes, éventuellement de l'assiette, sans agiter vos mains et, surtout, en prenant soin d'ouvrir légèrement les doigts mais sans perdre le contact.

Si le cheval ne se porte pas immédiatement dans l'allure supérieure, vous devez aussitôt

BON À SAVOIR

Lorsque le cheval est devenu capable de réaliser une bonne transition ascendante ou descendante simple, en venant sur le mors, sans précipiter et sans relever la tête, tout en gardant une bonne maîtrise de son équilibre, on peut aborder des transitions plus difficiles : du pas au galop, de l'arrêt au trot, etc.

GROS PLAN

Et l'arrêt ?

Travailler l'arrêt est, bien sûr, fondamental. On dit aussi « transition » pour le passage d'une allure, quelle qu'elle soit, à l'arrêt, et inversement. Il ne faut pas abuser de ces transitions avec un cheval jeune, notamment en descendant, car il doit d'abord apprendre à exécuter des transitions descendantes franches tout en restant actif après la transition.

Travaillez d'abord les allongements sur le grand côté de la piste : le cheval y reste plus facilement droit alors qu'il risque de se montrer flottant sur la diagonale.

Bob Langrish

Kit Houghton

Les transitions descendantes à partir du galop sont difficiles car le cheval a tendance à se mettre sur les épaules. Le mieux est de commencer par le rééquilibrer en le mettant sur un cercle.

le rappeler à l'ordre un peu sèchement, d'un petit coup de badine derrière la jambe.

Passé le temps du débourrage, il ne faut pas accepter de transitions ascendantes molles, hésitantes, précédées d'une précipitation dans l'allure.

Le cheval ne doit pas agiter la tête ou perdre sa rectitude.

LES TRANSITIONS DESCENDANTES

Avec un jeune cheval, obtenir une bonne transition descendante demande souvent un peu plus de travail. Dans un premier temps, il risque de relever la tête, de creuser le dos, de « tomber » un peu sur les épaules, notamment en passant du galop au trot. Il faut travailler la souplesse et l'équilibre et amener le cheval à venir progressivement sur la main et à céder dans sa mâchoire : seule cette pleine acceptation de la main, dans la décontraction, qui implique un bon engagement des postérieurs et un bon soutien de la ligne du dessus, permettra d'obtenir des transitions descendantes satisfaisantes.

LES TRANSITIONS DANS L'ALLURE

Les transitions dans l'allure sont des changements d'amplitude des foulées, le cheval restant dans la même allure.

D'ABORD AU TROT

Il est préférable de commencer ce travail de transition dans l'allure au trot : le cheval y est plus actif qu'au pas, plus facilement contrôlable qu'au galop. L'allongement au trot se travaille à la sortie d'un cercle dessiné à une extrémité du manège.

En arrivant sur le grand côté, on demande l'allongement par une pression très nette et sèche des mollets, éventuellement renforcée, dans un premier temps, d'un appel de langue. Le cheval comprendra vite le « code ».

La transition descendante doit être franche : demandez-la dans les toutes dernières foulées avant d'aborder le coin, ce qui incitera le cheval à bien se reprendre et à se rééquilibrer de lui-même.

Kit Houghton

Le cheval débutant doit apprendre à rester sur la main lors des transitions ascendantes comme lors des transitions descendantes.

AU GALOP

On ne demande d'allongements au galop que lorsque le cheval est suffisamment équilibré dans cette allure pour maintenir un galop de travail actif et régulier sur un cercle de 20 m. L'allongement se demande sur le grand côté en poussant avec le bassin. Il faut reprendre le cheval, en se grandissant, avant d'arriver dans le tournant. De légers demi-arrêts peuvent inciter le cheval à bien se redresser.

AU PAS : ATTENTION À L'ÉQUILIBRE

Les transitions dans l'allure au pas sont une excellente préparation au piaffer, à condition de maintenir le cheval dans un placer correct assez haut, afin qu'il n'allonge pas en « s'aplatissant », donc en chargeant ses épaules. C'est pourquoi il ne faut aborder ce travail qu'avec un cheval déjà bien mis et léger sur la main.

LE COIN DU PRO

Pendant l'allongement, il faut laisser le cheval s'étendre un peu en ouvrant l'angle tête-encolure. Mais gare aux excès : un contact léger doit être maintenu et le cheval doit continuer de soutenir son avant-main. La base de l'encolure ne doit pas s'effondrer, ce qui laisserait le cheval « courir après son nez » et charger ses épaules. De tels allongements rendent la transition descendante très difficile. Ci-contre, Lucky Lord, sous la selle de Margrit Otto-Crépin, montre un allongement parfait : dans une attitude soutenue et à peine ouverte, les membres s'étendent jusqu'à l'extension.

Bob Langrish

La demi-pirouette et la pirouette

La pirouette au galop est l'une des figures de dressage les plus fascinantes. Elle est si difficile pour le cheval qu'elle est rarement présentée avec toute la grâce requise. Le cheval qui l'exécute avec légèreté semble véritablement échapper aux lois de la pesanteur (ci-dessous, Nicole Uphoff avec Rembrandt).

Kit Houghton

SIGNE EXTÉRIEUR DE DRESSAGE

La pirouette au galop, fruit de longues années d'un dressage patient, n'est pas accessible à tous les chevaux. C'est l'une des figures qui témoignent le mieux du travail accompli par le couple cavalier-cheval.

DÉFINITION

La pirouette est un tour exécuté autour des hanches par un cheval parfaitement rassemblé. Le postérieur intérieur – le droit dans une pirouette à droite, le gauche dans une pirouette à gauche – se lève et se pose selon les temps de l'allure, mais se repose toujours dans la même empreinte. En concours, la pirouette apparaît à partir des reprises B, d'abord au pas et sous forme de demi-pirouette.

1 Le cheval arrive au galop sur la ligne du milieu. Son allure est rassemblée, son attitude relevée. La cavalière (ici, J. Loriston Clarke sur Dutch Gold) place le cheval à droite sur un pli léger. Sa monture s'incurve autour de la jambe droite active à la sangle.

2 La rêne contraire gauche pousse les épaules vers la droite, tandis que la jambe extérieure gauche fait « mur », bloquant tout déplacement des hanches

LE COIN DU PRO

Dans la pirouette au galop, le cheval marque chaque battue du galop en tournant autour de son postérieur intérieur. Celui-ci se soulève et se pose selon les temps du galop tout en restant dans la même empreinte. Le cheval semble tourner autour d'un axe. La pirouette au galop apparaît dans les reprises A.

Bob Langrish

Bob Langrish

Bob Langrish

Bob Langrish

Bob Langrish

vers l'extérieur. Les mains opposent une légère résistance pour indiquer au cheval la nature du déplacement : sur place.

3 La cavalière dirige son regard et son poids vers la droite. Le poids du cheval est fortement reporté sur l'arrière-main. On voit ici l'effort produit par les muscles au niveau de la croupe, des cuisses et des flancs. L'avant-main, légère, semble danser.

4 Le cheval est dans une attitude parfaite. La main de la cavalière, légère et discrète, conserve un contact moelleux avec la bouche du cheval, qui semble exécuter le mouvement de lui-même. Le déplacement latéral des épaules est souple et généreux, le postérieur droit reste à sa place.

5 La transition entre la dernière foulée de la pirouette et la reprise du mouvement en avant est assez délicate. J. Loriston Clarke regarde droit devant elle et cède dans ses mains et dans tout son corps. Le cheval se porte aussitôt en avant et droit, dans un équilibre et un soutien irréprochables.

BON POUR LE MORAL
Ne pas brûler les étapes

Progressez lentement. Mieux vaut un bon demi-tour autour des hanches qu'une mauvaise pirouette. Travaillez dans l'impulsion et dans la légèreté. Les figures de dressage ne sont pas un but en soi, elles sont le résultat et l'expression d'un travail juste.

ACCÉDER AU DRESSAGE SUPÉRIEUR

La pirouette demande un cheval vraiment doué pour le dressage. Tous les chevaux, même parmi ceux qui accèdent à un haut niveau de dressage, ne sont pas capables d'exécuter une élégante pirouette au galop.

CADENCÉ ET LÉGER

On aborde la pirouette à un stade avancé du dressage. Cette figure se travaille avec un cheval rassemblé, cadencé et léger. Elle demande équilibre, adresse et force. Pour exécuter une pirouette légère et fluide comme une danse, le cheval doit alléger complètement son avant-main. Pour cela, il doit disposer d'une force considérable dans son arrière-main.

LES DÉFAUTS À ÉVITER

Les juges sanctionneront sévèrement des battues qui perdent leur cadence, un cheval qui se précipite, semblant bâcler sa pirouette dans un équilibre incertain, ou qui perd le soutien de l'avant-main et s'appuie sur la main du cavalier. De même, sera mal noté le cheval qui se jette sur le côté ou pose ses deux postérieurs à la fois.

COMMENT PRÉPARER LA PIROUETTE ?

La première étape vers la pirouette consiste à travailler le demi-tour autour des hanches. On aborde l'exercice par des demi-voltes avec hanche en dedans sur un diamètre de plus en plus réduit. On arrive ainsi progressivement au demi-tour autour des hanches.

Il faut, dans un premier temps, laisser le postérieur intérieur décrire un tout petit cercle (0,50 à 1 m de diamètre) afin d'éviter tout mouvement rétrograde prenant sur l'impulsion, ce qui fausserait le dressage du cheval. Si le cheval s'accule, portez-le en avant et reprenez le travail à une étape antérieure.

Un cheval qui s'appuie sur la main ne se soutient pas assez. Revenez, là encore, à une étape antérieure.

LE BON GESTE

Travaillez toujours avec un miroir. Assurez-vous que le postérieur ne reste pas figé au sol, mais se lève et se pose à chaque pas : la pirouette fait partie du travail dans les allures relevées.

Kit Houghton

Position, assiette et emploi des aides

En dressage, on cherche à développer la plus grande finesse possible. Dans l'idéal, les actions devraient rester imperceptibles, le cavalier donnant l'impression de ne faire qu'un avec son cheval.

Bob Langrish

LES BONS MOYENS

Dans la plupart des épreuves de dressage, le cavalier est jugé autant sur les moyens qu'il emploie pour exécuter la reprise que sur les figures elles-mêmes.

DES JAMBES TRÈS DESCENDUES

En dressage, la position du cavalier est très « dépliée ». Les cavaliers chaussent long pour bien envelopper le cheval de toute la longueur de leurs jambes. Cela accroît l'étendue de leur action et permet une grande précision. Des jambes bien descendues contribuent également à la stabilité de l'assiette. Naturellement, la descente des jambes ne se fait pas en un jour. Elle ne peut être obtenue que lorsque l'articulation coxo-fémorale (bassin-cuisse) est bien assouplie et que la sangle abdominale, les fessiers et les adducteurs sont correctement développés.

AMORTIR

La souplesse du bassin et des reins permet de descendre correctement les jambes, mais c'est aussi une condition pour l'acquisition d'une bonne assiette. Le cavalier doit parvenir à s'asseoir sur le « gras » des fesses, en poussant le bassin vers l'avant et en reculant les cuisses, posées bien sur leur plat, tout en évitant de laisser le genou se tourner vers l'extérieur. Rein, bassin et articulations des jambes amortissent souplement les mouvements du cheval. Cela exige à la fois de la décontraction et de la force.

LIANT ET FIXITÉ

Décontraction et musculature permettent au cavalier d'obtenir le « liant », c'est-à-dire de faire corps avec sa monture, sans rigidité, tout en conservant des jambes et des mains fixes. Cela peut sembler contradictoire : comment peut-on à la fois encaisser les déplacements du cheval par un mouvement souple du rein et du bassin, et conserver des jambes fixes ? Par fixité, on n'entend pas rigidité. Des mains fixes sont des mains qui, sans s'agiter, maintiennent un contact constant avec la bouche du cheval. Des jambes fixes restent à leur place et n'avancent ou ne reculent que lorsque le cavalier le désire. C'est la décontraction de chacune des articulations qui permet l'indépendance des différentes partie du corps.

BON À SAVOIR
De la théorie à la pratique

Le jeune cavalier de dressage se donne du mal pour apprendre à se tenir dans une position « académique » et pour acquérir une grande discrétion dans ses actions. Puis, lorsqu'il se rend sur les terrains de dressage, il voit des concurrents de haut niveau remonter un éperon fort peu discret qui fait plisser la peau ou se livrer à des actions de mains brutales. Ces mêmes concurrents raflent des médailles. Qu'en penser ?

D'une part, les reprises de haut niveau exigent beaucoup de connaissances de la part du cheval qui doit enchaîner des figures complexes. Le souci de clarté oblige parfois le cavalier à oublier la discrétion au profit d'une intervention marquée destinée à bien se faire comprendre de sa monture. D'autre part, un cheval est souvent perturbé sur le rectangle. Il faut parfois appuyer ses actions pour le rappeler à la discipline.

Enfin, la perfection n'est pas de ce monde et, surtout, pas du monde de la compétition. Cela ne doit pas empêcher le jeune cavalier d'aspirer à la meilleure équitation possible !

Kit Houghton

Sorrel

ne figure (arrêt et salut) vue par une « dresseuse » de niveau international et une jeune cavalière. À gauche, Regula Straumann, sur Tric Trac, dans une attitude aussi parfaite que son cheval.

Regarder ses mains ou la tête du cheval est un défaut très commun, même chez les plus grands cavaliers. Il est ici compensé par une attitude parfaite du buste et de la tête (L. Nathhorst sur Walk on the top).

LES GROS DÉFAUTS

Les juges pénalisent plus ou moins sévèrement, selon le niveau de la reprise, les défauts d'assiette, d'aide et de position du cavalier. Évitez en particulier :

– d'agiter les mains et d'exercer des tractions sur les rênes ;

– de remonter les talons, d'avancer ou de reculer la jambe quand vous agissez ;

– d'avoir le dos rond, d'agiter la tête et de regarder vos mains ;

– de déplacer le buste sans discrétion, soit en vous penchant en avant, soit en vous inclinant exagérément vers l'arrière ;

– de vous asseoir sur l'enfourchure ou, au contraire, de reculer l'assiette sur le troussequin ;

– d'employer vos aides sans discrétion.

LA FINESSE DES AIDES

De la rêne d'ouverture du débutant à l'action invisible du cavalier de dressage, il y a un long chemin – que le cheval doit lui aussi parcourir.

LA COORDINATION ET L'INDÉPENDANCE AVANT TOUT

Plus le cavalier avance dans son apprentissage, plus il utilise des aides fines et discrètes. Chaque action, directe ou indirecte, fait partie d'un ensemble subtil de tensions, de cessions et de variations, à peine perceptibles de l'extérieur. Jambes, poids du corps et mains agissent de concert, par petites touches. Le cavalier règle son attitude sur les réponses du cheval : le couple cavalier-cheval doit dégager une impression de fluidité, d'harmonie.

Une assiette liante permet de faire corps avec son cheval, même lors des déplacements les plus importants (ici Carol Lavell sur Gifted).

D'UN CHEVAL À L'AUTRE

Naturellement, la finesse des aides doit être adaptée au niveau de dressage du cheval. Un poulain a besoin de recevoir des ordres clairs, précis, qu'il peut aisément différencier les uns des autres.

Néanmoins, l'extraordinaire sensibilité des chevaux leur permet de percevoir très rapidement des différences subtiles dans l'attitude du cavalier.

Ainsi, dès qu'il a compris le sens d'une demande, même un très jeune cheval saura l'exécuter sur un signe discret. Il faut simplement éviter de donner des ordres différents en utilisant des actions trop semblables et veiller à toujours bien expliquer ce que l'on attend, notamment par l'emploi de récompenses immédiates.

Bob Langrish

LA MONTE EN AMAZONE

La monte en amazone

Si la monte en amazone n'est plus très courante, elle compte cependant encore quelques passionnées qui y voient la sauvegarde d'une tradition élégante. Que vous en soyez amateur ou simplement curieuse, pourquoi ne pas en faire l'expérience ?

Sorrel

UNE ÉQUITATION EN SOI

Monter en se mettant de biais dans la selle est resté pendant des siècles l'unique et périlleux moyen de chevaucher pour les femmes en jupe. De nos jours, monter en amazone est une véritable équitation.

POUR LES DAMES

La monte en amazone telle que nous la connaissons aujourd'hui a été mise au point au XIXe siècle pour permettre aux femmes de monter à cheval sans se mettre à califourchon – position que l'on estimait indécente et qui entraînait de surcroît le port du pantalon, lui aussi inconcevable pour les dames à cette époque.

Auparavant, les cavalières qui montaient « de côté » n'avaient jamais une assiette suffisante pour aller aux allures vives. Diverses selles furent conçues pour leur permettre de mieux assurer leur équilibre.

Au XIVe siècle, les dames montaient sur une selle au siège large et rembourré, assises perpendiculairement par rapport au cheval, les deux pieds reposant sur un cale-pied. On ajouta ensuite un pommeau un peu semblable à la corne de la selle western afin qu'elles puissent se mettre de face en calant un de leur genou.

Au XVIe siècle, un second pommeau permit de fixer le second genou, mais l'équilibre restait incertain.

GROS PLAN

La selle d'amazone possède un siège plat, qui n'est pas en cuir lisse mais en peau retournée afin que la cavalière n'ait pas tendance à glisser.

LA SELLE À FOURCHES

C'est la mise au point de la selle à fourches, en 1830, qui a permis le développement d'une véritable équitation en amazone.

Les fourches, qui soutiennent et calent les deux jambes de la cavalière, stabilisent suffisamment la position pour que les amazones se sentent tout à fait à l'aise à toutes les allures et, même durant le saut.

Dès lors, les dames se mirent avec enthousiasme à l'équitation. Elles pouvaient enfin galoper, sauter, suivre des chasses à courre ou se promener au bois. Dans un premier temps, quelques règles spécifiques furent émises. Notamment, on ne trottait jamais en amazone, cette allure étant jugée inconfortable. Les chevaux destinés aux dames recevaient un dressage particulier et beaucoup trottaient l'amble.

De nos jours, tous les chevaux peuvent être montés, à toutes les allures, en amazone.

POUR LE PLAISIR

Aujourd'hui, certaines cavalières pratiquent la monte en amazone pour le plaisir. Monter en amazone permet le port de la robe longue, ce qui donne lieu à des rencontres où l'élégance des cavalières est d'une grande importance.

Bob Langrish

On peut monter en amazone à toutes les allures et en toutes circonstances – extérieur, obstacle, dressage.

Kit Houghton

La monte en amazone permet de réunir la passion pour le cheval et le goût pour les beaux atours.

On peut tout faire en amazone : travailler sur le plat, sauter, participer à un concours hippique ou de dressage.

Cette équitation, si elle est différente, n'est pas plus difficile et peut être pratiquée par tous, filles ou garçons. Un cavalier confirmé apprend rapidement à adapter ses aides à cette équitation.

OÙ ET COMMENT MONTER EN AMAZONE ?

Il n'est pas facile de trouver des centres dispensant cette formation. Rejoignez les associations d'amateurs !

TROUVER SON MAÎTRE

Il n'existe que peu d'instructeurs spécifiquement formés pour enseigner la monte en amazone. Votre fédération devrait pouvoir vous fournir des renseignements sur ce qui se fait dans votre région. Il existe des associations d'amateurs de monte en amazone, que vous trouverez facilement sur le Minitel ou Internet.

Si vous ne parvenez pas à trouver dans votre entourage quelqu'un qui soit à même de vous conseiller, procurez-vous des ouvrages ou des cassettes vidéo sur le sujet et… potassez !

LE MATÉRIEL NÉCESSAIRE

Pour monter en amazone, il vous faut une selle à fourches spécifiquement conçue pour cette position. Elle comporte de nombreux éléments, outre les fourches, destinées à donner une bonne stabilité à la cavalière. N'essayez pas de pratiquer cette équitation avec une selle anglaise, les risques de chute sont importants.

Vous pouvez monter avec un filet, une bride ou un pelham ordinaires, mais vous devez prévoir des rênes longues car les mains de l'amazone sont placées plus en arrière que celles du cavalier assis à califourchon.

Enfin, procurez-vous une houssine, indispensable pour remplacer la jambe droite.

QUEL CHEVAL POUR L'AMAZONE ?

N'importe quel cheval ou poney peut être facilement mis à la monte en amazone. Il faut simplement l'habituer progressivement aux sensations particulières de cette équitation. La jambe droite étant absente, il doit apprendre à se porter en avant et à déplacer ses hanches sur des indications différentes. On choisit d'ailleurs de préférence des chevaux allants, qui jouissent d'une bonne impulsion naturelle.

De Mario/Cogis

BON À SAVOIR

La fourche supérieure soutient la jambe droite et la fourche inférieure maintient la jambe gauche. La forme des fourches permet à l'amazone de compter sur leur appui pour se redresser ou rétablir son équilibre.

L'équipement de l'amazone

Souvent, on monte en amazone pour satisfaire un désir de classicisme et d'élégance. Mais, attention : si la monte en amazone donne parfois le plaisir de se plonger dans le passé grâce à de splendides atours, la fantaisie n'est pas de mise sur les terrains de concours.

Kit Houghton

Sorrel

Pour merveilleuses qu'elles soient, les robes d'époques antérieures à 1930 n'ont pas leur place sur les terrains de concours.

LE HARNACHEMENT

L'amazone n'est rien sans sa selle : c'est le point essentiel de son équipement.

LA SELLE

La qualité de la selle de l'amazone revêt une importance particulière : il faut impérativement s'assurer qu'elle est bien conçue, tant pour la bonne assise de la cavalière que pour garantir le confort du cheval.

Kit Houghton

En concours, sobriété et élégance sont de rigueur.

BON À SAVOIR

La cravache à virole dorée, les éperons et étriers dorés sont des distinctions réservées (aux officiers du Cadre Noir, par exemple) que les amazones ne sont pas autorisées à porter dans quelque circonstance que ce soit.

• Le siège

Le siège de la selle d'amazone doit être plat et parfaitement horizontal une fois posé sur le cheval.

Il est en général en peau retournée, façon daim, afin que la cavalière ne glisse pas. Il ne doit pas être trop haut.

• Les fourches

La position des fourches est primordiale : vous ne pourrez vous sentir bien si elles sont mal posées.

Votre cuisse gauche doit venir se placer naturellement contre la fourche gauche, vos deux hanches restant bien face à l'avant.

La jambe droite, genou plié, doit pouvoir s'appuyer sur la fourche droite sans qu'aucun déplacement des hanches soit nécessaire.

LE SAVIEZ-VOUS ?

Des associations actives

Pour vous renseigner, trouver des selles d'occasion ou revendre la vôtre, faites appel aux nombreuses associations d'amateurs de la monte en amazone, que vous trouverez sur Internet.

Selle d'amazone, côté montoir (gauche)

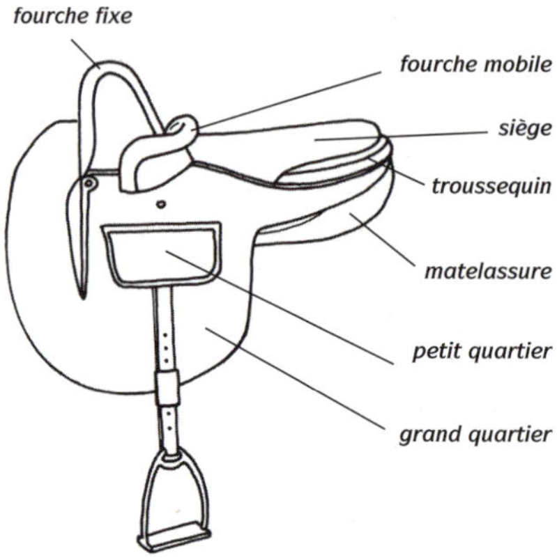

Selle d'amazone, vue du côté droit

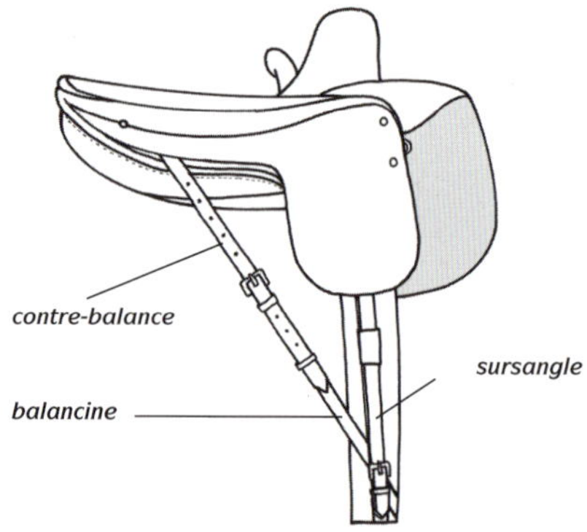

Côté montoir, quartier relevé

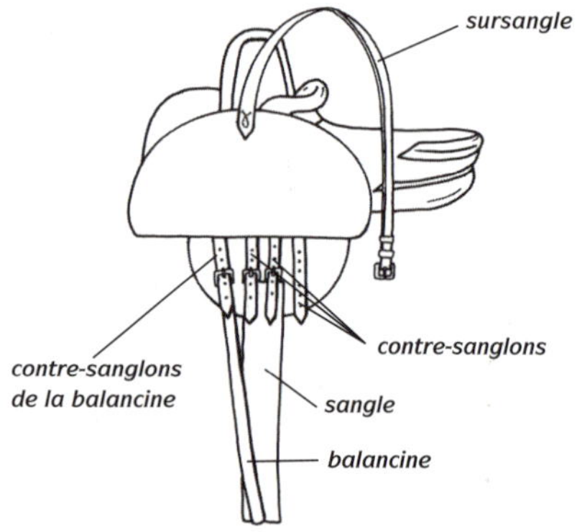

Côté droit, quartier relevé

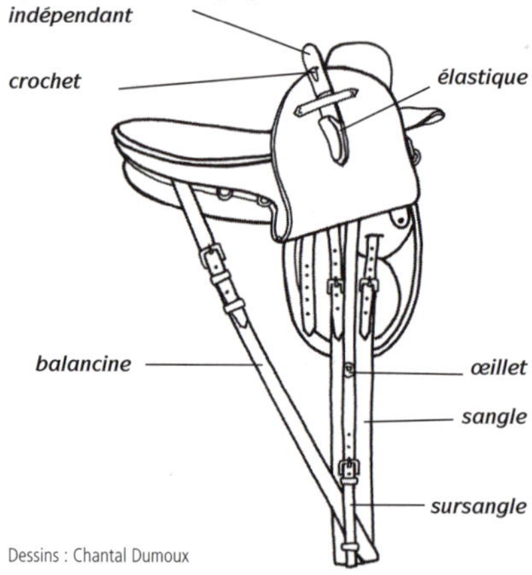

Dessins : Chantal Dumoux

LES EMBOUCHURES

La monte en amazone étant une monte classique, les embouchures employées se doivent d'être aussi simples que possible : un filet Chantilly ou Verdun, un pelham ou une bride.

Dès qu'elles parviennent à une bonne maîtrise de leur équitation, les amazones montent en général en bride.

En effet, malgré l'usage de la houssine, la monte en amazone ne permet pas une aussi grande précision que la monte à califourchon, notamment quand il s'agit d'obtenir une bonne incurvation.

La bride complète, parce qu'elle est une embouchure précise qui combine l'action releveuse du filet et l'action abaisseuse de la bride, est donc une aide complémentaire souvent indispensable.

Bob Langrish

BON À SAVOIR

La position asymétrique de l'amazone nécessite une selle spécialement conçue qui permette une juste répartition de son poids. Une selle d'amazone bien faite doit être parfaitement stable sans gêner ni blesser le cheval en aucun point.

LA TENUE DE L'AMAZONE

Il ne faut pas confondre équitation et folklore.
Si la monte en amazone se prête à de merveilleuses exhibitions costumées, il faut savoir rester sobre en concours.

LA TENUE DE CONCOURS

Pour vous présenter en concours, vous devez porter une chemise ou un chemisier blancs, une cravate de chasse ou un jabot, une veste de concours noire classique ou une redingote (pour les épreuves de dressage de haut niveau), une jupe d'amazone noire en drap ou d'une autre étoffe de même nature, enfin des bottes ou des boots d'équitation classique.

Les chevaux longs doivent être attachés et relevés.

En dressage, vous pouvez porter un chapeau Kronstadt (demi-haut-de-forme en feutre), un tricorne ou un chapeau melon. En CSO, le port de la bombe aux normes est obligatoire pour les amazones comme pour les autres cavaliers.

Le port d'un éperon à gauche est facultatif, l'usage d'une cravache longue obligatoire.

D'AUTRES TENUES

Jupons, écharpes, robes d'époque antérieures à 1930, redingotes de vénerie, bijoux et autres fantaisies n'ont pas leur place sur les terrains de concours officiels.

Mais, en bien d'autres occasions, les amazones peuvent arborer ces tenues magnifiques qui font en partie le prestige de leur équitation !

Miriski/Cogis

GROS PLAN
La cravache longue

Sans elle, l'amazone ne peut agir sur le flanc et la hanche droite de son cheval. C'est une aide indispensable, dont il faut apprendre à se servir avec finesse – et, parfois, fermeté.

Marcher, trotter, s'arrêter en amazone

Quand on débute en amazone, mieux vaut s'en tenir à des choses simples et se concentrer sur la qualité de sa position et de son équilibre. Aisance, bon usage des aides... voilà les premiers apprentissages.

Farissier/Cogis

POUR COMMENCER

Rester centrée alors que l'on est assise en biais, voilà qui n'est pas évident. C'est le premier travail que doit entreprendre l'amazone.

RESTER DANS L'AXE

L'une des principales difficultés, en amazone, est de maintenir le poids de son corps parfaitement centré, sans le laisser se déporter à droite ni à gauche, ce qui serait très inconfortable pour le cheval. La position de l'amazone étant asymétrique, ce déport est assez fréquent. Pour l'éviter, il faut se concentrer sur la rectitude du buste, les épaules devant toujours être parfaitement parallèles à celles du cheval. Imaginez qu'une ligne verticale entre par le centre de votre crâne, traverse votre buste et ressorte horizontalement au niveau de votre nombril : elle doit passer exactement au niveau du chignon du cheval et filer entre ses deux oreilles !

GROS PLAN

La houssine se tient dans la main droite, le petit doigt dégagé de la rêne. Elle descend ainsi naturellement contre le flanc du cheval et vient compenser l'absence de jambe de ce côté.

BIEN PLACER VOS MAINS ET VOS JAMBES

Les deux mains encadrent la hanche droite, légèrement en arrière des fourches. Par ailleurs, la tenue des rênes est semblable à celle de l'équitation classique : poing fermé, pouce vers le haut. La houssine est tenue dans la main droite.

Pour bien maintenir votre jambe droite à sa place, en appui sur la fourche, pointez légèrement les orteils. La jambe gauche prend appui sur l'étrier, comme en équitation classique.

LE BON GESTE

La plupart des amazones débutantes ont tendance à se pencher légèrement en avant, dans une position aussi peu élégante qu'inefficace. C'est, en général, parce qu'elles s'assoient trop en arrière et qu'elles laissent leur poids se reporter excessivement sur la fesse gauche : asseyez-vous bien droite, sur le « gras » des fesses, parfaitement d'aplomb ; pensez à relever le menton et à vous grandir.

Farissier/Cogis

Une bonne position de la jambe droite, en appui sur la fourche, orteils légèrement pointés vers le bas, permet de garder le buste droit, bien perpendiculaire à l'axe longitudinal du cheval.

Trotter assis n'est pas facile quand on débute en amazone. La bonne solution consiste à faire ses premiers essais sur un cheval mis pour cette équitation, qui trotte à l'amble.

Sorrel

Kit Houghton

MARCHER ET S'ARRÊTER

Pour mettre votre cheval au pas, ouvrez les doigts et fermez la jambe gauche en imprimant une légère pression vers l'avant ; en même temps, donnez une petite tape de la houssine sur le flanc droit. Vous emploierez les mêmes aides, de façon un peu plus marquée, pour partir au trot. Pour entretenir l'allure, on agit alternativement de la jambe et de la houssine du côté du postérieur qui s'engage.

Avant d'arrêter votre cheval, prévenez-le en vous grandissant dans la selle. Ensuite, fermez vos doigts sur les rênes et, si nécessaire, redressez les épaules en montant imperceptiblement vos mains. Dès que le cheval s'arrête, cédez dans vos mains et dans votre corps.

LE PROBLÈME DU TROT

La plupart des amazones trottent toujours assis, leur position ne favorisant guère le trot enlevé. C'est pourquoi on destinait autrefois aux dames des chevaux mis à l'amble, allure plus confortable que le trot.

À ÉVITER

• Ne cherchez pas à compenser le fait d'avoir les deux jambes à gauche du cheval en penchant votre buste vers la droite. C'est par une bonne assise, une position solide de la jambe droite et la rectitude du buste que vous parviendrez à un équilibre confortable pour vous et pour le cheval.

• Ne laissez pas votre jambe droite remonter, le pied crispé en flexion. Au contraire, laissez-la descendre de tout son poids contre la fourche et efforcez-vous de toujours garder le pied légèrement pointé.

• Évitez de remonter votre jambe gauche contre la fourche inférieure, cela risquerait de vous déséquilibrer. Laissez-la descendre naturellement, de tout son poids, dans l'étrier, comme dans la monte à califourchon.

BON À SAVOIR

Pour tourner, vous utilisez les mêmes aides qu'en équitation classique. Pensez à regarder dans la direction où vous voulez aller, mais prenez soin de ne pas laisser votre assiette se décaler d'un côté ou de l'autre. Servez-vous de l'accroche de la jambe droite sur la fourche supérieure pour maintenir votre stabilité.

Kit Houghton

TROTTER ASSIS

Trotter en amazone n'est pas très confortable tant qu'on n'y est pas bien accoutumée. Dans un premier temps, la cavalière a peur de glisser d'un côté ou de l'autre et se crispe pour tenter de « s'accrocher » de toutes les façons possibles, ce qui n'arrange rien.

Efforcez-vous de rester assise en gardant vos épaules bien dans l'axe et en conservant le rein souple. Pour raffermir votre assise, vous devez bien serrer votre jambe droite sur la fourche supérieure – et non remonter la jambe gauche dans la fourche inférieure.

Exercez-vous d'abord sur un cheval confortable et peu susceptible !

TROTTER ENLEVÉ

Peu d'amazones pratiquent le trot enlevé : la position est telle qu'il est particulièrement difficile de se lever de la selle. Certains enseignants, toutefois, le préconisent, notamment en extérieur.

Pour se soulever de la selle, l'amazone doit à la fois prendre appui sur l'étrier de la jambe gauche et sur la fourche de la jambe droite. L'effort est important et, dans un premier temps, il faut s'aider en inclinant le buste en avant de façon assez marquée. Entraînez-vous avant de partir pour une longue randonnée...

Sauter en amazone

Pour qui n'a jamais pratiqué la monte en amazone, sauter dans cette position semble un peu difficile. Pourtant, la position de l'amazone se prête bien au saut d'obstacles si on ne met pas la barre trop haut !

Bob Langrish

ÉQUILIBRE ET SOUPLESSE

Plus encore que le saut à califourchon, le saut en amazone demande un sens aigu de l'équilibre et une certaine souplesse, le buste devant fléchir sur la jambe droite.

1 En amazone, on chausse un seul étrier, le gauche, qui est plus court que dans la monte à califourchon. Inutile de le raccourcir pour sauter.

Vos jambes restent dans la même position que sur le plat et vous demeurez assise dans la selle, sauf pour de grands sauts qui, d'ailleurs, ne sont pas courants en amazone.

Assurez-vous que vous êtes bien centré dans la selle et bien d'aplomb.

Munissez-vous d'une cravache que vous utiliserez à droite et portez un éperon à la botte gauche – mais pas à la botte droite.

2 Pour sauter en amazone, vous devez incliner le buste en avant vers l'encolure du cheval sans vous mettre en suspension, un peu comme si vous sautiez à cru.

Plus le saut est important, plus l'inclinaison du buste est accentuée.

Dès que le cheval prend son appel, fléchissez le buste.

BON À SAVOIR

Naturellement, le saut en amazone n'offre pas les mêmes possibilités que le saut à califourchon. Privé de l'intervention de sa jambe droite, le cavalier s'en remet à la cravache, qui est indispensable ici. En cas de dérobade ou de refus, la cavalière a plus de mal à conserver son équilibre et à imposer sa volonté.

De plus, le fait de rester assis dans la selle alourdit le cheval et limite ses capacités. Il est donc indispensable d'avoir un cheval dressé à cette monte, coopératif, franc et calme, et de se limiter à des obstacles d'une hauteur raisonnable.

Prenez soin de rester dans l'axe de l'encolure, sans vous pencher ni à droite ni à gauche, ce qui déséquilibrerait le cheval.

3 Gardez le buste fléchi tant que le cheval est au-dessus de l'obstacle. Avancez vos mains le long de l'encolure, en dépliant vos coudes, pour accompagner le mouvement de votre monture.

AU TRAVAIL !

Entraînez-vous d'abord sur des barres au sol et au trot

• Lorsque vous sentez bien le mouvement, et que vous êtes à l'aise dans votre selle, installez un petit cavaletti, haut d'une trentaine de centimètres.

• Sautez-le d'abord au trot, puis, quand vous maîtrisez bien le mouvement du buste et que vous parvenez à sauter en harmonie avec le cheval, essayez au galop.

• Avant de monter les barres, essayez des obstacles à la même hauteur, mais plus larges. Ils obligent le cheval à faire un mouvement plus ample, qui vous donnera bien le sentiment du saut.

Cette position, en déplaçant votre poids vers l'avant, dégage le dos du cheval et l'aide dans son mouvement de propulsion et d'extension pour couvrir l'obstacle.

4 Dès que le cheval bascule et étend ses antérieurs, redressez progressivement le buste. Ramenez peu à peu les mains à leur position initiale en conservant autant que possible un contact égal avec la bouche du cheval.

A la réception, reprenez votre assise dans la selle et maintenez le cheval au galop pendant quelques foulées au moins, même si vous n'enchaînez pas plusieurs obstacles.

1

Bob Langrish

2

Kit Houghton

LE COIN DU PRO
Le rythme

Il est important d'être en rythme avec le cheval afin de ne pas recevoir une secousse lorsqu'il s'enlève – et de ne pas lui en donner une, que ce soit au niveau du dos ou de la bouche.

Prenez donc soin de ne pas précéder le mouvement et de ne pas non plus prendre de retard par rapport à la battue.

Kit Houghton

Bob Langrish

LA JAMBE DROITE

Le point fondamental, pour l'équilibre de l'amazone, c'est la stabilité de la jambe droite placée sur la fourche supérieure droite. C'est elle qui assure l'aisance et l'assiette. Il faut à tout prix éviter de s'agripper avec la jambe gauche coincée sous la fourche inférieure – c'est inefficace et dangereux. Beaucoup d'erreurs à l'obstacle proviennent d'une mauvaise position de la jambe gauche, qui fait tourner le cavalier dans la selle et déséquilibre le cheval.

TRAVAILLER SANS ÉTRIER

Si vous sentez que vous avez tendance à crisper la jambe gauche, déchaussez l'étrier.

LE BON GESTE

Tournez toujours large quand vous sautez en amazone, même du côté droit, qui est le côté le plus facile.

Travaillez avec la jambe gauche descendue. Concentrez-vous sur la bonne prise de votre jambe droite. Lorsque vous sentez que celle-ci vous assure une bonne tenue, rechaussez l'étrier à gauche.

UN BON CONSEIL

Pour vos premiers sauts en amazone, faites-vous aider si possible par un cavalier compétent, qui saura repérer vos erreurs et vous donner de bons conseils.

À ÉVITER

- Accompagnez bien le mouvement de l'encolure en dépliant les coudes afin de ne pas gêner le cheval dans son saut. L'une des erreurs les plus courantes consiste à ramener ses mains vers son estomac en s'accrochant aux rênes. Cela prive le cheval de son balancier et lui blesse la bouche. Si vous répétez cette erreur plusieurs fois, il risque de refuser l'obstacle.

- Ne remontez pas la jambe gauche sous la fourche inférieure dans une tentative de vous accrocher : cela déplacerait votre assiette et vous ferait perdre toute aisance.

- Ne laissez pas votre pied droit s'avancer. Il doit rester sur le quartier de la selle, pointé et non fléchi.

Kit Houghton

Dresser un cheval pour l'amazone

Pour l'amazone, il faut une monture alliant bonne morphologie de base, finesse et sensibilité. Un travail de dressage mené pas à pas, avec patience et précision, fera le reste.

Sorrel

DES ÉTAPES DÉCISIVES

Un cheval destiné à la monte en amazone doit être déjà bien mis, enclin à se porter naturellement en avant et faire preuve de la soumission nécessaire pour comprendre et accepter ce nouvel apprentissage.

LE CHOIX DE LA MONTURE

N'importe quel cheval agréable à califourchon peut en principe être monté en amazone. Comme le cheval d'équitation classique, le cheval destiné à « la monte dans les fourches » doit posséder trois qualités fondamentales : impulsion, équilibre, sensibilité.

IMPULSION ET ÉQUILIBRE

Avant toute chose, le cheval d'amazone doit être en avant sans être chaud, car l'action de l'amazone ne peut être semblable à celle d'un cavalier qui encadre sa monture de ses deux jambes.

Ensuite, l'équitation en amazone repose sur l'équilibre harmonieux qui doit se réaliser entre la cavalière, par le poids de son corps et ses aides, et le cheval, qui doit être apte à y répondre : un sujet « sur les épaules » ou souffrant d'aplombs ou d'allures défectueux, qui entraînent un vice d'équilibre, ne convient donc pas.

Bob Langrish

Si l'on procède progressivement, un cheval déjà mis à la monte à califourchon accepte facilement le travail en amazone.

LE BON GESTE

Attention : afin que le cheval comprenne bien le code de la cravache, les différents modes de toucher ainsi que les différents points touchés lors du travail en main doivent toujours être ceux qui le seront aussi par l'amazone en selle.

FINESSE ET FORCE

Enfin, l'amazone travaille en finesse et non en force : il faut donc une monture réceptive, avec une bouche assez sensible pour répondre aux légères indications du mors, et qui ne s'appuie pas lourdement sur la main. À ces trois qualités s'en ajoute une quatrième : un cheval d'amazone doit avoir un bon dos, c'est-à-dire un dos suffisamment large et bon porteur.

À ÉVITER

Pendant la phase de dressage du cheval pour la monte en amazone, il faut éviter de travailler sans l'aide d'une personne à pied.

Travaillé avec finesse et patience, le cheval d'amazone peut atteindre un bon niveau de dressage.

Miriski/Cogis

LES PREMIERS PAS

La présence d'un accompagnateur à pied est indispensable lors de toutes les étapes du dressage pour la monte en amazone. Le travail d'initiation comporte trois phases :

1. D'abord, on fait faire au cheval, sellé avec une selle anglaise, quelques pas en main avec un manteau ou une étoffe en travers du siège, qui frotte sur son flanc gauche, afin de le familiariser avec la future tenue de l'amazone.

Si le cheval admet rapidement ce frottement, on peut le monter progressivement aux trois allures, la taille ceinte avec ce tissu (la monture peut très bien accepter le contact de l'étoffe au pas mais se rebeller sitôt qu'on va à une allure supérieure).

2. L'étoffe étant acceptée, on peut passer à l'étape suivante. Sellez le cheval avec la selle d'amazone.

Montez d'abord à califourchon, sans étriers. Le cheval supportant ainsi un poids bien réparti ne devrait pas réagir ou très peu.

Après quelques tours aux trois allures, l'accompagnateur se place à l'épaule du cheval et maintient les rênes ; le cavalier passe alors précautionneusement la jambe droite par-dessus l'encolure, met sa cuisse droite en place et chausse l'étrier gauche. Il faudra peut-être s'y reprendre à plusieurs fois avant que le cheval accepte la situation : il suffit de repasser la jambe droite par-dessus la fourche pour que l'animal, retrouvant ainsi la répartition symétrique du poids de son cavalier, se calme.

Kit Houghton

BON À SAVOIR

Le cheval destiné à être monté en amazone doit posséder trois qualités essentielles : une franche impulsion, un bon équilibre naturel et suffisamment de sensibilité.

3. Les deux expériences se conjuguent dans un troisième temps : le cavalier monte à cheval en amazone tout en portant un tissu flottant à la taille.

L'ÉCOLE DES AIDES

L'étape suivante du travail a pour but d'éduquer le cheval à l'usage des aides spécifiques de l'amazone : la main plus haute, la répartition du poids du corps différente, la cravache remplaçant la jambe droite.

LE CODE DE LA CRAVACHE

L'amazone utilise sa cravache de trois façons différentes : la cravache appuyée, qui a un rôle de résistance ou d'entretien de l'impulsion, les petits battements pour renforcer l'action si nécessaire, le coup plus énergique pour inciter à l'obéissance. Ces actions portent sur quatre parties du corps du cheval : sur l'épaule pour l'empêcher de tomber à l'intérieur d'un tournant, à la sangle pour l'incurver, au flanc pour entretenir l'impulsion, sur la fesse pour agir sur les hanches.

EN MAIN ET MONTÉ

Ce travail peut se faire soit en main, le dresseur étant à pied et appliquant la cravache en lieu et place du cavalier, soit monté, le cheval étant longé par l'accompagnateur qui supervise le travail du cavalier. Une fois que le cheval est familiarisé avec le harnachement et qu'il a compris et accepté le code des aides, les exercices d'assouplissement de basse école sont les mêmes que pour la monte à califourchon. Une amazone qui veut amener son cheval aussi loin que possible dans la discipline choisie, dressage, saut ou rallye, devra travailler selon les critères habituels de l'équitation académique transposés pour la monte dans les fourches.

LE SAVIEZ-VOUS ?

Les poneys aussi peuvent être dressés pour la monte en amazone. La seule difficulté est de trouver des selles suffisamment petites !

Farissier/Cogis

Les chutes en amazone

Les chutes sont toujours plus graves pour l'amazone que pour le cavalier à califourchon, particulièrement les chutes « en dehors », c'est-à-dire vers la droite.

Kit Houghton

DES CHUTES DANGEREUSES

Une amazone ne devrait pas tomber. Cependant, cela arrive. C'est pourquoi un certain nombre d'améliorations techniques du vêtement évitent que la cavalière, en cas de chute, ne reste retenue dans ses fourches ou prisonnière de son étrier.

NI À DROITE NI À GAUCHE

Lorsque l'amazone est renversée et projetée à droite, elle tombe forcément mal, à savoir sur la tête ou sur l'épaule. Si son pied reste accroché à l'étrier, elle ne tombe pas au sol mais ballotte contre le cheval qui, affolé, peut s'emballer. La chute « en dedans », c'est-à-dire à gauche, n'est pas moins grave car son pied risquant fort de rester coincé dans l'étrier, la cavalière peut être traînée si son cheval panique. Elle peut aussi se trouver prise dans sa propre jupe, ce qui est également très dangereux. Examinons donc comment éviter les chutes ou, au moins, comment minimiser leurs conséquences.

Parole de maître

« Jamais une dame ne doit sortir seule ; il faut qu'elle soit toujours accompagnée d'un cavalier qui se place à sa gauche ; 1° afin que la main droite de celui-ci soit disposée à saisir les rênes, pour calmer le cheval qui s'animerait trop ; 2° pour arrêter au besoin les chutes qui n'ont guère lieu que de ce côté. » Baucher (Fillis préconise que le cavalier se tienne à droite de l'amazone... car, pour lui, les chutes sont plus fréquentes à droite !)

GROS PLAN

Un étrier de sécurité, assurant un dégagement aisé du pied en cas de chute, est indispensable quand on monte en amazone. L'étrier dit « à déclenchement » s'ouvre à la moindre pression latérale.

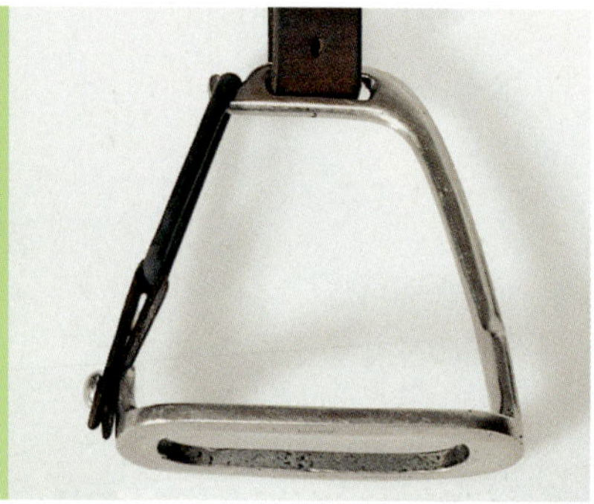

Bob Langrish

UNE POSITION CORRECTE

C'est une question capitale de stabilité : le poids du corps doit être réparti également sur les deux côtés. Il faut être assise sur la selle complètement, comme sur une chaise, les hanches et les épaules parallèles aux oreilles du cheval. En cas d'écart, il est rare que l'amazone soit jetée de la selle du côté gauche, car elle est soutenue de ce côté par les fourches et par l'étrier. La chute à droite est plus fréquente et est d'autant plus dangereuse que l'épaule gauche est plus en arrière. Imaginez que le cheval fasse un écart de droite à gauche : le haut du corps est déplacé et forcément jeté à droite. Ce déplacement sera facilement compensé – et les probabilités d'une chute moindres – si la position est correcte : c'est-à-dire si les hanches sont perpendiculaires à l'axe de la marche du cheval, si l'épaule droite est effacée et si l'épaule gauche tend à s'avancer.

Les cavaliers qui accompagnent une amazone en extérieur doivent savoir quels dangers court celle-ci en cas de chute.

Bob Langrish

LE COIN DU PRO

On trouve encore quelques selles anciennes équipées d'une « étrivière à déclenchement ». Avec celles-ci, en cas de chute, le poids du corps entraîne à la fois l'étrier et l'étrivière. Ce système est toutefois moins fiable que celui de « l'étrier à déclenchement », car il peut s'ouvrir fort mal à propos lors d'une sollicitation un peu forte, lors d'un saut par exemple.

Kit Houghton

UNE SELLE EN BON ÉTAT

Votre sécurité dépend en grande partie de la selle et de la manière dont celle-ci est sanglée. On ne veillera jamais trop à resangler le cheval d'une amazone après quelques pas et après le premier temps d'allures vives, pour éviter que, la monture s'étant « dégonflée », la selle ne risque de tourner. Un cavalier peut toujours déchausser et se dégager si sa selle tourne ; une amazone est davantage bloquée par ses fourches, ce qui renforce sa stabilité mais l'empêche de se dégager aussi rapidement. Toute selle d'amazone possède, outre une sangle normale, une sur-sangle et, généralement, une balancine, dite également « sangle de compensation » ou « contre-balance », qui l'empêche de tourner. Contrôlez quotidiennement ces courroies et leur bouclerie.

PLUS QU'UN ACCESSOIRE

La jupe traditionnelle de l'amazone est découpée en dessous de l'assiette afin de ne pas se trouver retenue dans les fourches en cas de chute.

LA SÉCURITÉ AVANT LA COQUETTERIE

La jupe n'est pas seulement un accessoire esthétique : sa forme a évolué au fil du temps, parallèlement aux améliorations apportées à la sellerie, pour renforcer encore la sécurité de la cavalière. Quels que soient, par ailleurs, vos goûts, la jupe doit avant tout être pratique. Vous avez le choix entre différents modèles mais la jupe en forme de demi-cercle ou « jupe tablier » (sorte de portefeuille ouvert sur le côté droit) est celle qui, actuellement, offre le maximum de sécurité.

OUVERTE À DROITE

Les jupes dites « parapluie », qui ne sont pas ouvertes à droite, risquent davantage, en cas de chute, de se prendre dans les fourches. La longue jupe traditionnelle de présentation comporte également une fente sur le côté droit : on peut la refermer, quand on est à pied, en ramenant le tissu, qu'on fixe par un bouton au creux des reins sur la hanche droite. Non seulement cette jupe offre les mêmes avantages de sécurité que la jupe tablier, mais elle est, en outre, élégante et respectueuse de la tradition.

LE BON GESTE

Il est assez difficile de trouver des selles d'occasion. Celles-ci sont souvent, en outre, dans un état médiocre et peuvent se révéler dangereuses à l'utilisation : faites toujours vérifier par un sellier la solidité des fourches, de l'arçon, des contre-sanglons, le départ de balancine, l'état général de la matelassure et des cuirs.

Kit Houghton

BON À SAVOIR

Naturellement, la meilleure sécurité de l'amazone, c'est encore de monter un cheval bien éduqué et d'un tempérament sûr. Mais une réaction vive n'est pas à exclure, même chez le plus placide des chevaux.

La tenue de l'amazone : revue de détail

En amazone, la fantaisie est l'ennemie de l'élégance. Les belles robes d'époque ne sont portées que dans certaines circonstances plutôt exceptionnelles, la tenue traditionnelle se caractérisant par sa sobriété.

Bob Langrish

Pour les enfants, une seule coiffure : la bombe aux normes, dûment attachée.

Kit Houghton

L'ÉLÉGANCE À CHEVAL

La monte en amazone séduit beaucoup par son élégance : on ne sera pas surpris de voir ces belles cavalières attacher beaucoup d'importance aux détails.

LA JUPE

Les jupes d'amazone sont coupées pour permettre une grande aisance à cheval et pour flatter la silhouette de la cavalière. La plupart des jupes sont ouvertes à droite ; elles comportent des pinces qui leur font épouser la forme du genou droit et un élastique dans lequel passer le pied. Elles se portent avec un chemisier blanc complété par un discret jabot de dentelle ou une cravate de chasse.

Il en existe de plusieurs sortes.

• La jupe de travail à trois panneaux, en forme de demi-cercle, qui se noue à la taille comme un tablier et forme un portefeuille ouvert sur le côté droit. Le tissu doit en être pratique (le « jean » va très bien) et de teinte neutre (marron, gris-vert, marine, etc.).

À ÉVITER

Pour la jupe, évitez le synthétique, qui glisse sur la selle, les tissus de soie, trop légers et fragiles, et le velours, trop brillant. Veillez également à toujours assortir le noir de la jupe à celui de la veste – deux noirs peuvent être fort dissemblables !

Kit Houghton

LE SAVIEZ-VOUS ?

La robe entière, dite « amazone », ne se porte plus de nos jours que pour les présentations en tenue d'époque, les reconstitutions historiques, etc.

Bob Langrish

GROS PLAN

Les coiffures

À l'entraînement, un petit feutre du genre chapeau d'homme, ou tyrolien, convient parfaitement. En concours, vous pouvez choisir entre le kronstadt (ou demi-haut-de-forme), le tricorne et le melon. Vous pouvez agrémenter le kronstadt d'un voile en soie blanche qui en fera le tour comme un ruban et sera noué derrière, les deux pans retombant jusqu'aux omoplates ; vous pouvez aussi remplacer cette écharpe par une voilette. Le tricorne, coiffure de vénerie par définition, se porte orné du galon de vénerie sur le haut des bords et d'un bouton : celui de l'équipage ou un simple bouton noir. Le melon est une coiffure très anglaise, admise en compétition.

Pour fixer solidement la coiffure, il est prudent d'y coudre un élastique mince mais solide qui, passant sous les cheveux, derrière la nuque, l'empêchera de s'envoler. Si vous avez des cheveux longs, rassemblez-les en chignon dans une résille à larges mailles ; s'ils sont très longs, adoptez la tresse terminée par un ruban assorti à votre tenue.

• La jupe en forme ou « jupe parapluie » n'est pas spécialement conçue pour être une jupe d'amazone et se porte davantage, assortie d'un grand jupon, avec les tenues « d'époque ».

• La longue jupe traditionnelle : c'est la jupe de présentation et de concours par excellence. Entièrement fermée autour du bassin, elle comporte une fente sur le côté droit et se referme quand, à pied, l'amazone ramène l'ampleur du tissu sur la hanche droite en drapé, le fixant par un bouton au creux des reins ; des pinces marquent la forme du genou droit.

La jupe de présentation est en drap noir. Lorsque l'amazone est debout, l'ourlet doit arriver au ras du sol devant, avec un léger biais – la jupe est à peine plus longue à gauche, et remonte vers la droite. Le pan du drapé qui tombe derrière lorsque la jupe est fermée est nettement plus court.

Pour la jupe d'entraînement, il faut une étoffe solide, peu salissante et de teinte neutre.

• La jupe de vénerie ou « tablier de vénerie », est la jupe courte qu'on porte à la chasse. Conçue pour s'accrocher le moins possible aux ronces, elle est taillée dans un tissu lourd et chaud. Elle est impérativement noire pour les amazones « invitées ».

LES VESTES

Les vestes, noires, sont les mêmes que celles de toutes les cavalières. On peut préférer, et porter, des vestes plus courtes très ajustées à la taille, mais cela implique quelques frais vestimentaires.

DESSOUS ET ACCESSOIRES

Pour que votre tenue soit complète et traditionnelle, il faut encore lui adjoindre de nombreux accessoires.

• Sous une jupe de travail portefeuille ou un tablier de vénerie, portez un pantalon d'équitation noir. Préférez au slip une vraie culotte de coton qui enveloppe bien : les élastiques des slips vous écorcheront très vite ; oubliez aussi le nylon dans lequel vous transpirerez immédiatement.

• Le gilet est facultatif mais appréciable : l'été, il habille le chemisier ; l'hiver, il réchauffe sous la veste.

• Les gants, toujours conseillés, sont indispensables en compétition et en présentation ; choisissez-les blancs, en peau ou en coton.

• Vous pouvez utiliser des bottes d'équitation classiques, des boots ou des bottines à lacets.

• Vous devez toujours porter un éperon au pied gauche, qui ne doit pas être ajusté trop haut. Choisissez des éperons à petite molette ou un modèle prince-de-galles à tige courte. N'oubliez pas la houssine, longue cravache de dressage (1,10-1,20 m), qui se tient dans la main droite.

Bob Langrish

BON À SAVOIR

Choisissez bien le pantalon d'équitation que vous portez sous la jupe : il ne doit pas être trop épais, car ses plis sous le genou droit, qui enserre la fourche, pourraient occasionner des blessures douloureuses. Les bottes ne doivent pas monter trop haut, sinon elles risquent de blesser l'arrière du genou (creux poplité).

Sorrel

VOLTIGES ET JEUX ÉQUESTRES

La voltige : pourquoi, pour qui ?

Faire un peu de voltige est un excellent moyen d'acquérir de l'équilibre et de l'aisance pour les cavaliers de tout âge. Mais, à haut niveau, ce sport plein de grâce exige dynamisme et souplesse. Les voltigeurs de compétition sont de vrais gymnastes !

Sorrel

LA VOLTIGE : UN SPORT ET UNE DISCIPLINE DE COMPÉTITION

La voltige moderne est à la fois un sport à la portée de tous et une discipline de compétition qui a ses règlements.

La FEI l'a reconnue en 1982. Les premiers championnats du monde se sont tenus en 1986 en Suisse.

QU'EST-CE QUE LA VOLTIGE ?

On appelle voltige des exercices de gymnastique individuels ou collectifs exécutés sur un cheval, généralement au galop.

Le cheval doit être spécialement dressé et entraîné. Il ne porte pas de selle mais un surfaix.

Enrêné par une paire de rênes fixes, il se déplace sur un cercle de 13 m de diamètre.

Un moniteur compétent le longe et assure la coordination du travail du cheval et des voltigeurs.

À QUI S'ADRESSE LA VOLTIGE ?

Avant d'être une discipline de compétition, la voltige est un sport amusant et profitable pour tous ceux qui aiment le cheval.

Il s'agit d'une véritable gymnastique. Beaucoup de mouvements sont inspirés de la gymnastique sportive et des agrès.

Kit Hougton

Les mouvements sont souvent travaillés sur le cheval de bois avant d'être exécutés à cheval. Ici l'étendard.

La voltige apporte également beaucoup aux cavaliers qui pratiquent l'équitation classique. Elle leur donne sens de l'équilibre, assiette et aisance.

QUEL ÂGE POUR COMMENCER ?

On peut commencer à faire de la voltige vers 6 ans. La taille plus que l'âge détermine le moment de commencer : il faut pouvoir attraper la poignée du surfaix.

Les poneys de voltige apparaissent peu à peu et permettent aux jeunes cavaliers de se mettre de bonne heure à cette discipline.

Jusqu'à 18 ans, on peut pratiquer des exercices collectifs. Ensuite, la voltige se poursuit à titre individuel.

BON À SAVOIR

La voltige comporte des exercices d'une grande diversité. En compétition, le voltigeur (ou le groupe de voltigeurs) mêle figures libres et figures imposées.

Il est jugé sur la correction, la tonicité et la grâce de son attitude, sur son dynamisme et la fluidité de ses enchaînements. Et, bien sûr, sur la beauté, l'élégance et l'originalité des figures.

Les figures réussies sont exécutées en parfaite harmonie avec le déplacement du cheval.

Ici, une figure libre à trois – impressionnante !

Kit Hougton

Sorrel

La voltige est un sport à part entière. Le voltigeur doit s'échauffer soigneusement avant chaque séance.

OÙ FAIRE DE LA VOLTIGE ?

Pour pratiquer la voltige, il faut disposer d'un rond de longe, d'un filet, d'une longe, d'un surfaix et de deux rênes fixes. Le cheval de voltige sert une équipe entière. C'est pourquoi ce sport est moins onéreux que l'équitation classique.

Un moniteur d'équitation compétent en voltige peut enseigner les exercices de base à ceux qui veulent s'initier ou aux cavaliers désireux d'améliorer assiette et équilibre grâce à cette discipline. Il doit être capable de diriger l'échauffement des voltigeurs, de

Bob Langrish

Souplesse et dynamisme sont des qualités indispensables. Les voltigeurs que l'on voit en compétition commencent jeunes... et s'arrêtent de bonne heure !

Bob Langrish

Audace et grâce pour cette figure libre. Remarquez l'expression déterminée de la voltigeuse.

corriger leurs mouvements et d'assurer leur sécurité.

POUR ALLER PLUS LOIN

Pour ceux qui souhaitent pratiquer cette discipline comme un sport et s'orienter éventuellement vers la compétition, un moniteur spécialisé est indispensable – ainsi qu'un cheval dressé et entraîné.

LE COIN DU PRO

Le cheval de voltige est un compagnon plein de bonne volonté. Il mérite les soins attentifs des voltigeurs.

- Avant chaque séance, échauffez-le en main au pas.
- Isolez le surfaix par un rembourrage épais en mousse.
- Protégez le dos du cheval par un tapis épais et ses membres par des bandes (obligatoires en compétition) ou des guêtres.
- Pensez à son moral : félicitez-le, accordez-lui de nombreuses récréations et emmenez-le en extérieur régulièrement.

Les futurs voltigeurs devront s'adresser à la fédération de voltige de leur région pour connaître les centres spécialisés dans cette discipline.

LE CHEVAL DE VOLTIGE

Pour l'initiation aux exercices de base, un cheval de club patient et peu chatouilleux, vigoureux, capable de conserver un galop régulier sur le cercle, convient très bien.

Mais, pour pratiquer le sport en tant que tel, un cheval adapté et entraîné est indispensable. La race importe peu, mais le cheval doit posséder une morphologie vigoureuse : un dos large, solide, long et peu sensible et une taille comprise entre 1,58 m et 1,73 m. Agé d'au moins cinq ans, il doit être assez résistant pour maintenir le galop une quinzaine de minutes. De tempérament doux, patient et peu chatouilleux, il doit avoir un galop ample, rythmé et régulier. Enfin, un bon cheval de voltige se montre plein de bonne volonté et conserve le galop sans qu'il soit nécessaire de le stimuler sans cesse avec la chambrière.

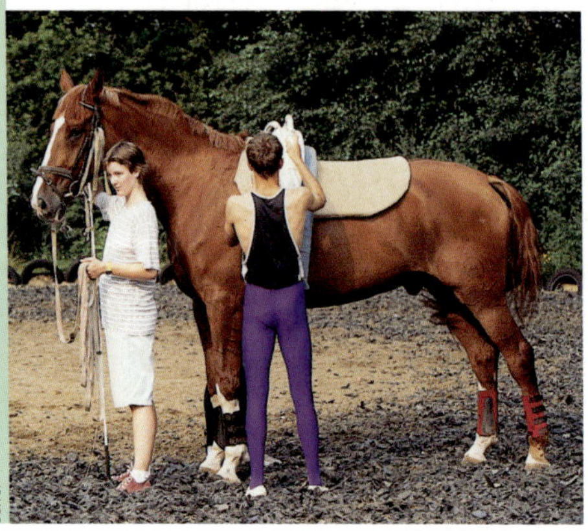

Sorrel

UN COMPAGNON À BICHONNER

Le cheval de voltige n'est pas un simple support mobile que les voltigeurs utilisent pour exécuter leurs mouvements. Complice d'humeur égale, il contribue par sa force, son rythme et sa bonne volonté à la réussite des exercices.

Les voltigeurs doivent participer dès le départ aux soins apportés au cheval – le préparer, le marcher, la douche des membres après le travail, la pose des bandes de travail et de repos, etc.

La voltige en soi n'étant pas très récréative pour le cheval, il est important de lui offrir distraction et compagnie en dehors des séances de travail.

Le cheval de voltige devient, en général, l'animal le plus populaire de son club. Sa gentillesse le fait aimer de tous. Attirés pas le contact avec le cheval, la plupart des jeunes voltigeurs non cavaliers au départ en viennent un jour ou l'autre à l'équitation.

Sorrel

Au pas, entraînement à l'une des figures imposées : debout.

La voltige en compétition

Si la voltige en compétition vous tente, sachez que cette discipline exige beaucoup de travail, à pied et monté. Mais elle apporte aussi de grandes joies, le plaisir de voltiger devant un public et, pourquoi pas, de monter sur un podium !

Miriski/Cogis

UNE VRAIE DISCIPLINE SPORTIVE

La voltige n'est devenue une discipline équestre internationale que depuis 1986.

À CHAQUE PAYS SA COMPÉTITION

Le règlement international de voltige existant depuis peu, les différents pays qui participent aux championnats n'ont pas encore harmonisé leur façon d'aborder cette discipline. Les épreuves ne sont pas tout à fait les mêmes en France et en Allemagne, par exemple, et le découpage progressif des figures change d'un pays à l'autre. Les variations qui existent encore se réduisent de plus en plus, mais le jeune voltigeur qui se destine à la compétition doit impérativement prendre connaissance du règlement international afin d'orienter son travail vers les bons objectifs.

LE SAVIEZ-VOUS ?

En France, le jury se compose de cinq juges plus un juge aux allures. Ce dernier est particulièrement chargé de contrôler la qualité du galop du cheval. Il signale les anomalies aux autres juges en faisant s'allumer, sur leur table, une lumière rouge ou verte.

Rouge : faute grave d'allure entraînant la nullité de la figure exécutée.

Verte : faute de qualité du galop entraînant une baisse de la note d'impression générale. Trois notes sur cinq sont prises en compte pour la moyenne : la plus élevée et la plus basse sont écartées.

AIDE-MÉMOIRE

L'ordre des figures imposées

1 position de base
2 étendard
3 moulin (plus à terre-à cheval s'il s'agit d'une épreuve individuelle)
4 ciseaux
5 debout
6 amazone

LES DIFFÉRENTES ÉPREUVES DE VOLTIGE

Au niveau international, il existe trois épreuves différentes :

– individuelle ;

– par équipe ;

– pas de deux.

Les juges sont répartis tout autour du cercle afin que les figures soient jugées de différents endroits.

Bob Langrish

Le voltigeur de compétition est un vrai gymnaste. Il est soumis à un entraînement sportif quotidien.

Kit Houghton

rs des épreuves par équipes, les voltigeurs ne peuvent jamais être s de trois simultanément sur le cheval. Ce qui est déjà beaucoup ur celui-ci : souvent plus de 150 kg !

Chacune de ces épreuves se compose de deux programmes qui se déroulent sur une ou deux manches : le programme libre et le programme imposé.

LE PROGRAMME IMPOSÉ

Il comporte six figures :

– trois figures statiques qui sont la position de base, l'étendard et le debout ;

– trois figures dynamiques qui sont le moulin, les ciseaux et l'amazone.

Le voltigeur individuel doit de surcroît exécuter un à terre-à cheval après le moulin.

LE PROGRAMME LIBRE

Il s'agit d'une chorégraphie exécutée sur une musique choisie, comprenant à la fois des figures statiques et des figures dynamiques. Un exercice statique doit être tenu pendant au moins trois foulées de galop pour être valable.

Dans une épreuve par équipe, les voltigeurs sont au maximum trois, simultanément, sur le cheval.

LE COIN DU PRO

En France, les épreuves sont organisées de façon à permettre une approche progressive de la compétition. Elles sont conçues en fonction des connaissances acquises dans les autres disciplines équestres.

Les figures imposées, par exemple, sont réparties en phases que l'on aborde au fur et à mesure de ses progrès.

JUGER UN PROGRAMME LIBRE

Dans un programme libre, le jury note l'exécution (coefficient deux), la difficulté, la composition et l'impression générale.

La difficulté est calculée en fonction de la répartition des figures sur trois niveaux (supérieur, moyen et inférieur).

Pour la composition, le jury prend en compte l'originalité, l'esthétique, la chorégraphie, l'enchaînement, la variété des figures et des transitions, l'équilibre, l'alternance des statiques et des dynamiques, les prises de risques, etc.

LA PART DE L'ESTHÉTIQUE

Dans une discipline qui privilégie l'esthétique, il est inévitable que des facteurs subjectifs entrent en compte dans le jugement. C'est pourquoi le jury est composé de plusieurs juges.

LE JURY

Pour pouvoir bien apprécier le travail des voltigeurs, le jury doit observer leur performance depuis plusieurs endroits. En compétition internationale, trois juges, accompagnés chacun d'une secrétaire, sont répartis autour du cercle. La personne chargée du chronométrage se tient auprès du président du jury. Une cloche signale l'entrée en piste des voltigeurs, le début et la fin de la prestation, éventuellement l'arrêt et la reprise du chronométrage en cas de chute.

LES QUALIFICATIONS

Pour participer à une compétition officielle, le cheval de voltige doit être âgé d'au moins six ans et posséder des papiers conformes. Son carnet de santé doit être à jour (vaccinations). Les voltigeurs et les longeurs doivent être licenciés.

Miriski/Cogis

Aujourd'hui, la qualité du dressage du cheval de voltige prend toute sa valeur. Une faute d'allure pénalise fortement le voltigeur. En ce sens, la voltige est devenue une vraie discipline équestre.

L'équipement pour la voltige

Le voltigeur est un gymnaste, et sa tenue ressemble fort à celles que l'on voit dans les gymnases. Mais il est exposé à un milieu quelque peu salissant et à des températures parfois rigoureuses en hiver.

Miriski/Cogis

L'ÉQUIPEMENT DU VOLTIGEUR

Pour pratiquer la voltige, il n'est pas nécessaire d'acheter un équipement onéreux.

ÉLASTIQUE AVANT TOUT

Le voltigeur se déplace beaucoup et rapidement. Lorsqu'il parvient à un bon niveau, il est très souple et fait donc des mouvements particulièrement amples. Il lui faut, par conséquent, porter une tenue qui le laisse parfaitement libre de ses gestes et qui ne l'entrave à aucun moment. Cela signifie qu'il doit choisir des vêtements élastiques. Les progrès réalisés ces dernières années font que l'on dispose de matières à la fois fines, souples, élastiques et, éventuellement, si on le souhaite, chaudes.

Kit Houghton

La tenue des voltigeurs d'une même équipe doit être harmonisée, mais on peut choisir des motifs légèrement différents pour les filles et les garçons.

UN MINIMUM DE SOLIDITÉ

Sans forcément choisir du matériel haut de gamme, assurez-vous que les coutures sont bien faites et que l'étoffe garantit un minimum de solidité. Votre tenue sera mise à rude épreuve, aussi bien par les mouvements eux-mêmes que par le contact avec le cheval et avec la poussière du manège ou de la carrière. Votre équipement finira dans la machine à laver après chaque séance d'entraînement : or, le lavage use !

EN ÉTÉ

Lorsqu'il fait chaud, la tenue la plus simple et la moins onéreuse se résume à un tee-shirt et un caleçon long élastique. En glissant le tee-shirt dans le caleçon, on obtient un effet « combinaison ». Vous pouvez aussi, bien sûr, employer une combinaison de gymnastique ou de danse en lycra. Elle revient un peu plus cher mais convient parfaitement pour les exercices de voltige, se lave facilement et sèche en un clin d'œil.

EN HIVER

En hiver, il faut prévoir plus d'épaisseurs. En début de séance, vous pouvez porter, par-dessus le caleçon ou la combinaison, un pantalon de sport étroit. Pour le haut, prévoyez au moins deux épaisseurs : en première couche, un sous-vêtement thermique. En couche extérieure, un pull ou un sweat en fourrure polaire. Échauffez-vous bien ; après quelques exercices, vous ne devriez pas avoir froid.

AUX PIEDS

Vous ne devez pas porter de chaussures à semelles rigides et épaisses, qui risquent de

ATTENTION, DANGER !

Les pantalons type jogging peuvent convenir à condition qu'ils soient relativement étroits et que vous ne risquiez pas de vous prendre les pieds dans le bas de la jambe durant les exercices. Le plus sage est de les porter par-dessus le caleçon ou la combinaison le temps de l'échauffement et de le retirer pour les exercices à cheval.

Kit Houghton

LE BON GESTE

Le longeur

Bien évidemment, à l'entraînement, le longeur porte ce qui lui plaît : il n'a pas d'autre contrainte, en hiver, que de ne pas avoir trop froid pendant que les voltigeurs travaillent. En compétition, il doit porter une tenue en harmonie avec celle des voltigeurs.

Hermeline/Cogis

LE COIN DU PRO

Choisissez la couleur de votre tenue de compétition en fonction de la robe de votre cheval. Un beau contraste mettra les mouvements en valeur.

blesser le dos du cheval ou, tout au moins, de lui infliger des coups douloureux. De surcroît, elles vous empêcheraient de fléchir et de pointer correctement les pieds.

Les chaussures les plus adaptées pour les exercices sont incontestablement les chaussons de gymnastique rythmique, en toile ou en cuir, portant une bande élastique sur le dessus et dont la semelle est en crêpe ou en caoutchouc. Ils peuvent être lavés en machine.

L'ÉQUIPEMENT POUR LA COMPÉTITION

Recherchez avant tout l'harmonie et l'élégance ; une touche d'originalité est la bienvenue mais il faut se sentir sûr de soi.

EN COMPÉTITION

En compétition, la combinaison de gymnaste en lycra est désormais obligatoire. Elle permet aux juges, en particulier, de bien voir les mouvements des voltigeurs.

La couleur et les motifs étant libres, chacun peut concevoir son équipement dans les tonalités qu'il désire. Une équipe doit choisir ses tonalités puis harmoniser la tenue des voltigeurs, le tapis et les bandes du cheval et la tenue du longeur.

BON À SAVOIR

À l'entraînement et en compétition, vous devez voltiger tête nue. Les cheveux longs doivent être attachés pour éviter tout risque d'accrochage.

Si les modèles disponibles dans le commerce ne vous plaisent pas, vous pouvez demander le catalogue du fabricant et son nuancier, puis commander le modèle qui vous plaît dans les couleurs que vous voulez.

LE BON CHOIX

Attention, le choix des couleurs est plus important qu'il n'y paraît. Des couleurs criardes ou grinçantes risquent de déranger les juges et de faire mauvaise impression. L'audace et l'originalité sont bienvenues, mais elles ne doivent pas dépasser certaines limites.

Pensez que les couleurs foncées affinent et que les couleurs claires arrondissent.

Dans une tenue comportant une rayure longitudinale, par exemple, on a toujours intérêt à choisir la couleur foncée pour l'ensemble et la couleur claire pour la rayure : les voltigeurs paraissent ainsi plus élancés, ce qui donne plus d'élégance au mouvement.

Sorrel

Quand il fait chaud, à l'entraînement, rien ne vous empêche d'opter pour le caleçon au genou. D'ailleurs, la peau nue « accroche » mieux aux flancs du cheval.

Soigner et entraîner un cheval de voltige

Un bon cheval de voltige, calme, actif et bien dressé, est une perle rare. Des soins attentifs et un entraînement bien agencé préserveront sa forme et son moral.

Kit Houghton

UNE COLLABORATION ACTIVE

Contrairement à ce que l'on croit souvent, le cheval de voltige ne se contente pas de tourner en rond pendant que les cavaliers font leurs figures : il participe activement à chaque prise !

MÉNAGER LE CHEVAL

Quand on ne connaît pas la voltige, on a l'impression que le cheval n'est qu'un « support » qui tourne en rond tandis que les voltigeurs font leurs acrobaties. En réalité, un bon cheval de voltige est attentif à chaque mouvement du ou des voltigeurs. Il compense les déplacements par des modifications de son propre équilibre et facilite les prises. Certains grands voltigeurs disent même que leur cheval a sauvé plus d'une figure.

PAS AVANT CINQ ANS

Un cheval ne doit pas être mis à la voltige avant l'âge de cinq ans, c'est-à-dire avant que sa croissance soit tout à fait achevée. À partir de cet âge, un cheval qui a déjà reçu un dressage de base à pied et monté est prêt pour qu'on commence sa formation. On lui apprend à partir au galop du pas puis de l'arrêt, ensuite à rester calme et

Sorrel

Le cheval de voltige se prête avec complaisance aux jeux des voltigeurs. Il ne faut jamais abuser de sa patience ni de sa force.

LE BON GESTE

Les voltigeurs travaillent toujours avec un cheval à main gauche. Il est donc essentiel, pour compenser, de travailler beaucoup le cheval à main droite en dehors des exercices.

Miriski/Cogis

Un pad très épais doit protéger le garrot du surfaix, sur lequel les voltigeurs exercent des tractions importantes. Un tapis de dos rembourré atténue l'impact des pieds et des genoux.

LE COIN DU PRO

La formation de base du cheval de voltige ne prend pas plus de quatre à six semaines à raison de trois séances par semaine. Mais, pour atteindre la perfection des chevaux de compétition, il faut un entraînement beaucoup plus long.

immobile à l'arrêt ; à maintenir – jusqu'à quinze minutes pour un cheval entraîné – un galop régulier sur le cercle. Il est peu à peu placé avec les rênes de maintien et on l'accoutume au déplacement des voltigeurs vers lui et sur son dos.

L'OBJECTIF DU LONGEUR

L'objectif du travail à la longe est d'obtenir un cheval en avant, souple et parfaitement équilibré, qui conserve une cadence régulière dans l'allure qui lui a été demandée. Il doit être décontracté dans sa bouche et dans sa nuque et rester placé sans s'appuyer sur le mors. Le dresseur apprend au cheval à garder un contact léger et constant sur la longe, celle-ci devant rester tendue mais souple.

Bob Langrish

Jusqu'à trois personnes sur le dos, qui sautent et qui s'agitent ! Après chaque séance de travail, assurez-vous que le cheval ne souffre pas.

Bob Langrish

rner en rond, ce n'est pas une vie ! Le cheval de voltige doit aller en ·rieur aussi souvent que possible.

LES RÊNES DE MAINTIEN

Les enrênements ont pour but d'amener le cheval à travailler en étant placé. En voltige, on utilise essentiellement les rênes de maintien, qui se fixent à droite et à gauche, mais, afin que le cheval s'incurve correctement sur le cercle, on ajuste davantage la rêne intérieure que la rêne extérieure.

En début de dressage, les rênes doivent être ajustées progressivement, en fonction de la souplesse et de la force du cheval. Pour développer ces qualités, on peut employer d'autres enrênements, comme le gogue.

LE TRAVAIL AVEC LES VOLTIGEURS

Quand le cheval sait travailler correctement en longe avec les rênes de maintien, on peut l'accoutumer aux déplacements d'un, puis de plusieurs voltigeurs. On commence en général par habituer le cheval au pas à l'à-terre, puis on aborde les figures de base à cheval. Le même travail est fait au galop.

Le cheval doit ensuite s'habituer au voltigeur arrivant en courant, d'abord au pas, puis au galop, et accepter que l'homme galope avec lui, puis lui saute sur le dos.

AUX PETITS SOINS

Un cheval de voltige bien dressé est le complice indispensable et choyé du voltigeur.

AU QUOTIDIEN

Les articulations et les tendons du cheval de voltige sont fortement mis à contribution lors des temps de galop, qui sont longs et pendant lesquels il doit parfois porter un poids important sur le dos.

Lors des séances de travail, et en compétition, il faut protéger les membres (au moins les antérieurs) avec des bandes de travail.

Après le travail, il faut doucher les membres, sécher et, si nécessaire, poser des bandes de repos.

Le dos et les flancs du cheval sont, eux aussi, des zones sensibles et très sollicitées par les mouvements du ou des voltigeurs : il arrive qu'il y ait jusqu'à trois personnes sur le dos du même animal ! Après chaque séance, il faut examiner et palper le dos, les flancs et la croupe. En cas de sensibilité, le cheval doit être mis au repos quelques jours. Dans la mesure du possible, il est préférable de le protéger durant le travail avec un tapis de dos.

UN ENTRAÎNEMENT ADAPTÉ

Aucun cheval, si complaisant soit-il, ne peut se contenter de tourner en rond au bout d'une longe. Le cheval ne doit pas travailler en voltige plus de cinq fois par semaine, ce qui est un maximum. Il doit, par ailleurs, faire un travail varié et très récréatif, comprenant plusieurs sorties en extérieur.

BON À SAVOIR

Tous les chevaux ne conviennent pas pour la voltige. Inutile d'essayer de mettre à cette discipline un pur-sang anglais ou un trotteur. Il faut une monture solide et équilibrée, pourvue d'un dos et d'une arrière-main large et puissante. Les sujets chatouilleux, bien sûr, sont à écarter. Sur le plan du tempérament, le cheval de voltige doit être assez calme pour supporter sans broncher les différentes figures, mais assez allant pour soutenir un galop régulier sans qu'il faille sans cesse le stimuler avec la chambrière.

Tenues de poignées et prises de mains

Voltigeurs, voltigeuses, pour présenter des figures convaincantes et des enchaînements fluides, vous devez travailler vos tenues de poignées et vos prises de mains.

Hermeline/Cogis

TENIR, LÂCHER, ENCHAÎNER

Les principales tenues de poignées s'acquièrent rapidement. La difficulté vient ensuite, quand il faut enchaîner avec précision tenues et lâchers.

LA BONNE TENUE

Le surfaix de voltige est muni de deux poignées fixées latéralement, qui se placent à droite et à gauche du garrot du cheval. L'un des premiers apprentissages du voltigeur consiste à s'efforcer d'attraper et de tenir ces poignées correctement en fonction des différents exercices, afin de jouir de la plus grande force et du meilleur équilibre possibles.

La position de la main sur la poignée (plus ou moins haut) est déterminante. Une erreur dans la tenue de poignée peut rendre une figure impossible à réaliser.

LA TENUE EN PRONATION

La tenue de base, qu'on apprend la première, est la tenue en pronation. Les mains prennent les poignées dos vers le ciel, les pouces fermés sur les poignées se faisant face. Cette tenue convient à la plupart des exercices.

Chantal Dumoux

Hermeline/Cogis

Dans l'étendard, le voltigeur compte sur une seule main pour assurer son équilibre. La main est en pronation.

LA TENUE EN SUPINATION

Dans la tenue en supination, ou tenue à l'envers, les paumes des mains sont tournées vers le haut. Les petits doigts, fermés sur la poignée, se font face. En général, le voltigeur recourt à cette position lorsqu'il a besoin de beaucoup de force – pour l'amazone par exemple.

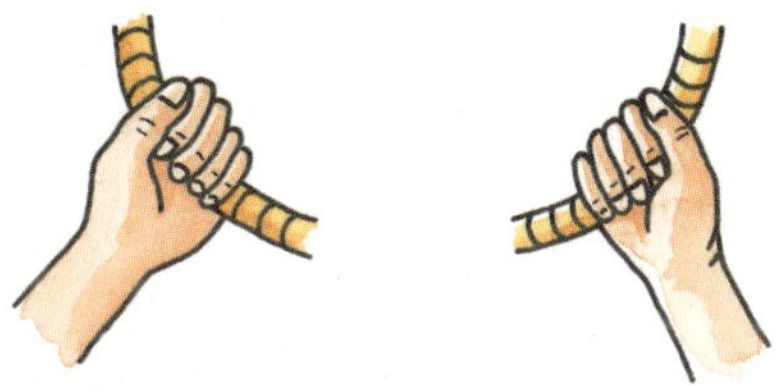

Chantal Dumoux

LA TENUE MIXTE

Dans la tenue de poignée mixte, dite aussi en double inversée, une main est en pronation et l'autre en supination. Le choix de la position de chacune des mains dépend, bien sûr, de la figure à exécuter. Sur un retour de ciseau à main gauche, par exemple, la main gauche est en pronation, la droite en supination.

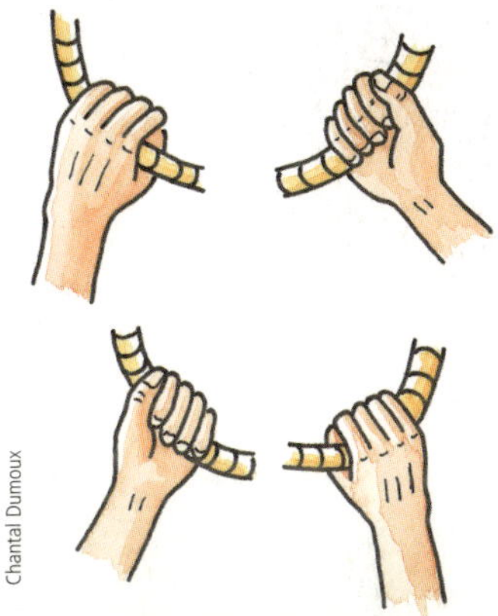

Chantal Dumoux

Lorsqu'on travaille à deux ou à trois voltigeurs, il faut pouvoir compter sur la poigne de ses partenaires. Les différentes prises de mains d'épaules, de jambes, etc., se perfectionnent peu à peu. Leur bonne maîtrise est indispensable à la sécurité de l'équipe.

Sorrel

GROS PLAN

Les tenues de poignées peuvent varier en fonction de la taille du voltigeur. Ainsi, pour sauter à cheval, on aura :

- pour un voltigeur de petite taille, les deux mains sur la poignée intérieure ;
- pour un voltigeur de taille moyenne, main intérieure sur la poignée intérieure, main extérieure sur la courroie du milieu ;
- pour un voltigeur assez grand, main intérieure sur la poignée intérieure, main extérieure sur la poignée extérieure.

LA TENUE CROISÉE

La main droite tient la poignée gauche, la main gauche tient la poignée droite. En tenue croisée, les mains sont forcément en pronation. On utilise cette tenue pour des

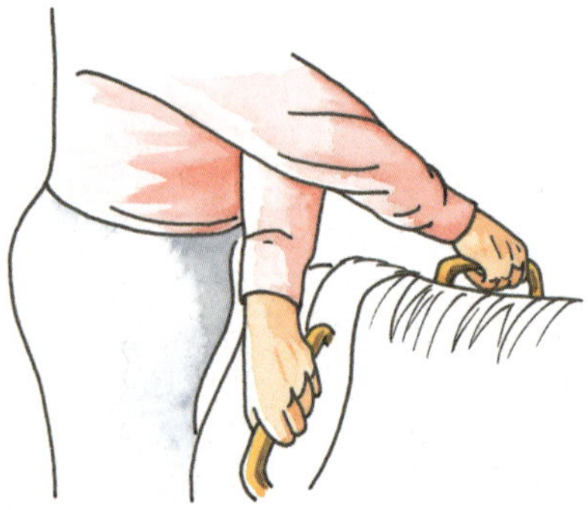

Chantal Dumoux

rotations ou des renversements sur l'encolure et retour. Le bras droit doit se placer au-dessus si le mouvement se fait vers la gauche. Le bras gauche vient au-dessus si le mouvement se fait vers la droite.

Miriski/Cogis

Pour sauter à cheval, un voltigeur de petite taille pose les deux mains sur la poignée intérieure.

SAVOIR SE TENIR LA MAIN

Dans les figures à plusieurs, les voltigeurs doivent savoir comment attraper et tenir les mains de leur partenaire.

FORCE ET SÉCURITÉ

Tout comme en gymnastique acrobatique, savoir attraper et tenir correctement la ou les mains de son partenaire est d'une importance capitale. En voltige, la prise de main est déterminante pour la qualité de la figure. Du point de vue de la sécurité, une bonne prise de main est évidemment essentielle.

BON À SAVOIR

Seule une répétition assidue des figures et de leur enchaînement permet de choisir de façon presque automatique la bonne tenue de poignée pour chaque mouvement.

Miriski/Cogis

GROS PLAN

Une bonne tenue de poignée permet de prendre un bon élan au moment de la sortie. Mais il faut aussi apprendre à lâcher au bon moment.

Miriski/Cogis

PRISE VERROU

Le terme « prise de main » est inapproprié : en effet, on n'attrape pas la main de son partenaire. Une telle prise ne permettrait pas une tenue suffisamment stable et forte. La main pourrait glisser. De surcroît, le

Chantal Dumoux

risque de faire souffrir son partenaire en lui écrasant les doigts, ou en tirant sur un ou plusieurs d'entre eux, est important. En général, on attrape, en fait, son poignet. Cette prise, appelée « prise-verrou », assure une excellente tenue.

En cas de prise inversée – un partenaire tendant au-dessus de lui sa main à un voltigeur qui se trouve derrière lui – les deux paumes se posent l'une contre l'autre ; l'index et le majeur se placent de part et d'autre du poignet du partenaire.

Le rôle du longeur en voltige

Le longeur fait partie intégrante de l'équipe de voltige, dans laquelle il joue un rôle prépondérant. Entraîneur et longeur ne sont d'ailleurs le plus souvent qu'une seule et même personne !

Mirski/Cogis

DE MULTIPLES RÔLES

De la formation du cheval à l'entraînement et au soutien des voltigeurs, le longeur assume souvent de multiples fonctions qui font de lui, littéralement, le pilier de l'équipe.

UN « HOMME DE CHEVAL »

Un bon longeur de voltige est capable d'assurer la formation d'un cheval à cette discipline, puis son entraînement. C'est donc un « homme de cheval » avant tout, capable de bien comprendre les réactions de cet animal et de bien communiquer avec lui. Il doit bien sûr posséder à fond les techniques de longe. Il est souvent également chargé de superviser les soins donnés au cheval. Le longeur est presque forcément lui-même un voltigeur ou un ancien voltigeur, car ce n'est qu'ainsi qu'il saura bien se placer et bien intervenir pour favoriser le travail de ceux avec qui il travaille. Enfin, dans la majorité des cas, le longeur n'est autre que l'entraîneur lui-même : il assure donc la formation et l'entraînement de l'équipe, qu'il accompagne en compétition si nécessaire.

LA FORMATION DU CHEVAL

Avant de pouvoir destiner un cheval à la voltige, le longeur lui consacre de nombreuses heures de préparation. Il doit obtenir de son élève souplesse, équilibre, force et, surtout, obéissance. Le cheval de voltige doit avoir acquis le code de longeage avant que les voltigeurs s'aventurent sur son dos.

Farissier/Cogis

Longeur et moniteur de voltige ne sont souvent qu'une seule et même personne, qui se partage entre ses devoirs pédagogique et sportif et sa responsabilité de dresseur.

Les premières séances de travail à la voltige correspondent un peu au débourrage sous la selle : le longeur doit amener progressivement le cheval à accepter les déplacements d'un, puis de plusieurs voltigeurs.

ENTRAÎNEMENT ET SOINS

Par la suite, lorsque le cheval est correctement mis, le longeur se charge de le maintenir en état, de surveiller et d'améliorer sa forme, de renforcer son dressage. C'est en général lui qui planifie son travail – le cheval de voltige devant impérativement aller de temps en temps en extérieur.

Kit Houghton

GROS PLAN

Tandis que le longeur s'efforce de partager son attention entre le cheval et les voltigeurs, le cheval, quant à lui, doit savoir surveiller et faciliter les mouvements des voltigeurs tout en accordant la plus grande attention à chaque geste de son longeur. Il doit aussi savoir faire le tri entre les paroles et les gestes qui lui sont destinés et ceux qui s'adressent aux voltigeurs.

Miriski/Cogis

Le longeur se charge de l'échauffement et de la détente du cheval – une mise en condition capitale en compétition.

DANS LA PRATIQUE

Avant la séance de voltige, le longeur contrôle l'état du harnachement et vérifie qu'il est bien réglé. C'est en général lui qui se charge d'échauffer et de détendre le cheval, d'abord sans enrênement, puis de régler correctement l'enrênement.

Pendant la séance, il détermine le rythme de travail, la répartition des allures, la fréquence et la durée des pauses, ainsi que la durée de la séance elle-même en fonction de l'état et des réactions du cheval.

UNE VIGILANCE CONSTANTE

Le longeur doit constamment tenir compte à la fois du cheval et des voltigeurs : il faut avoir le coup d'œil.

LA SÉCURITÉ

Dans une séance de voltige, le longeur est celui qui a la charge de contrôler le cheval. C'est une vraie responsabilité ; il ne doit en aucun cas laisser le cheval adopter des attitudes dangereuses pour les voltigeurs. En cas de maladresse ou de chute de la part d'un des voltigeurs, il doit pouvoir intervenir rapidement.

RÉGLER LE CHEVAL

Il revient au longeur de régler sans cesse l'attitude et l'allure du cheval. Par ses interventions, il doit l'inciter à conserver son équilibre, à rester sur le cercle et à s'adapter au mieux aux mouvements des voltigeurs.

LE SAVIEZ-VOUS ?

Pendant la séance de voltige, le cheval est toujours à main gauche. Le longeur doit veiller à compenser pendant la détente et l'entraînement en faisant beaucoup travailler le cheval à main droite.

Kit Houghton

LE LONGEUR-ENTRAÎNEUR

Quand le longeur est aussi l'enseignant ou l'entraîneur des voltigeurs, son rôle se complique d'autant. Il doit en permanence surveiller les mouvements des voltigeurs, les aider par ses commentaires et organiser le roulement de l'équipe tout en continuant à communiquer avec le cheval et à le contrôler parfaitement.

BON À SAVOIR

La chambrière est une aide indispensable au longeur. Elle complète et renforce les moyens d'«expression» qu'il a à sa disposition pour communiquer avec le cheval. Le moindre déplacement de la chambrière est une indication pour le cheval.

Sorrel

LE COIN DU PRO

Les aides du longeur

Pour communiquer avec le cheval, le longeur dispose de plusieurs aides : la voix, la position de son corps, la chambrière, la longe.

Plus le cheval avance dans son dressage, plus il devient capable de « déchiffrer » facilement le langage corporel de son longeur. Un longeur compétent est capable d'employer une multitude de signes, qui forment un code très élaboré, pour communiquer avec son cheval.

La voix devient alors une aide secondaire – ce qui est souvent aussi bien, car, dans de nombreux cas, le longeur s'adresse plus aux voltigeurs qu'au cheval.

La chambrière et la longe viennent renforcer et compléter le langage corporel et la voix.

Que sont les pony-games ?

Les pony-games sont à la fois des jeux à poney très amusants et une excellente école pour les jeunes cavaliers. Bonne introduction au monde excitant de la compétition, ils développent l'esprit d'équipe et le goût de la performance.

Bob Langrish

DES JEUX TYPIQUEMENT ANGLAIS

Les pony-games, «gymkhanas» dans leur Angleterre d'origine, sont des jeux à cheval : cela recouvre une vaste catégorie d'épreuves, de la course en sac au slalom en passant par le jeu des fanions ou celui des ballons.

TOUTES CATÉGORIES

Les pony-games ont pour but de développer l'assiette et l'aisance du cavalier ainsi que sa capacité à « faire équipe » avec sa monture. Selon les épreuves, l'accent est mis plutôt sur l'équilibre, la vitesse ou l'adresse – ou les trois –, mais les concurrents sont aussi jugés sur la façon dont ils montent. Toute brutalité à l'égard du cheval peut être éliminatoire.

Certains jeux se jouent individuellement, d'autres par équipes. Il existe des épreuves pour les cavaliers de tous les niveaux et les poneys de toutes les tailles. En Angleterre, il existe même une « classe conduite en main » où de très jeunes enfants concourent sur un poney mené en main.

Le jeu de la balle et du cône : se hâter avec lenteur... seule façon de parvenir à poser la balle et de gagner

Bob Langrish

BON POUR LE MORAL

Pour tirer le meilleur parti de votre monture, vous devez exploiter son goût du jeu et lui donner l'occasion d'utiliser son intelligence. Les poneys expérimentés finissent par connaître les différentes épreuves et comprendre le but du jeu. Si vous savez vous y prendre, votre poney devrait s'amuser lui aussi et participer de bon cœur, comme ici, à un slalom.

Sorrel

APPRENDRE EN S'AMUSANT

L'avantage des pony-games est qu'ils sont amusants et qu'ils ne requièrent pas un niveau élevé d'équitation académique : ils permettent donc aux jeunes cavaliers d'exercer leur assiette et d'affermir leur expérience à travers toute une série de jeux et d'épreuves ludiques. Ils permettent aussi de goûter de bonne heure à l'excitation de la compétition.

Les pony-games se sont répandus dans divers pays d'Europe. De nombreux clubs organisent leurs pony-games maison, auxquels les jeunes cavaliers peuvent participer avant de s'inscrire dans des compétitions plus importantes.

QUI PEUT PARTICIPER ?

Tous les cavaliers qui sont en mesure de diriger leur cheval à deux et à une main, de contrôler son allure et de le mener en main, de monter sur son dos et d'en descendre rapidement, peuvent participer à des pony-games. Les conseils avisés d'un enseignant permettent de choisir des épreuves adaptées au niveau du cavalier et aux capacités de sa monture. À un niveau élevé, ces jeux demandent beaucoup d'assiette, une grande souplesse, des réflexes, du souffle et une bonne musculature.

Le jeu de relais, un classique des épreuves par équipes.

Sorrel

Kit Houghton

Si le poney ne coopère pas, difficile de gagner !

Bob Langrish

La réussite dans les épreuves par équipes repose autant sur l'esprit d'équipe et de solidarité que sur les performances de chacun.

L'ESPRIT DE COMPÉTITION ?

Abordez les pony-games dans un bon esprit. Tout en essayant de faire de votre mieux pour réaliser les meilleures performances, gardez le sens du jeu : l'important, c'est bel et bien de participer, d'apprendre à monter et de s'amuser !

Sachez rire de vos propres déboires pour continuer à tirer du plaisir de ces jeux en toutes circonstances.

Ne faites pas grise mine si vous ne figurez pas à la remise des prix : tirez plutôt la leçon de la journée et profitez-en pour essayer de comprendre pourquoi et comment les gagnants... ont gagné !

C'est la meilleure façon de progresser.

FAUT-IL S'ENTRAÎNER ?

Oui, bien sûr, et à cheval ! Montez le plus souvent possible et cherchez à diversifier votre expérience : mise en selle, extérieur, travail en manège, obstacle, voltige, travail en main... tout est bon pour apprendre.

IL FAUT ÊTRE EN FORME

Le seul fait de monter devrait vous permettre d'acquérir musculature et souplesse. Toutefois, les pony-games demandent parfois de véritables talents de gymnaste et d'acrobate. Il est bon de s'assouplir par des exercices de gymnastique et d'étirement ainsi que de se mettre en souffle en pratiquant des sports tels que le vélo, la natation ou la course à pied.

FAUT-IL ENTRAÎNER SON PONEY ?

La plupart des poneys de club qui travaillent quotidiennement sont suffisamment en forme pour participer à des pony-games. Toutefois, on peut amener le poney à améliorer ses performances par un entraînement adéquat. Des exercices quotidiens d'assouplissement, des promenades avec de longues périodes de trot, un travail varié sur le plat et à l'obstacle seront une excellente préparation. Pensez aussi à son moral en lui accordant des récréations en liberté, au pré ou au paddock, et du repos.

Si vous possédez un poney à vous, le mieux est de discuter de son planning d'entraînement avec votre professeur.

Kit Houghton

Le jeu du facteur, qui se pratique avec un énorme sac orange et crissant, met à rude épreuve le sang-froid du cheval.

LE COIN DU PRO

Quel poney pour les pony-games ?

Étant donné la variété des épreuves et les divers degrés de difficulté, il n'existe évidemment pas de portrait type du poney idéal. Tous les poneys de bonne volonté peuvent participer. En compétition, un bon entraînement physique est indispensable pour donner au poney le souffle, la rapidité et la souplesse requis.

Un bon poney se jugera surtout sur son tempérament : le meilleur partenaire sera à la fois gentil, calme et énergique. Il ne doit pas faire un écart à chaque fanion qui claque au vent ni se faire prier pour piquer un sprint d'un bout à l'autre du terrain. Vous apprécierez aussi qu'il accepte gentiment vos mouvements parfois désordonnés et qu'il ne se laisse pas décontenancer par votre monte... pas toujours académique !

Pony-games : les différentes épreuves

Qu'ils s'agisse de concours d'entraînement ou de compétition, les pony-games proposent différents jeux destinés à mettre à l'épreuve l'adresse et la rapidité du couple cavalier-poney. Pour bien jouer, cavalier et poney doivent être unis par une solide complicité.

Sorrel

REGARDER POUR COMPRENDRE

Assister à des pony-games est amusant et instructif : les organisateurs expliquent les règles avant chaque jeu. On se prépare ainsi à mieux participer. Il existe de très nombreuses épreuves. Voici les principales.

LES JEUX DE VITESSE

Galop, trot et pas

Le cavalier doit parcourir le terrain en changeant d'allure, du galop au pas, au niveau des repères colorés qui jalonnent le parcours. À chaque erreur, le cavalier doit décrire un cercle et recommencer. Difficile de contrôler les allures quand on a envie d'aller très vite !

Le passage du gué

Le cavalier galope jusqu'au gué (généralement figuré par des plots), descend de cheval pour sauter d'une « pierre » du gué à l'autre en tenant sa monture en main, puis remonte et galope jusqu'à la ligne d'arrivée. Le concurrent, tout en faisant le plus vite possible, ne doit évidemment pas toucher « l'eau » pendant le passage du gué.

La course en sac

Dans cette épreuve fameuse entre toutes, le cavalier galope jusqu'à une ligne, descend, attrape le sac qu'il enfile et revient en sautillant aussi vite qu'il le peut à son point de départ. Tout l'art consiste à trouver le meilleur moyen de se déplacer en sac.

Le passage du gué : pas si facile, surtout si le poney s'écarte un peu ! Il est, bien sûr, interdit de prendre appui sur sa monture.

Chacun peut choisir sa technique, pourvu que le poney ne reçoive pas de chocs dans la bouche : il pourrait alors refuser d'avancer ou tirer de son côté !

Le slalom

Le cavalier zigzague entre des piquets aussi vite que possible. Il ne faut manquer aucun piquet sous peine de devoir faire demi-tour pour aller le repasser.

Si un piquet est renversé, le cavalier doit descendre et le remettre en place avant de poursuivre. Cette épreuve demande une bonne assiette et un poney équilibré.

Le jeu de la corde

Deux cavaliers partent ensemble en tenant chacun l'extrémité d'une corde. Ils doivent zigzaguer aussi vite que possible entre des piquets sans lâcher la corde. Cela signifie qu'ils savent diriger leur poney avec les deux rênes dans une main et qu'ils contrôlent bien son allure. Si l'un des deux partenaires lâche la corde, les deux cavaliers doivent revenir à l'endroit de la faute et recommencer.

BON À SAVOIR

Les pony-games sont en général pratiqués par classe d'âge. Cela donne à chacun ses chances de gagner. On distingue les jeux de vitesse, qui reposent essentiellement sur la rapidité, et les jeux d'adresse, où la dextérité du cavalier et l'agilité du cheval font toute la différence.

Pour jouer à saint Georges, jeu de ballons sur un dragon !

Sorrel

La course en sac : entraînez-vous à la maison avec des amis.

LE BON GESTE

Il n'est pas interdit de parler à son poney sur le terrain de jeu : aidez-vous de la voix pour ralentir, démarrer, rassurer, contrer.

Le jeu du facteur

Le cavalier se met à cheval en tenant un grand sac (souvent en bandoulière). Il slalome entre des piquets pour aller récupérer l'une des quatre lettres dispersées sur le terrain : elles peuvent, par exemple, être tenues en main par une personne, dans une boîte. Dès que la lettre est dans le sac, le concurrent galope jusqu'au départ et passe le sac à son coéquipier, qui s'élance pour la tournée suivante.

L'équipe gagnante est celle qui a ramassé le plus rapidement tout le courrier.

LES JEUX D'ADRESSE

Le jeu des fanions

Le cavalier, lancé au galop, doit attraper un fanion placé dans un seau et l'emporter jusqu'à un autre seau sans le lâcher. Une fois le fanion attrapé, le mieux est de le tenir droit, comme la lance d'un chevalier, pour pouvoir le placer rapidement et facilement dans le second seau.

Le jeu de la balle et du cône

Le cavalier doit attraper une balle placée sur un cône et aller la poser en équilibre sur un autre cône. Le problème consiste à aller vite tout en réussissant à ralentir suffisamment pour poser la balle en équilibre.

Le jeu de la balle et du seau

Le cavalier galope jusqu'au bout du terrain, descend pour prendre une balle, remonte et galope jusqu'à un seau dans lequel il jette la balle – sans qu'elle rebondisse hors du récipient. Ensuite, il part chercher une autre balle – il y en a quatre en tout. Si une balle tombe, le cavalier doit mettre pied à terre et la ramasser.

Le jeu des tasses

Le cavalier (en se penchant) prend tour à tour des tasses posées à portée de main et les dépose à l'envers sur des piquets. Là aussi, tout en allant vite, il faut pouvoir poser la tasse avec précision sans qu'elle tombe. Il existe différentes variantes de ce jeu.

Le jeu de la pyramide

Le cavalier ramasse des boîtes disposées sur un support, puis galope pour aller les empiler en pyramide sur un autre support. Si une boîte tombe, le cavalier doit mettre pied à terre et la ramasser. Les meilleurs cavaliers posent les boîtes en tournant court, au galop, autour du support. Cela demande une bonne maîtrise des aides de la direction, les deux rênes étant dans une main.

Le jeu des ballons

Le cavalier galope jusqu'à une extrémité du terrain pour saisir une canne de bambou munie d'une aiguille à l'un de ses bouts. Il revient ensuite sur la ligne centrale où des ballons sont fixés sur une planche. Le cavalier cherche à faire éclater tous les ballons. Le jeu des ballons se joue parfois par équipes, la canne passant de main en main au fur et à mesure que les ballons sont crevés.

Bob Langrish

Pas de victoire sans vitesse : cela « débloque » plus d'un cavalier !

Bob Langrish

Une variante du jeu des fanions : attraper et déposer un objet avec un bâton.

Pony-games : entraînement du cavalier

La préparation aux pony-games se fait principalement à travers la pratique des jeux au club. Un entraînement adéquat, à pied et à cheval, permet toutefois d'aborder les épreuves dans les meilleures conditions.

Kit Houghton

UNE BONNE GYMNASTIQUE

Sauter à cheval, attraper une balle au sol, galoper vite et courir à côté de son poney nécessitent un minimum d'entraînement, c'est-à-dire quelques exercices quotidiens !

LA SOUPLESSE AVANT TOUT

La souplesse est l'un des meilleurs atouts du joueur de pony-games. Que ce soit pour passer facilement la jambe par-dessus la croupe en sautant à cheval ou pour attraper une balle au sol, elle apporte à chaque geste une liberté et une étendue qui améliorent les performances du cavalier. Développer la souplesse ne demande qu'un peu d'exercice quotidien. Efforcez-vous de faire chaque jour quelques mouvements de gymnastique de base.

Vous pouvez prendre modèle sur la gymnastique pratiquée à l'école ou à la danse (échauffements, étirements) ou demander conseil à votre moniteur, qui est un éducateur sportif. Sachez que les assouplissements doivent toujours se faire en respirant bien et sans forcer. Une pratique quotidienne vous permettra de progresser rapidement. Tous les exercices de mise en selle sont destinés à vous muscler et à vous assouplir en vue d'améliorer votre assiette et votre aisance. Ne les bâclez pas.

UN BON SOUFFLE

De nombreuses épreuves font appel au souffle du cavalier : la course en sac par exemple. D'une manière générale, être en souffle et savoir bien respirer est une aide appréciable dans toutes les épreuves sportives. La pratique de l'équitation ne suffit pas à développer le souffle. Pour s'améliorer, il faut s'efforcer de consacrer un peu de temps à un autre sport : natation, vélo ou course à pied par exemple.

UN PEU D'ADRESSE

Les pony-games sollicitent constamment l'adresse et l'agilité du cavalier. La gymnas-

Bob Langrish

Souplesse et adresse, des qualités indispensables pour le cavalier de pony-games.

LE BON GESTE

Voici un exercice d'assouplissement qui décontracte tout le corps, améliore la respiration et étire en douceur les muscles du cou, du dos et des jambes. Pratiquez-le matin et soir, plusieurs fois de suite.

• Commencez par vous étirer doucement en tous sens, en bâillant et en respirant amplement.

• Debout, les pieds parallèles et joints, les bras le long du corps, inspirez.

• En soufflant, fléchissez lentement la colonne vertébrale, en commençant par la nuque. Gardez les bras relâchés. Descendez, en gardant les jambes tendues et en fléchissant une vertèbre après l'autre jusqu'à ce que vos mains touchent le sol. Ne forcez pas. Lorsque vous avez atteint la flexion maximum, continuez à garder vos bras et votre tête relâchés. Inspirez et soufflez lentement deux ou trois fois, puis remontez très doucement, en dépliant la colonne vertèbre par vertèbre à partir du bassin.

Pour ne pas perdre ses moyens, il faut avoir du souffle à revendre... surtout quand le rire vous vole le peu d'air qui vous restait !

Sorrel

tique, les jeux de balle et de ballon, la corde à sauter, le cerceau, la danse sont des activités qui développent l'adresse, l'équilibre et les capacités psychomotrices en général. Si vous pratiquez les pony-games en compétition, il faut naturellement vous entraîner spécifiquement pour les épreuves : lancer de balle, manipulation des piquets, des anneaux et des fanions, équilibre à pied et à cheval.

Sorrel

Les pony-games demandent au concurrent bien plus que de simples compétences de cavalier !

LA PRATIQUE À CHEVAL

On attend du cavalier de pony-games des connaissances un peu particulières, parfois plus proches de la voltige que de l'équitation classique. Entraînez-vous !

À TERRE, À CHEVAL : UN EXERCICE INDISPENSABLE

Le cavalier de pony-games doit impérativement savoir sauter à terre et à cheval en marche. C'est simple sur un poney shetland, cela se complique quand on passe au connemara. La pratique de la voltige vous apportera une aisance appréciable. Une bonne maîtrise de l'« à terre à cheval » peut faire gagner plusieurs minutes précieuses dans une épreuve.

UNE BONNE ASSIETTE

Descendre et monter, c'est bien, mais il faut aussi savoir tenir sur son cheval aux trois allures et se sentir à l'aise dans un galop rapide. Le travail sans étrier est une excellente préparation aux pony-games. Trot et galop sans étriers ainsi que cavalettis améliorent votre assiette et votre aisance.

MAÎTRISE ET DIRECTION

Savoir maîtriser la vitesse et la direction de son cheval s'apprend progressivement. Toutes les leçons d'équitation, qu'elles se déroulent en extérieur ou en manège, vous y préparent. Néanmoins, vous avez intérêt à vous entraîner spécifiquement pour certains exercices : départs et arrêts soudains, serpentines à allure vive, slaloms, déplacement latéral, conduite en main.

LE COIN DU PRO

Beaucoup de jeux demandent au cavalier qu'il sache contrôler son cheval aussi bien à pied que monté. Seul un poney bien éduqué obéit bien en main, encore faut-il que le cavalier « sache y faire ». Une question de pratique !

Sorrel

Tous les jeux à cheval développent l'assiette, l'assurance et l'adresse du cavalier.

Bob Langrish

Pony-games : entraînement du poney

Pour bien se préparer aux pony-games, il faut faire travailler la tête autant que les jambes. L'entraînement de votre poney n'est pas seulement une question de gymnastique, c'est aussi une question d'éducation.

Sorrel

UN ENTRAÎNEMENT BIEN PENSÉ

Pour se prêter de bon cœur aux pony-games sans risquer de se faire mal, votre poney doit être en souffle, musclé et souple.

MISE EN SOUFFLE ET MISE EN MUSCLE

Votre poney doit être en bonne forme physique pour participer à des pony-games. S'il travaille quotidiennement, s'il va régulièrement en extérieur en terrain varié, il possède en principe la force et le souffle nécessaires pour les épreuves de base. En revanche, s'il vient du pré ou s'il est en travail modéré, vous devez progressivement améliorer sa forme avant de l'engager dans un jeu.

LE COIN DU PRO

Les exercices d'assouplissements se pratiquent aux trois allures. Augmentez progressivement la difficulté et ne travaillez jamais plus de dix minutes d'affilée sans accorder une récréation rênes longues pour que votre poney puisse se décontracter.

BON À SAVOIR

Les poneys ont un tempérament convenant plus ou moins bien aux jeux équestres. Un poney craintif ou ombrageux risque de ne jamais s'y faire. Un poney particulièrement mou ne participera jamais avec énergie. Un poney agressif est dangereux pour vous et pour les autres concurrents.

RECOMMENCER À ZÉRO

Commencez en douceur : les deux premières semaines, contentez-vous de promenades au pas, dont vous augmenterez la durée jusqu'à deux heures. La deuxième semaine, emmenez votre poney en terrain varié. Ensuite, introduisez des périodes de

Sorrel

Pour la mise en souffle et en muscle, rien de tel que le terrain varié au pas.

Kit Houghton

Avant de brandir de la sorte une lance, prenez soin d'habituer progressivement votre poney.

LE BON GESTE

Vous devez apprendre à votre poney à marcher et à courir en main. Pendant les jeux, il doit être capable de marcher à côté de vous sans que son épaule vous dépasse et sans que vous ayez à le tirer par la bride. Utilisez la voix et les appels de langue pour le guider.

trot dont vous augmenterez petit à petit la durée. À la fin de la quatrième semaine, vous pouvez commencer à galoper. Après cinq semaines de mise en forme en extérieur, le poney aura acquis suffisamment de force et de souffle pour aborder un travail véritable : une ou deux heures en extérieur au pas et au trot, en terrain varié, avec de petits temps de galop, ou une heure en extérieur et une heure de travail sur le plat : assouplissements, transitions, instruction, etc.

Sorrel

Cette passerelle de bois ne présente pas d'autres difficultés que le bruit qu'elle fait lorsque le poney marche dessus.

SOUPLESSE ET ÉQUILIBRE

Ces deux qualités permettent au poney de tourner rapidement et facilement – pour se faufiler entre des piquets de slalom, par exemple –, mais aussi de passer aisément d'une allure à l'autre, de s'arrêter ou de démarrer brusquement comme de compenser les déplacements parfois importants de son cavalier.

En travaillant la souplesse, on travaille l'équilibre. Les exercices doivent assouplir le poney latéralement et longitudinalement. Pour les assouplissements latéraux, travaillez sur des cercles, des demi-voltes, des serpentines, en rêne d'ouverture et en rêne contraire. Pour les assouplissements longitudinaux, travaillez les transitions d'une allure à l'autre, les arrêts, le reculer.

ÉDUQUER SON PONEY

Pour bien jouer et, encore plus, pour gagner, vous devez obtenir la pleine coopération de votre monture.

ACCOUTUMANCE

Il faut tout d'abord permettre au poney de se familiariser avec le matériel employé au cours des différentes épreuves.

Disposez dans le manège des fanions, des plots, des seaux. Amenez le poney en main et laissez-le approcher à son rythme de ces objets pour lui déconcertants. Lorsqu'il ne donne plus de signes d'inquiétude, déplacez les objets de plus en plus bruyamment. Par exemple, prenez un fanion en main, approchez-le de son nez pour qu'il le flaire, puis, lorsqu'il n'en a plus peur, posez-le contre son épaule, bougez-le près de son corps. Rassurez votre compagnon de la voix. En quelques séances, il sera pleinement accoutumé.

Ne franchissez pas de nouvelle étape tant que le poney n'est pas parfaitement calme.

LE TRAVAIL MONTÉ

Ensuite, vous devez aborder le même travail en montant votre poney. Faites-vous aider par votre moniteur ou par une personne compétente qui tiendra le poney en main si nécessaire.

Miriski/Cogis

Pour compenser les déplacements brusques de son cavalier, le poney doit posséder un équilibre à toute épreuve.

Peu à peu, accoutumez ainsi votre compagnon aux différentes difficultés : sacs bruissants, ballons qui éclatent, piquets brandis. Récompensez-le toujours abondamment quand il se comporte bien, et efforcez-vous de garder à l'esprit que tout cela doit finir par être amusant pour lui aussi.

LES DÉPLACEMENTS EN SELLE

Vous devez également préparer votre poney à vos déplacements dans la selle. Commencez à l'arrêt, le cheval étant tenu. Penchez-vous à droite et à gauche en faisant mine d'attraper quelque chose loin devant vous, loin derrière vous, vers les côtés, vers le sol. Habituez le cheval à voir votre main s'agiter en tous sens sans broncher. Travaillez ensuite au pas et au trot, si possible en longe. Lorsque le poney semble bien accepter vos mouvements, accentuez-les et accélérez-les.

GROS PLAN

La voix, une aide si utile

Vos mains étant souvent occupées à toutes sortes de tâches (tenir un fanion, attraper une balle, etc.), vos jambes se déplaçant parfois de façon peu académique, utilisez la voix pour donner des indications à votre poney, pour le stimuler, l'encourager, le canaliser.

Introduction au polo

On dit que le polo est « le sport des rois et le roi des sports ». Ce jeu passionnant, tant à regarder qu'à pratiquer, est l'une des activités équestres les plus anciennes encore pratiquées de nos jours.

Bob Langrish

LE POLO : UNE SORTE DE « HOCKEY À CHEVAL »

Le polo est un jeu passionnant, mais qui exige des moyens financiers importants – ce qui explique qu'il soit resté l'affaire d'une élite.

UN JEU GALOPANT

En quoi consiste le polo, dont le prince Charles d'Angleterre, comme bien d'autres, est passionné ? Deux équipes de quatre cavaliers tentent de pousser, avec des maillets à long manche, une balle de bois dans les buts adverses. Le polo est un des jeux les plus rapides du monde. Les chevaux galopent sans cesse derrière la balle. Mais, ce qui est sans doute le plus éprouvant pour eux, ce sont les multiples arrêts qui leur sont imposés, suivis de redémarrages brutaux avec changements de direction. Évidemment, il est impossible de leur demander de tels efforts sur un laps de temps prolongé. C'est pourquoi un match de polo est divisé en un certain nombre de périodes, qui ne durent que quelques minutes. Les joueurs profitent des interruptions de jeu pour changer de monture.

LE BON GESTE

L'usage du maillet ne s'apprend pas en un jour et n'est pas sans danger, pour les chevaux et pour les cavaliers. Ici les joueurs s'entraînent sur des chevaux de bois.

Kit Houghton

LA PLANÈTE ET LE POLO

Où joue-t-on au polo ? En Angleterre, bien sûr, puisque c'est le pays qui en a lancé la mode. Mais on le pratique également dans d'autres pays d'Europe. Les États-Unis possèdent d'excellentes équipes depuis le début du XXe siècle. Quant à l'Argentine, grâce à la qualité de ses élevages et au talent de ses joueurs, elle occupe la place de numéro un mondial du polo. Dans les années 1990, ce pays comptait quelque 5000 joueurs, dont la moitié des « ténors » internationaux. Les supporters ne manquent pas à ces champions car, en Argentine, le polo est presque aussi populaire que le football.

Les dérivés du polo

Pour rendre la pratique de ce sport accessible au plus grand nombre, on en a inventé des dérivés. En Europe on joue au « paddock-polo », sur un terrain de dimensions plus exiguës, avec trois joueurs par équipe qui se disputent une balle plus grosse que celle du polo. Le « junior-polo » est destiné aux jeunes cavaliers montés sur des poneys de petite taille. L'« indoor-polo » se pratique en manège. Et, en Australie, on joue au « polo-cross », avec une balle en caoutchouc et une sorte de raquette à long manche. Le « jeu des rois » peut donc être celui de tous !

Durant la partie, le cheval porte des bandes de polo qui protègent ses membres de blessures éventuelles (coups de maillet, de balle, rencontre brutale avec d'autres joueurs) et qui soutiennent ses tendons soumis à rude épreuve. Elles sont aux couleurs de l'équipe.

Kit Houghton

Kit Houghton

En Angleterre, les enfants pratiquent couramment le polo sur poney – quand leur famille peut se permettre les frais inhérents à ce sport. Sans viser la compétition, on peut jouer à l'entraînement à moindre coût.

Bob Langrish

Le marquage consiste à pousser le cheval de son adversaire avec le sien. Un règlement rigoureux tente de limiter la brutalité des interventions, mais les accidents, graves pour le cavalier ou le cheval, ne sont pas rares.

CHEVAUX, ÉQUIPEMENT ET À-CÔTÉS

Un joueur de polo a besoin d'un équipement bien particulier qui n'est pas bon marché. De plus, ce n'est pas un cheval qu'il lui faut, mais cinq, six ou plus, afin qu'il puisse changer de monture aussi souvent que nécessaire au cours des matches.

Et un bon « poney » de polo vaut souvent une petite fortune.

Pour gagner les terrains de jeu, parfois très éloignés de l'écurie, il faut au joueur un camion, capable de transporter son piquet de chevaux au complet. Et, pour échauffer les montures avant qu'elles n'entrent en jeu, pour les seller et leur donner tous les soins nécessaires, notre homme a besoin d'un groom sérieux et qualifié. Tout cela n'est pas à la portée du premier venu et explique que le polo soit réservé à une élite.

LES RÈGLES DU JEU

Très rapide, le polo exige du cheval une grande réactivité et une réelle capacité d'anticipation du cavalier.

QUELQUES MESURES

Le polo se joue sur un terrain de 275 x 180 m : une bagatelle ! Les joueurs cherchent à envoyer la balle en bois de saule, de 8 cm de diamètre, dans les buts de l'adversaire : 7,30 m de large sur 3 m de haut. On peut tirer de loin ! Les quatre joueurs de l'équipe se répartissent ainsi : deux avants, un centre et un arrière.

LES CHUKKAS

Le match dure un peu moins de 1 h. Il est divisé en périodes de 7 min 30, appelées chukkas. À chaque reprise, les joueurs changent de cheval ; celui-ci fournit des efforts intenses, et il n'est donc pas autorisé à jouer plus de deux chukkas par match.

MARQUAGE ET AUTRES RÈGLES

Le marquage consiste à pousser la monture de son adversaire avec la sienne – dans le but de reprendre la balle ou de faire manquer un coup. Toutefois, il existe une distinction entre « marquer » et « bousculer ». Il est interdit de bousculer délibérément un cheval, de marquer selon un angle supérieur à 45°, de zigzaguer devant un adversaire ou de lui couper la route.

Des règles précises définissent des priorités de passage auxquelles il ne faut jamais déroger.

Les joueurs ont le droit d'accrocher le maillet d'un adversaire avec le leur ou de l'empêcher de frapper en interposant leur maillet.

En revanche, un usage « impropre » du maillet (menace contre un autre cavalier ou un cheval par exemple) est sanctionnée.

> **LE SAVIEZ-VOUS ?**
> **Des Indiens aux Anglais**
>
> C'est dans l'état du Manipur, aux Indes, que les Anglais découvrirent le polo au XIXe siècle. Les Indiens y jouaient depuis des siècles.
>
> Les officiers britanniques furent immédiatement séduits par ce jeu et importèrent leur découverte dans leur pays. Les première règles du jeu furent publiées en Angleterre, en 1869. L'année suivante, toujours en Angleterre, se disputa le premier tournoi public européen de polo.

Arrêts soudains et demi-tours sur place, démarrages foudroyants : le cheval de polo doit réagir au quart de tour. La délicatesse n'est pas forcément de la partie.

Bob Langrish

Déroulement d'un match de polo

Pour disputer un match de polo, deux équipes à cheval doivent s'affronter sur le terrain. Pour gagner, il faut marquer davantage de points que l'adversaire. Mais, attention : le règlement condamne les actions dangereuses ou brutales.

Bob Langrish

JEU, ORGANISATION, RÈGLES

Une rencontre de polo comporte plusieurs périodes, durant lesquelles il faut observer les règles du jeu à la lettre et se plier à l'arbitrage.

BUT DU JEU ET STRATÉGIE

Un match de polo se joue entre deux équipes de quatre joueurs chacune (deux attaquants, un milieu de terrain et un défenseur) sur une surface nivelée recouverte d'herbe rase. L'objectif du jeu est de faire pénétrer la balle dans les buts de l'équipe adverse en la frappant à cheval au moyen d'un maillet tenu dans la main droite. Aucun joueur ne doit couper la ligne de la balle. Les points sont donnés par les buts inscrits, le décompte des handicaps et la transformation des pénalités. À la fin de la partie, l'équipe victorieuse doit avoir marqué un nombre de points supérieur à celui de l'équipe perdante au cours des huit, voire des dix chukkers – périodes de 7,30 mn chacune. Rappelons que la partie est coupée d'une mi-temps de trois à cinq minutes, accordée aux joueurs pour changer de monture. L'arbitrage tient compte d'autres critères de jugement dans le score final : un jeu franc, des chevaux préservés, rapides et maniables, font monter la cote.

Bob Langrish

Attention, tous les coups ne sont pas permis ! Toute brutalité étant sanctionnée, mieux vaut savoir manipuler son maillet avec dextérité et précision.

DES PHASES DE JEU SUCCESSIVES

Avant de commencer la partie, l'un des arbitres effectue le tirage au sort, en présence de deux capitaines, afin de déterminer la position des équipes sur le terrain. La partie peut ensuite commencer. Les deux équipes prennent place au centre du terrain, face à face, de part et d'autre de la ligne médiane. Les montures restent immobiles, au minimum à cinq mètres de l'arbitre qui se tient sur la ligne médiane. Ce dernier envoie la balle vers le sol, parallèlement aux lignes de fond, entre les deux équipes. On entre alors dans le vif de l'action. Si un joueur réussit à marquer un but,

Bob Langrish

La balle est âprement disputée.

LE COIN DU PRO

Un match triangulaire dit « à l'américaine » se dispute en trois parties de deux périodes au minimum.

Bob Langrish

Il faut placer la balle entre les deux poteaux qui matérialisent les buts de l'adversaire. Signalons, pour les profanes, qu'au polo, il n'y a pas de gardiens : c'est en détournant le joueur de son objectif ou en lui prenant la balle qu'on l'empêche de marquer.

Bob Langrish

Chaque joueur dispose de plusieurs chevaux. Il en change à chaque période et, si le cas se présente, lorsque le cheval est blessé.

BON À SAVOIR

La cloche indique le moment précis de début ou de reprise du jeu. Le sifflet signale la fin de période.

il faut procéder à une remise en jeu dans la zone de dégagement. À la fin de chaque période, les équipes changent de côté et le match recommence aussitôt.

RESPECT DU RÈGLEMENT

Au polo, on va vite et on frappe fort : le moindre débordement est dangereux.

LES DIFFÉRENTES INTERDICTIONS

Le règlement, très strict, a pour but, en particulier, d'empêcher tout débordement dangereux. Deux arbitres à cheval veillent à sa juste application. Les manquements entraînent des pénalités. Un joueur, notamment, ne doit pas provoquer de collision ; il ne doit, en outre, ni couper la route à un rival, ni zigzaguer devant lui ou le heurter. Il est également interdit d'agripper le maillet d'un adversaire.

BON À SAVOIR

Les organisateurs de tournois attribuent un handicap à chaque joueur (de –1 à +10) afin que les équipes qui se rencontrent sur le terrain soient de force équivalente.

Bob Langrish

Les quatre joueurs se placent face à l'équipe adverse.

AUTRES POINTS MAJEURS

Le cavalier de polo doit, bien sûr, rester en selle et être toujours en mesure de frapper la balle et de prendre part au jeu. Notons aussi qu'il est possible de procéder à des remplacements à la fin de chaque période et à tout instant si un joueur est incapable de finir la partie à la suite d'un choc, d'un malaise, etc.

INTERRUPTIONS DE JEU

Maintes circonstances peuvent pousser l'arbitre à interrompre le jeu. Exemples : un joueur perd son casque, le cavalier ou sa monture tombent et se blessent, la balle se retrouve dans une position neutre ou coincée dans l'équipement du cheval voire du cavalier ; le temps se couvre, les conditions climatiques s'avèrent défavorables à la poursuite de la partie.

LE SAVIEZ-VOUS ?

Un match ne peut se dérouler sans la présence d'un chronométreur et d'un marqueur officiels nommés par les organisateurs du tournoi.

Le chronométreur, chargé du signal sonore, contrôle la durée de jeu effective durant les périodes et vérifie le temps mis par chaque joueur pour changer de monture.

Le marqueur s'occupe, quant à lui, du tableau d'affichage, du relevé des erreurs commises par chaque équipe et de la feuille de score.

Les qualités du cheval de polo

Le cheval qu'on destine au polo doit posséder certaines aptitudes sans lesquelles il se montrera peu performant sur le terrain. Agilité, rapidité, résistance et endurance, voilà les premières qualités dont il doit faire montre.

Kit Houghton

BON À SAVOIR

Le règlement officiel du polo n'exclut aucune race. Toutefois, certains animaux ne sont pas admis à jouer : les chevaux borgnes, les sujets agressifs ayant tendance à ruer ou à mordre ou qui ont un vice dangereux. De plus, l'arbitre peut renvoyer au box toute monture incontrôlable – ou incontrôlée.

ATTENTION, DANGER !

Il faut être bon cavalier pour s'adonner au polo. Même lorsque le cheval est équipé de protections, le moindre coup de maillet peut lui occasionner une blessure. Une fracture est vite arrivée !

UN CHEVAL ADROIT, RAPIDE ET COMPÉTENT

Jeu rapide par excellence, le polo demande vitesse, souplesse et vigueur. Pour avoir des chances de réussir, un cheval doit être robuste, habile, plutôt petit.

SES QUALITÉS PRINCIPALES

Les qualités du cheval de polo viennent de ses particularités physiques. Ses épaules musclées, son garrot prononcé, sa puissante arrière-main qu'on peut comparer à celle du quarter-horse, ses jarrets et ses pieds solides, ses membres nets lui donnent une grande souplesse et une grande maniabilité. Il est capable d'effectuer des départs au galop très rapides, de stopper brusquement, de tourner incroyablement court tout en gardant son équilibre. Vif et calme à la fois, il possède une résistance et une bravoure à toute épreuve, qui lui permettent de bien supporter l'impétuosité du jeu. Les gesticulations de son cavalier, les coups de maillet accidentels ou les heurts entre montures ne doivent pas le gêner outre mesure. Bien qu'il soit parfois un peu malmené, il ne montre aucun signe d'agressivité et n'adopte pas de comportements violents.

Bob Langrish

Intelligence et vivacité sont des qualités indispensables. Ci-dessus, un poney de polo argentin.

DES MONTURES DE POLO IDÉALES

Les cavaliers de polo préfèrent en général des montures qui, comme les petits pur-sang utilisés, au début, pour ce sport, mesurent entre 1,50 m et 1,65 m au garrot.

Ce sont d'ailleurs ceux-là qui se distinguent encore aujourd'hui sur les terrains. Vifs et habiles, les pur-sang sélectionnés et élevés pour le polo sont capables de belles accélérations et de démarrages fulgurants. Mais les montures les plus recherchées sont, bien sûr, les fameux poneys argentins, qui possèdent

Le cheval de polo est forcément un excellent galopeur pourvu d'un bon souffle : c'est cela que les éleveurs recherchent d'abord (ici à l'Estancia Escondida, en Argentine).

Kit Houghton

Kit Houghton

Le cheval de polo ne craint pas le maillet, accepte d'être rudement traité pendant le match, sait surveiller la balle et se placer par rapport à elle. Un dur métier, qui en laisse plus d'un sur le carreau avant l'âge de la retraite.

toutes les qualités nécessaires à l'exercice du polo. Très recherchés en Argentine, ils le sont de plus en plus, aussi, dans tous les pays où ce sport est pratiqué. Ils résultent d'un savant métissage entre le criollo (cheval rustique de la Pampa) et le pur-sang anglais – ce qui donne un cheval élégant et rapide, plus résistant que le pur-sang au physique comme au mental.

LE SAVIEZ-VOUS ?

Aussi accompli soit-il, aucun cheval de polo ne peut, lors d'un match, participer à plus d'une ou deux périodes de jeu. Il dépense beaucoup trop d'énergie pour pouvoir tenir toute une partie. Chaque joueur « fatigue » trois ou quatre chevaux par match. On comprend pourquoi ce sport revient si cher…

Kit Houghton

GROS PLAN

Pour préserver les qualités de son cheval – qui est un partenaire plus qu'une monture –, le joueur doit le monter avec finesse et ne pas le rudoyer. Il doit apprendre à le mener sur des rênes plutôt longues à l'aide de sa seule main gauche – sa main droite tenant le maillet. Enfin, il doit savoir manipuler son maillet sans blesser son cheval ! Cet apprentissage, évidemment, ne se fait pas en un jour.

Kit Houghton

LE BON DRESSAGE

Il faut un dressage de deux ans pour donner les bases de sa formation à un cheval destiné au polo. L'animal révélera alors sa vraie valeur.

LUI ENSEIGNER LES BONS PRINCIPES

Le dressage du poney de polo passe par un apprentissage classique. Ensuite, il doit être progressivement accoutumé aux diverses nécessité du jeu – actions parfois violentes, déplacements brusques et rapides, etc. Éduqué correctement, il obéit dans l'instant aux indications de son cavalier – qui emploie beaucoup la voix. Une fois correctement entraîné, il doit être capable de participer à un match sans chercher à fuir à la première occasion.

UN MODÈLE

Le cheval de polo modèle a un caractère bien trempé. Maillets et balles ne l'effraient pas et, même lorsqu'un coup le frôle, il n'entre pas en défense. Il effectue sans problème les soudains changements de direction demandés par un déplacement d'assiette du joueur. Au moment opportun, il sait galoper de façon soutenue sans prendre la main de son cavalier.

Polo : équipement et entraînement

Le polo est une discipline plutôt physique, mais qui tient à sauvegarder les apparences. Le joueur, avant d'entrer sur le terrain, revêt donc une tenue aussi élégante que protectrice. Les chevaux ont, eux aussi, une tenue de jeu.

Kit Houghton

ÉQUIPEMENT SPÉCIAL DE RIGUEUR

Pour s'adonner au polo, le joueur et sa monture doivent porter un équipement spécial.

L'UNIFORME DU JOUEUR

Tout comme les cavaliers de saut d'obstacles ou de dressage, le cavalier de polo doit porter un casque aux normes européennes, pourvu d'une jugulaire, qui protégera sa tête et sa nuque en cas de chute et de coup brusque entre adversaires, notamment au marquage. Ses mains et ses genoux, parties exposées aux lésions, sont cuirassées de gants de cuir et de genouillères rembourrées. La tenue réglementaire comporte en outre une (voire deux, pour se changer) chemise polo aux couleurs de l'équipe, une culotte ou un jean blanc et des bottes en cuir marron.

Une paire d'éperons à bout arrondi, sans parties piquantes ou tranchantes ni molettes dentelées, complète la tenue.

Kit Houghton

Le manche du maillet a une longueur de 1,30 m. Pour apprendre à s'en servir, mieux vaut s'exercer d'abord sur un cheval de bois...

LE SAVIEZ-VOUS ?

La balle de polo, en bois, doit être remplacée une vingtaine de fois par match !

Kit Houghton

Kit Houghton

... puis à cheval, mais seul, afin d'éviter les risques !

UN HARNACHEMENT APPROPRIÉ

Le cheval est, lui aussi, exposé aux coups. Pour protéger ses membres, les cavaliers de polo optent en général pour les bandes – de polo, bien sûr – plutôt que pour les guêtres.

GROS PLAN

Les bandes de polo permettent de soutenir les tendons et les articulations et, en même temps, de les préserver des coups de maillet. On voit de plus en plus sur les terrains des guêtres intégrales en néoprène, couvrantes et très protectrices.

Kit Houghton

Les crinières sont rasées et les queues attachées afin que les crins ne se prennent pas dans les maillets, les mains, le harnachement, etc.

BON À SAVOIR

Jouer au polo coûte cher. Il faut pouvoir entretenir une écurie de quatre montures au minimum (six pour les joueurs de niveau international), posséder un équipement conforme pour sa cavalerie et soi-même, régler les frais de transport lors des sorties en compétition.

On utilise en polo une selle anglaise. Les chevaux sont le plus souvent harnachés avec des embouchures sévères renforcées par des enrênements contraignants : une bride et une martingale fixe ou un mors releveur et des rênes allemandes.

UN MATÉRIEL BIEN CALIBRÉ

Le polo se pratique généralement sur herbe rase. Deux buts occupent la limite du terrain long de 275 m et large de 145 m. Chaque joueur se sert d'un maillet de bambou long de 1,30 m pour frapper une balle ronde et blanche, en bois, de 8,5 cm de diamètre, pesant environ 125 g.

En indoor-polo, lequel se joue dans un manège ou un hall couvert, la balle est en caoutchouc ; pour le paddock-polo, qui se pratique dans un pré, une carrière ou un stade de 115 m sur 55 m, elle est en cuir.

ENTRAÎNEMENT ET APTITUDES

Avant de participer à un match, chaque équipe doit s'entraîner. Courage, force, esprit de groupe, détermination et préparation physique entrent en jeu.

UN JEU SAISONNIER

Il est possible de jouer au polo dans une cinquantaine de pays répartis aux quatre coins du globe.

Ce sport de contact, où, néanmoins, on ne prise pas la violence, se pratique de préférence aux beaux jours – environ six mois par an en Europe.

L'hiver, on joue beaucoup moins. Quelques matchs occasionnels restent programmés à Megève, en France, ou à Saint-Moritz, en Suisse, sur terrain enneigé.

Afin d'éviter glissades et accidents, les pieds des chevaux sont munis de ferrures spéciales et de crampons à tête carrée.

LE COIN DU PRO

L'arbitre porte une tenue semblable à celle du joueur, mais endosse une chemise à rayures noires et blanches. Sa panoplie est complétée par un sifflet et une sacoche de balles neuves. Le chronométreur est pourvu d'une cloche, le marqueur d'un marquoir et d'une feuille de score officielle, les juges de but d'un drapeau.

COMBIEN ÇA COÛTE ?

Si vous souhaitez vous initier au polo, sachez qu'une heure de cours coûte entre 45 € et 60 €.

Au Polo Club de Chantilly (60), les adhérents non propriétaires ont la possibilité, pour s'entraîner, de louer des chevaux.

UNE PRÉPARATION NÉCESSAIRE

Avant de se lancer dans la compétition, de participer à des tournois de club destinés aux joueurs débutants ou confirmés, il importe de faire travailler sa cavalerie régulièrement en manège et à l'extérieur : trottings, galops soutenus, heure de dressage hebdomadaire, exercices de mise en condition.

Mieux vaut que le cheval soit « bien dans sa tête », solide dans son dos et ses jarrets, très souple et véloce !

Bien entendu, le joueur de polo doit aussi être initié à cette activité équestre de groupe où entente et confiance priment.

Cavalier éclairé, ayant acquis une excellente assiette, il poursuit quotidiennement son entraînement.

Habile, robuste, endurant, vaillant et pondéré, il conserve sa forme physique grâce à une parfaite mise en souffle.

Selon son tempérament, il trouvera sa place en défense ou en attaque.

ATTENTION, DANGER !

Pensez à bien équiper votre monture de polo. Les œillères sont proscrites. Seuls les crampons fixes ou démontables de 1,3 cm ou moins, placés au talon des fers, sont tolérés.
Les bandes ou guêtres sont vivement conseillées, voire obligatoires au sein de certaines fédérations comme l'Union des Polos de France.

Le cheval de horse-ball

Volontaire mais gentil, solide et puissant, rapide et agile : le cheval de horse-ball est un partenaire plein de qualités qui joue un rôle fondamental lors des matchs. Ne l'intégrez pas à l'équipe si vous n'êtes pas sûr de lui.

Bob Langrish

UN PARTENAIRE AGILE ET COMPLAISANT

La monture de horse-ball n'est souvent rien d'autre, pour les amateurs, qu'un cheval d'instruction vif et complaisant.

FORMER UN COUPLE

On fait généralement ses premières parties de horse-ball au club, pour s'amuser et se décontracter à cheval. On s'adapte alors au cheval d'instruction dont on dispose.

Si la pratique du horse-ball devient régulière, le moniteur ou l'entraîneur s'efforce en général de former des couples. Il associe cheval et cavalier en fonction de leurs capacités et de leur tempérament. On ne peut jouer correctement si on ne fait pas équipe avec sa monture.

Sorrel

Échauffement des joueurs en groupe avec les balles : indispensable pour les chevaux comme pour les cavaliers.

POUR CEUX QUI DÉBUTENT

Le horse-ball nécessite souvent des déplacements importants du cavalier, des tournants brusques et des arrêts soudains. L'équitation d'un cavalier peu expérimenté peut alors devenir désordonnée et brutale. Seul un cheval plein de sang-froid, peu sensible – et philosophe ! – acceptera ces traitements peu délicats sans s'affoler. Ce n'est qu'ensuite, lorsque le cavalier s'aguerrit et devient capable de jouer sans faire « payer » à son cheval ses déséquilibres, ses hésitations et ses maladresses, qu'on pourra lui confier un animal plus vif, plus agile, plus réactif.

À PLUS HAUT NIVEAU

À plus haut niveau, les cavaliers qui jouent régulièrement et, a fortiori, professionnellement préfèrent avoir leur propre cheval, qu'ils dressent et qu'ils entraînent selon l'idée qu'ils se font des exigences de leur sport. Le choix de ce partenaire de jeu repose en partie sur des critères personnels – taille, poids, adresse et tempérament du cavalier, technique de jeu – mais certaines qualités générales doivent être systématiquement recherchées.

LE PHYSIQUE DE L'EMPLOI

Le cheval de horse-ball doit être capable d'aller très vite. Le terrain de jeu n'étant pas très grand (25 m x 65 m), cela signifie qu'il doit être capable d'effectuer des accélérations foudroyantes, de s'arrêter quasi instantanément et de tourner dans un

BON À SAVOIR

On peut regretter que les cavaliers de horse-ball ne prennent pas davantage modèle sur l'équitation western. Une monte « à l'assiette », avec des rênes longues, ainsi qu'un cheval capable d'autonomie, seraient plus adaptée que les « tirés-poussés » assez brutaux, très durs pour la bouche des montures, qui sont monnaie courante sur les terrains de horse-ball.

Pour commencer, rien de tel qu'un bon cheval d'instruction, sociable et complaisant.

Bob Langrish

mouchoir de poche. Il est certain qu'un cheval plutôt petit, équilibré, léger et vif, avec une arrière-main puissante, sera plus à l'aise dans cette activité qu'un animal grand et un peu lourd. Le cheval de horse-ball doit aussi être endurant car, si les périodes ne durent que 10 min, pendant ces 10 min il ne s'arrête pratiquement pas.

Choisissez un cheval ayant des membres solides, plutôt secs, et des articulations larges et saines. Tendons et ligaments sont sérieusement sollicités pendant le match ! Enfin, la monture de horse-ball doit avoir un dos à toute épreuve : pas de dos long, de rein étroit ou mal attaché.

ENTRAÎNER UN CHEVAL DE HORSE-BALL

Le cheval de horse-ball est avant tout une monture aux ordres, souple et rapide.

TRAVAILLER LE SOUFFLE ET LA PUISSANCE

Comme tous les chevaux de sport, le cheval de horse-ball doit bénéficier d'un entraînement de base qui lui permette d'acquérir force, souplesse et souffle.

Sorrel

Emmenez-le quotidiennement en extérieur et faites beaucoup de travail en terrain varié au pas pour renforcer les articulations et la musculature tout en développant les capacités pulmonaires et cardiaques.

LE COIN DU PRO
Le mental

Quoi qu'en disent les amateurs de ce jeu, les chevaux de horse-ball ne sont guère épargnés et l'équitation des joueurs est rarement d'une grande finesse. Un cheval de horse-ball ne doit surtout pas être un animal susceptible et difficile. Il doit avoir beaucoup de cœur et de volonté – évitez cependant les animaux têtus. Le cheval doit évidemment être assez sociable pour accepter les contacts durant le jeu sans se montrer agressif. Un animal craintif n'est pas non plus indiqué car la brutalité des matchs risque de l'affoler. Bref : il vous faut un cheval vif mais débonnaire, réactif mais pas trop sensible, d'une grande gentillesse mais qui « en veut ».

Lorsque le cheval est suffisamment en souffle, vous pouvez aborder des canters d'abord assez brefs, puis prolongés, avec de courtes accélérations.

GROS PLAN

Le cheval de horse-ball doit pouvoir tourner dans un mouchoir de poche, faire des démarrages foudroyants, s'arrêter en quelques mètres et... accepter de bon gré les manipulations pas toujours délicates durant le match !

Sorrel

SUR LE PLAT

Votre partenaire de jeu doit acquérir un grand équilibre et une parfaite agilité. À cette fin, le travail sur le plat à l'entraînement doit comporter beaucoup d'assouplissements latéraux – cercles, serpentines, demi-tours sur les épaules et sur les hanches, changements de pied au galop. Travaillez aussi beaucoup les transitions et, quand le cheval a acquis la musculature nécessaire, demandez des arrêts depuis le galop et des départs au galop depuis l'arrêt.

LE TRAVAIL À LA BALLE

Une partie de l'entraînement se fait avec la balle. Le cavalier a besoin de travailler sa technique – ramassage, lancer, changement de main, etc. – et le cheval profite de ces exercices pour développer son sens de la balle et améliorer son équilibre lors des déplacements du cavalier.

Un entraînement régulier en équipe est indispensable pour que le cheval se comporte de façon adéquate lors des matchs.

Le monde des courses

L'engouement pour les courses de chevaux est mondial. Mais le monde des courses, hélas, n'est pas animé par les seuls amoureux du cheval. L'appât du gain et l'attrait du jeu laissent souvent dans l'ombre l'intérêt du cheval.

Sorrel

À CHAQUE PAYS SES COURSES

Chaque soir, on peut voir à la télévision l'arrivée des grandes courses disputées dans la journée. Mais cela ne représente pas un échantillonnage complet de tous les types de courses, car ces épreuves varient selon les saisons, mais aussi en fonction des pays.

LES COURSES AUTOUR DU MONDE

On fait courir des chevaux dans une quantité de pays à travers le monde. En Australie comme en Irlande, en Argentine comme aux États-Unis ou en Angleterre.

A Panama, le climat n'est pas propice à l'élevage des fragiles pur-sang : on en importe régulièrement par avions-cargos. Dans la minuscule enclave de Hong-Kong, c'est la place qui manque pour élever des chevaux et les nourrir.

Qu'à cela ne tienne ! On fait venir d'outremer des coursiers, plus le grain et le fourrage qui leur sont nécessaires !

LE GALOP

Les premières courses organisées ont été celles de galop, au XVIIIe siècle, en Angleterre. À l'origine, elles avaient pour but de sélectionner des chevaux rapides et endurants, susceptibles de satisfaire au service de la poste ou de l'armée. Mais, assez rapidement, elles ont eu pour principal objectif d'amuser le public et les parieurs.

Aujourd'hui, les courses de galop sont les plus nombreuses. En France, leur saison s'étend de la fin mars au début novembre.

Les courses sur neige à Saint-Moritz sont un des grands spectacles de l'hiver. Couvrez-vous bien !

Bob Langrish

LE SAVIEZ-VOUS ?
Un secteur riche en emplois

La carrière des chevaux de course commence dans les élevages, qui emploient de nombreuses personnes, depuis l'éleveur lui-même jusqu'aux grooms. Les poulains qui en sortent travaillent ensuite dans des écuries spécialisées, sous la direction d'un entraîneur. Les écuries de courses emploient elles aussi lads, palefreniers, conducteurs de van, etc. Et bien sûr jockeys ou drivers, de l'apprenti au champion, qui montent ou drivent les chevaux à l'entraînement et en course.

Il faut aussi compter tous les emplois que créent l'administration des courses, l'entretien des hippodromes, l'organisation des ventes, etc. Des milliers de personnes !

LE STEEPLE-CHASE

En anglais, cette appellation signifie « course vers le clocher ». En effet, dans les premières courses de ce type, il y a deux siècles, les cavaliers partaient du même endroit et devaient rejoindre un clocher visible au loin, en contournant les obstacles ou... en les sautant ! De nos jours, la plupart des steeple-chases se déroulent sur des hip-

Les courses d'obstacles sont terriblement difficiles. Le nombre d'accidents y est scandaleusement élevé.

Kit Houghton

GROS PLAN

Des bénéfices pour le monde du cheval

L'Etat prélève un pourcentage sur les sommes engagées par les parieurs. Mais une partie de cet impôt est reversé au Service national des haras. C'est donc en partie grâce aux courses que sont entretenus les étalons nationaux. Ces géniteurs de valeur couvrent les juments de tous les éleveurs qui le souhaitent, pour un prix très modeste. De plus, le Service des haras subventionne nombre d'associations de cavaliers et de centres équestres. Les courses profitent donc au monde du cheval dans son ensemble – heureusement !

BON À SAVOIR

Pour quelques grands jockeys qui font fortune et montent des champions, des milliers de jockeys travaillent dur, gagnent peu et ne seront jamais reconnus.

Sorrel

podromes, pourvus de pistes jalonnées d'obstacles divers. En France, ils se courent en mars et avril, puis en octobre et novembre, principalement à Auteuil.

LE TROT

Les premières courses de trot furent organisées, en France, au début du XIXe siècle. Elles connurent un tel succès que la mode de ce genre d'épreuve se répandit rapidement à travers l'Europe d'abord, puis à travers le monde. Aujourd'hui, certains pays ont des goûts particuliers en matière de trot. En Australie et en Russie, on s'en tient au trot attelé des origines. Mais, aux États-Unis, on ne met aux brancards des sulkys que des ambleurs. Quant à la France, c'est le seul pays où l'on pratique, en plus du trot attelé, le trot monté. Sur les hippodromes de Vincennes, Enghien et Cagnes-sur-Mer, les trotteurs se mesurent de décembre à mars.

L'ARGENT DES PARIEURS

La vie des courses repose largement sur le système des paris, qui rapporte un argent considérable et permet ainsi l'entretien des hippodromes, les dotations des grandes épreuves et bien d'autres choses.

DANS LES COULISSES DES COURSES

Les courses sont le support d'un jeu d'argent : le pari mutuel, ou PMU en France. On peut évidemment aimer les chevaux sans s'intéresser aux paris. Mais on peut aussi aimer miser de l'argent sur un cheval, sans s'intéresser de près à ce magnifique animal. L'amour des chevaux et celui du jeu ne font pas forcément bon ménage !

ENTRE LES DEUX MON CŒUR BALANCE...

L'ambiance qui règne sur les champs de course est pour le moins agréable pour l'amateur de chevaux. On peut prendre un vrai plaisir à regarder les animaux en folie se dépenser au-delà de la norme pour tenter de coiffer leurs adversaires au poteau. Mais si l'on se laisse aller à l'excitation du jeu, des paris, on risque de finir par ne presque plus regarder les chevaux, pour ne considérer que leur numéro. Qui peut être celui du gagnant et rapporter gros !

L'importance du jeu fait parfois oublier les chevaux. Pourtant, les chevaux de course ont une carrière bien difficile et bien brève. Ils commencent à courir à deux ans, alors que leur croissance n'est même pas achevée. Les champions peuvent avoir la chance de devenir des reproducteurs. Mais il en reste beaucoup d'autres qui, fatigués et abîmés par ces efforts précoces, deviendront des « réformés des courses ».

LE COIN DU PRO

De plus en plus de jeunes filles se lancent dans le métier de jockey. Mais, sans devenir une professionnelle des hippodromes, on peut tout de même monter les pur-sang à l'entraînement une ou plusieurs fois par semaine, selon un arrangement conclu avec l'entraîneur : expérience exaltante, qui développe le sens de l'équilibre.

Kit Houghton

Les courses de trot

Les courses de trot attelé ont leurs amateurs – et leurs détracteurs – dans le monde entier. Il est vrai que, si l'on ne peut s'empêcher de critiquer les artifices parfois cruels qui sont employés pour forcer les chevaux au trot, il faut admettre qu'un trotteur en pleine vitesse est d'une grande beauté (ci-dessous à Saint-Moritz, en Suisse).

Kit Houghton

UN SUCCÈS TARDIF

Des Romains à nos jours, les courses attelées ont toujours existé. Mais le développement des courses de trot n'a guère plus d'un siècle.

UNE CRÉATION FRANÇAISE

On sait, grâce à de très anciens écrits, que des courses attelées avaient déjà lieu quelque 1300 ans av. J.-C. Plus tard, les Romains se sont passionnés pour les courses de chars. Ce type de compétition semble avoir complètement disparu, après eux, pour réapparaître en Angleterre au milieu du XVIIIe siècle sans susciter un grand intérêt. Mais, au XIXe siècle, Hephrem Houel, inspecteur général des haras français, qui connaissait évidemment le maigre succès remporté par ce type de compétitions et qui souhaitait améliorer les trotteurs normands en procédant par sélection, profita de l'ouverture de l'hippodrome de Cherbourg pour mettre certains de ces chevaux en course attelée. Son initiative déclencha un grand engouement pour les courses attelées, engouement qui devint bientôt mondial.

UN SUCCÈS MONDIAL

Contre toute attente, ce genre d'épreuve rencontra immédiatement un énorme succès. À tel point qu'on en vint rapidement à créer des races nouvelles, parmi lesquelles on compte le trotteur français. En peu d'années, cette discipline se répandit sur tout le continent européen et gagna même les États-Unis. Actuellement, elle a des adeptes dans de nombreux pays.

LE SAVIEZ-VOUS ?
L'exception française

Partout dans le monde, les trotteurs de course sont attelés à un sulky. La France est le seul pays à organiser également des épreuves de trot monté.

DES HIPPODROMES POUR TROTTEURS

Il y a des milliers d'hippodromes de trot dans le monde. Mais, certains pays, comme la France, la Russie, les États-Unis et, plus récemment, l'Australie, sont de vrais spécialistes de ce sport.

Aux États-Unis, on compte près de 200 champs de course, dans la plupart desquels on court en nocturne depuis 1940. Des

Sorrel

Les artifices employés pour contraindre le cheval à rester au trot tout en accélérant au maximum sont durs, parfois cruels. Mais les courses attelées, comme les courses de galop, mettent en jeu trop d'argent pour que les critiques émises soient entendues.

GROS PLAN

De la voiture au sulky

Pour les premières courses attelées, on ne disposait que de voitures ordinaires. Leur poids variait mais était important, ce qui limitait les performances du cheval. On a donc tenté de résoudre ce problème. On en est ainsi arrivé, en 1892, à l'invention du sulky. Cet étrange attelage aux allures d'insecte, très léger, est uniquement destiné à la course.

Bob Langrish

C'est la France qui est à l'origine des courses de trot, mais on en trouve aujourd'hui dans tous les pays. Les États-Unis (ici à Lexington) ont produit des races très performantes.

Kit Houghton

Les abots – curieux harnais qui lient l'antérieur et le postérieur d'un même latéral – sont employés pour obliger le jeune trotteur à adopter l'amble. Ce n'est qu'une partie du harnais contraignant dont est affublé le pauvre animal.

LE SAVIEZ-VOUS ?
Un départ particulier

Faire démarrer les chevaux tous ensemble lors du signal de départ est difficile. Pour les pur-sang, on a résolu le problème avec les boîtes de départ, bien évidemment inutilisables avec des chevaux attelés.

Aussi, en 1946, on a imaginé pour les trotteurs le départ lancé. Les concurrents suivent une voiture, à l'arrière de laquelle sont déployées deux longues ailes qui les obligent à demeurer sur une même ligne. Le départ donné, la voiture prend de la vitesse en rabattant les ailes, laissant ainsi le champ libre aux chevaux.

épreuves de trot se déroulent régulièrement sur une bonne partie d'entre eux. Mais celui de Meadowland, dans le New Jersey, est considéré comme La Mecque du trot.

L'hippodrome de Moscou, très actif, organise principalement des épreuves pour trotteurs conventionnels, mais il reçoit également des courses pour ambleurs.

En Australie, tous les hippodromes organisent des épreuves de trot attelé – qui est une véritable passion nationale.

En France, trois hippodromes sont spécialisés dans les courses de trot : Enghien, Cagnes-sur-Mer et surtout Vincennes, où se déroule chaque année le célèbre Prix d'Amérique.

LE TROT ET L'AMBLE

En Europe continentale, et surtout en France et en Russie, c'est le trot ordinaire qui est le plus apprécié. Mais, partout ailleurs, les courses d'ambleurs sont plus courantes.

UN HARNACHEMENT PARTICULIER

Un cheval qui amble se déplace en sautant d'un latéral sur l'autre (et non d'un diagonal sur l'autre). Peu de chevaux amblent naturellement. Pour obliger les futurs champions à adopter cette allure, on utilise des abots. Ces pièces de harnachement relient les antérieurs et les postérieurs d'un même côté.

Ainsi harnachés, les ambleurs peuvent atteindre en course des vitesses proches de 65 km/h. Le risque qu'ils tombent dans le galop se trouve fortement réduit. Ce point intéresse beaucoup propriétaires, entraîneurs et organisateurs, car la moindre foulée de galop est éliminatoire.

UN CHAMPION DE L'AMBLE

C'est au haras de Matura, en Nouvelle-Zélande, qu'est né en 1956 Cardigan Bay. Cet ambleur d'exception remporta vingt-quatre courses aux États-Unis et en Australie. Il fut champion du monde à deux reprises. Il parcourut le mile (1,6 km) en 1,163 mn. Ce fut le premier trotteur à avoir un timbre à son effigie !

Bob Langrish

Le sulky est une voiture légère spécialement conçue pour les courses de trot. Le driver y est assis dans une posture – jambes écartées et pieds appuyés sur des étriers latéraux – qui n'est pas spécialement confortable.

L'entraînement du trotteur

Cheval de vitesse, mais aussi de fond, le trotteur est un athlète complet. Mais, pour atteindre ce résultat, un apprentissage spécial et un entraînement quotidien sont nécessaires.

Mirski/Cogis

DÉBOURRAGE, APPRENTISSAGE ET ENTRAÎNEMENT

Dès la naissance, les trotteurs font l'objet d'une sélection, puis subissent une éducation qui fera d'eux de véritables machines à trotter.

DE BONNES APTITUDES

Au fil du temps, les éleveurs ont produit des chevaux dont la conformation convient au trot. Les trotteurs ont un thorax profond et des épaules inclinées, ce qui favorise le geste du devant qui permet aux antérieurs d'aller chercher le terrain loin en avant. La croupe est longue et large, les cuisses sont puissantes afin d'assurer une bonne propulsion de l'arrière-main. Les jambes sont assez longues, mais résistantes. Endurant, rustique, équilibré, docile, voilà les caractéristiques du trotteur.

Miriski/Cogis

On s'échauffe d'abord au pas...

AIDE-MÉMOIRE

- *Trot normal ou diagonal : allure sautée à deux temps, l'antérieur droit et le postérieur gauche touchent le sol en même temps, puis c'est le tour de l'autre diagonal (antérieur gauche et postérieur droit).*
- *Trot volant ou flying trot : le trot normal est allongé jusqu'à ce qu'un temps de suspension apparaisse entre deux battues, aucun membre ne touchant le sol. On a alors l'impression que le cheval « vole ».*

SÉLECTION ET FORMATION

La carrière du trotteur débute de bonne heure. Sevré à huit mois et débourré à dix, le jeune cheval est soumis à un pré-entraînement vers quatorze mois – inutile de préciser qu'à cet âge sa croissance est loin d'être achevée et que son squelette n'est pas encore solide. Mais le monde du trot,

LE SAVIEZ-VOUS ?

Les entraînements se déroulent en général sur des pistes ensablées. Ce sol est celui qui fatigue le moins les membres. Le choc des sabots sur une surface dure mettrait les tendons à rude épreuve, provoquant, à la longue, des boiteries. Un sol profond ou lourd ne conviendrait guère mieux et, de plus, ne favorise pas la vitesse.

Miriski/Cogis

... avant d'entamer bravement le long trot quotidien.

comme celui du galop, est soumis à la loi du profit : il faut que le cheval rapporte, et vite !

Les premières qualifications ont lieu à deux ans. L'impératif est toujours le même : parcourir une distance de 1 km en un temps donné, celui-ci variant d'année en année : un trois ans doit aller plus vite qu'un deux ans, un quatre ans plus vite qu'un trois ans, etc.

Lors de la première sélection (à deux ans), environ la moitié des chevaux est écartée. De deux à cinq ans, le trotteur doit continuer à améliorer ses performances.

MAINTENIR LE TROT

Maintenir un trot rapide au lieu de prendre le galop n'a rien de naturel. Le cheval apprend à trotter au cours d'un dressage rapide et brutal. Il doit être capable de maintenir l'allure quelles que soient les sollicitations et de ne pas se désunir lors des sprints.

Pour obtenir ce résultat contre nature, les entraîneurs ont recours à un harnachement spécifique, composé d'enrênements releveurs et abaisseurs qui maintiennent la tête du trotteur dans une position qui favorise le lancer en avant des antérieurs et l'engagement des postérieurs. Ces artifices ont aussi pour but de bloquer l'encolure en position haute, ce qui décourage un éventuel départ au galop.

LE COIN DU PRO

Le sulky

Cette voiture simple, ultra légère, aérodynamique, montée sur deux roues pneumatiques, réduit à son minimum la charge à tracter. Le sulky d'entraînement (ci-contre) est appelé road-car. Il est plus lourd et plus robuste que le modèle de course. Les roues sont équipées de pneumatiques plus larges convenant au tout-terrain. Les brancards sont plus longs et plus épais.

Gissey/Cogis

DES MÉTHODES VARIÉES

Il n'est pas qu'une méthode pour entraîner un trotteur : on pourrait presque dire que chaque entraîneur a la sienne, qu'il adapte, de plus, aux moyens et au mental du cheval.

LE FOND, BEAUCOUP

Toutefois, on peut dire qu'un entraînement comporte essentiellement deux phases : le travail de train et les fractionnés.

Le travail de train se déroule sur quatre jours. Le trotteur parcourt une quinzaine de kilomètres quotidiennement dans un trot moyen et régulier. Ce travail, qui se fait en général sans enrênements, maintient la forme physique générale du cheval et améliore surtout le fond : développement des capacités respiratoires et cardiaques.

LA VITESSE, UN PEU

Les fractionnés se déroulent sur deux jours. Ce sont des séances de travail qui permettent d'améliorer les performances du cheval en renforçant, notamment, le muscle cardiaque et en accroissant sa puissance musculaire et sa résistance à l'effort. Le trotteur doit parcourir 2 000 m en tout, les 1 700 premiers dans une allure soutenue, les 300 derniers au trot volant. Après cet effort, le cheval est ramené au calme progressivement, et son rythme cardiaque est surveillé : il est important qu'il récupère assez rapidement. Sa condition physique détermine le nombre de séances de fractionnés, leur régularité permettant d'améliorer les résultats.

BON À SAVOIR

Les courses elles-mêmes, qui ont lieu en fin de semaine, font partie, bien sûr, de l'entraînement, et l'effort qu'elles nécessitent doit être pris en compte.

Bob Langrish

Les courses d'obstacles

Décriées comme cruelles et inutilement dangereuses, les courses d'obstacles ont néanmoins leurs amateurs, qui comptent sur quelques professionnels sérieux pour défendre la bannière de ce sport.

Bob Langrish

NÉES EN GRANDE-BRETAGNE

Les courses d'obstacles sont les descendantes des courses pratiquées en Irlande et en Angleterre depuis plusieurs siècles.

À TRAVERS LA CAMPAGNE

C'est au XVIIIe siècle, à proprement parler, que le steeple-chase prit forme. La première rencontre du genre eut lieu, dit-on, en Irlande : à la suite d'un pari, deux hommes s'opposèrent sur un parcours d'environ 7 km qui séparait deux clochers – steeple en anglais.

Un genre était né. Le principe en était simple : il fallait courir à travers la campagne, en franchissant haies, rivières, talus et autres obstacles naturels, pour rejoindre le plus directement et le plus rapidement possible le point convenu. La pratique de ces courses, encouragée par l'existence de paris, concernait surtout les cavaliers et les chevaux de chasse et d'extérieur. On y employait de vigoureux coursiers bien en jambes.

NAISSANCE D'UN NOUVEAU SPORT

Les bases réglementaires de la course de saut d'obstacles ou steeple-chase furent établies par l'entraîneur anglais Tom Colman. Le premier « Grand National » officiel se tint en 1839 à Aintree (G-B) : un parcours de 7 220 m comportant 30 obstacles impressionnants.

Bob Langrish

Les chevaux entraînés en vue des courses d'obstacles sautent assez peu lors du travail. Une fois qu'ils sont mis à l'obstacle, on s'applique surtout à leur donner le fond et la vitesse nécessaires.

LE SAVIEZ-VOUS ?

Au début du siècle dernier, le steeple-chase était assez décrié. On le considérait comme un sport « cruel, ridicule, digne des Romains dégénérés… ». Aujourd'hui encore, de nombreuses associations de protection du cheval dénoncent la sévérité de ces épreuves qui font des blessés et des morts aussi bien dans les rangs des jockeys que dans ceux des chevaux.

La France avait pris modèle sur la Grande-Bretagne dès 1830 en organisant à Jouy sa première « course au clocher ». Le steeple-chase s'y développe peu à peu, parallèlement aux courses de plat. En 1873, on entreprend d'installer un hippodrome sur les terrains situés près de la porte d'Auteuil. Le premier Grand Steeple s'y court en 1874.

LE COIN DU PRO

Le bon cheval d'obstacle doit être doté de membres solides, d'un garrot bien sorti avec une épaule longue, inclinée et forte, d'un coffre formidable et d'une ligne du dessus impeccable. Son arrière-main doit être puissante et bien attachée.

L'hippodrome de Cheltenham, en Grande-Bretagne est, avec celui d'Auteuil en France, celui qui accueille les plus fameuses et les plus redoutables courses d'obstacles en Europe.

Bob Langrish

LE SAVIEZ-VOUS ?

Certains obstacles de steeple, comme la rivière des tribunes, à Auteuil, obligent les chevaux à faire des bonds de plus de six mètres.

Bob Langrish

En Grande-Bretagne, les courses « point-to-point », ouvertes aux amateurs, perpétuent la tradition des anciennes courses au clocher.

La folie des courses saisit peu à peu la plupart des grandes nations et se répand sur tous les continents. Les Américains s'y mettent et entreprennent d'améliorer les performances. Ils obtiennent des résultats stupéfiants, mais d'aucuns crient au dopage en découvrant que l'on donne aux chevaux des produits à base de noix de cola et d'arséniate de strychnine pour augmenter leur résistance à l'effort...

DE NOS JOURS

« Le Grand National » d'Aintree est encore de nos jours un rendez-vous important dans le monde des courses d'obstacles, mais c'est l'hippodrome de Cheltenham qui organise l'une des courses les plus prestigieuses (et les plus mortelles) du genre.

En France, c'est à Auteuil que se courent les plus remarquables steeple-chases (jusqu'à 45 par an). L'hippodrome est connu pour sa redoutable rivière des tribunes, large de 4,40 m et appelée par une haie de 1 m. De nombreux autres hippodromes dans le monde proposent de célèbres courses d'obstacles, notamment au Canada, en Australie, en Allemagne, en Suède.

Sorrel

On accepte, en course d'obstacles, des jockeys plus lourds qu'en course de plat : on peut aller jusqu'à 60 kg.

La discipline a semblé s'essouffler un peu vers 1960, car les pur-sang manquaient de résistance sur les courses d'obstacles. L'introduction des AQPS (autres que pur-sang, chevaux très près du sang mais non pur-sang) a revivifié ce sport.

CONNAÎTRE LES COURSES D'OBSTACLES

Longues et éprouvantes, les courses d'obstacles sont réservées à des chevaux de sang particulièrement endurants et résistants.

TROIS TYPES DE COURSES

Les courses d'obstacles se courent sur des distances variables – entre 3000 m et 7000 m. Elles comportent de nombreux obstacles, qui sont le plus souvent franchis plusieurs fois, les chevaux courant en boucle sur la piste. Le terrain n'est pas forcément plat – Cheltenham, par exemple, est célèbre pour sa ligne d'arrivée en montée. Certains obstacles sont en contre-haut ou en contrebas. On distingue par ordre de longueur les courses de haies, les steeple-chases et les cross-country.

La saison d'obstacle est plus courte que la saison de plat.

LE CHEVAL D'OBSTACLE

Les courses d'obstacles sont des épreuves très dures. Si l'on considère à la fois la distance à couvrir, le nombre et la difficulté des obstacles et la vitesse que les chevaux doivent soutenir, on comprend pourquoi, on déplore dans ce sport tant de blessés et de morts.

Bien que les courses d'obstacles soient en principe ouvertes à tous les chevaux, on n'y voit guère que des pur-sang ou des AQPS.

Les chevaux de steeple sont un peu plus âgés que les pur-sang de plat (3, 4 et 5 ans). Les épreuves les plus éprouvantes sont réservées aux chevaux de 5 ans.

GROS PLAN
Quelques exploits

Quelques-uns des meilleurs steeple-chasers du monde se retrouvent tous les ans pour disputer la Gold Cup à Cheltenham. L'extraordinaire Golden Miller remporta cinq fois cette épreuve de 5200 m entre 1932 et 1936. Arkle gagna en 1964, 1965 et 1966.

L'entraîneur Michael Dickinson signait en 1983 un autre genre d'exploit : il avait entraîné les 5 premiers arrivés !

Hippodrome : visite guidée

Découvrir l'atmosphère d'un hippodrome le jour des courses est une expérience grisante. Dans cet univers bourdonnant d'activité, il est beaucoup question de chevaux et, encore plus, d'argent !

Marshall/Empics

UN PETIT UNIVERS

L'hippodrome est un véritable univers en miniature où s'active une foule impressionnante, tant du côté du public que du côté des professionnels.

UN VASTE DOMAINE

Un hippodrome est un vaste domaine qui comporte parkings publics et professionnels, écuries, logements pour le personnel, bâtiments administratifs, structures pour le stockage et le rangement du matériel, salles de pesage, vestiaires, guichets de Pari mutuel, restaurants et bars, tribunes officielles, tribunes pour le public, paddocks. Au cœur de tout cela trône le vaste ruban des pistes, qui enchâssent les pelouses.

UNE VRAIE FOURMILIÈRE

Sur un hippodrome s'active un personnel aussi nombreux que varié. On pense toujours aux lads, aux jockeys, aux entraîneurs, mais moins au nombreux personnel administratif, aux infirmières, médecins et vétérinaires, aux techniciens de toute sorte qui entretiennent et réparent les diverses installations, aux équipes de nettoyage, à ceux qui ont en charge les guichets du pari, aux très officiels juges ou encore à tous les membres de l'hôtellerie qui assurent la restauration des visiteurs et des professionnels.

LE SAVIEZ-VOUS ?

Les entrées des spectateurs contribuent à l'entretien de l'hippodrome. C'est pourquoi les organisateurs de courses cherchent à attirer un public nombreux.

LE COIN DU PRO

Une fois sellés, les chevaux sont menés vers le ring – ou paddock. C'est là que les entraîneurs donnent leurs dernières recommandations aux jockeys. Le public se bouscule autour des barrières pour jeter un regard aux champions avant le départ. Chacun se demande : qui est en forme, lequel a le plus de chances ?

Kit Houghton

DES TRIBUNES BONDÉES

Du côté des tribunes, les jours de courses, on trouve une foule considérable, qui représente toutes les couches de la société : aller aux courses, c'est « chic » et cela attire du beau monde, de l'aristocratie aux stars en passant par les mannequins et les riches hommes d'affaires. Mais les amateurs de courses et de pur-sang ne sont pas tous riches, loin de là, et l'entrée payante ne décourage pas le public. Dans les tribunes, les journalistes côtoient des travailleurs de tous les secteurs, des amateurs de chevaux, des retraités. Beaucoup viennent pour parier et beaucoup de ceux qui sont venus « juste pour regarder » finissent, à la longue, par miser sur un cheval.

Bob Langrish

Avant et après chaque course, les jockeys passent en salle de pesage, où l'on vérifie qu'ils respectent bien, avec leur matériel, le poids imposé pour l'épreuve.

Le poteau d'arrivée, où l'on prend la photo qui départagera les vainqueurs si cela est nécessaire.

Sorrel

GROS PLAN

Les boîtes de départ sont des stalles très étroites dont les portes s'ouvrent automatiquement lors du départ. Il est parfois bien difficile de convaincre les chevaux d'y entrer : il n'est pas rare qu'une course soit retardée par la résistance d'un pur-sang claustrophobe !

Sorrel

Kinnaird/Empics

Après la course, les vainqueurs se rendent dans le ring qui leur est réservé, où ils sont aussitôt entourés par les soigneurs, les entraîneurs et les propriétaires.

UNE ACTIVITÉ INCESSANTE

Du côté des paddocks et de la piste, les couleurs chatoyantes des casaques des jockeys animent la foule qui grouille aussi auprès des chevaux. Du pesage aux boîtes de départ, lads, propriétaires, entraîneurs, jockeys, responsables et techniciens divers s'activent avant et après chaque course – on compte parfois jusqu'à une dizaine de départs dans une journée.

LE DÉPART, ENFIN !

Le départ est signalé par le son de la cloche – bien souvent couvert par le fracas des boîtes de départ qui s'ouvrent automatiquement et la ruée des chevaux sur le gazon.

LA CLOCHE SONNE

Au moment du départ, les chevaux doivent entrer dans les boîtes de départ. Dès l'ouverture des portes, les chevaux s'élancent sur la piste. Selon l'épreuve, les chevaux feront un ou plusieurs tours de piste.

L'ensemble des pistes de plat et d'obstacles forme le centre de l'hippodrome, comme la piste d'un stade. Il n'est pas rare que les guichets du Pari mutuel se dressent au cœur des pelouses qui occupent l'espace central situé entre les pistes. Dès que les chevaux sont partis, les spectateurs se poussent du coude pour observer, généralement aux jumelles, le déroulement de la course. Tandis que les sabots des chevaux martèlent furieusement la pelouse, les cris de la foule accompagnent les progrès des concurrents. Quand on a parié, chaque longueur gagnée est un pas vers la fortune – bien souvent illusoire ! Les chances de gagner beaucoup d'argent en pariant aux courses sont fort minces et les paris ont défait plus de fortunes qu'ils n'en ont fait !

LE SAVIEZ-VOUS ?

En France, en Grande-Bretagne et dans de nombreux pays d'Europe, la piste est en gazon. Mais, dans d'autres pays, aux États-Unis notamment, elle est en sable.

Bob Langrish

Les grands hippodromes du monde

De Longchamp à Tokyo en passant par Epsom et Moscou, de grands hippodromes existent un peu partout dans le monde. Sur leurs pistes tantôt de sable, tantôt d'herbe, les pieds des plus grands champions ont imprimé leur marque.

Bob Langrish

DU PAIN ET DES JEUX

Cirques modernes, les hippodromes sont le pain de quelques-uns, les jeux de beaucoup.

LES HIPPODROMES DE L'ANTIQUITÉ

Depuis plus de 3000 ans, les hommes organisent des courses de chevaux : les courses de chars ont figuré régulièrement au programme des Olympiades dès 776 av. J.-C. Les hippodromes antiques paraissent avoir tous été conçus sur le modèle de celui d'Olympie : une piste de forme elliptique dont les auriges et les chevaux faisaient plusieurs fois le tour, avec, en un point du parcours, une borne qui resserrait l'ellipse de la piste et accroissait la difficulté. Le Circus Maximus de Rome fut sans doute, dans l'Antiquité, l'hippodrome le plus célèbre ; mesurant 600 m x 200 m, il pouvait accueillir 250 000 personnes. Autre hippodrome fameux, celui de Byzance, voulu par Septime Sévère (193-211).

LES BALBUTIEMENTS

Le premier hippodrome du second millénaire fut sans doute celui de Newmarket, en Angleterre, qui est toujours en usage. Il connut ses premières épreuves officielles vers 1210, mais la piste ne reçut ses magnifiques gazons qu'au XVIIe siècle, lorsque Jacques Ier Stuart décida d'aménager des pelouses spéciales pour les courses de chevaux.

NEWMARKET FAIT DES PETITS

Guillaume III (1689-1702) donna aux courses leur véritable essor en créant le premier stud-book du pur-sang anglais.

Parallèlement au développement des pursang, la réglementation des courses se précisa pendant tout le cours du XVIIIe siècle. En 1750 fut fondé le Jockey-Club. À partir de cette date fleurirent partout des installations sportives nouvelles, et des champs de

Bob Langrish

Les Australiens sont épris de courses ; ils élèvent des pur-sang qu'ils font courir sur les hippodromes de Melbourne et de Sydney (ci-dessus).

CLIN D'ŒIL

Avec l'avènement du pari mutuel, l'engouement pour les courses s'est généralisé au point que l'on trouve des hippodromes sur des îles – par exemple à Saint-Jacques en Guadeloupe.

À Moscou, on trotte !

Bob Langrish

courses utilisés depuis longtemps furent aménagés en hippodromes : Doncaster, Epsom (célèbre depuis 1780 pour son Derby) et Ascot (où se court le Royal Ascot), mais aussi Enfield, Croydon, York, Manchester et Liverpool (qui accueille le Grand National).

LES PREMIERS HIPPODROMES EN FRANCE

En France, avant le XVIIIe siècle, on assista à des courses-défis entre grands, notamment en 1683 à Achères, où se tint une course « internationale », puis en 1700 à Saint-Germain, où le début du siècle fut célébré par des courses.

Le premier texte officiel relatif aux courses de chevaux date de 1780. Il se rapportait à des compétitions qui avaient lieu principalement à Vincennes, mais aussi à Fontainebleau.

Il fallut attendre la seconde moitié du XVIIIe pour voir se dérouler aux Sablons – futur Longchamp –, à Fontainebleau ou dans le parc royal de Vincennes des épreuves sérieusement organisées.

COURIR AUJOURD'HUI

Actuellement, il existe 262 hippodromes en France, répartis sur l'ensemble du pays. Si certains sont spécialisés dans un certain type de courses – trot, galop, obstacles –, beaucoup sont mixtes, plat et/ou obstacles (steeple) et/ou trot. Les plus connus sont Auteuil, Chantilly, Enghien, Longchamp, Maisons-Laffitte, Vincennes, Saint-Cloud, et, pour la province, Cagnes-sur-Mer.

UN PHÉNOMÈNE PLANÉTAIRE

Avec le développement des courses et l'importance croissante des systèmes de pari, des hippodromes ont été bâtis un peu partout dans le monde.

DES INFRASTRUCTURES REMARQUABLES

Nombre de pays – qui achètent toujours d'excellents chevaux en Europe et en Amérique – ont compris l'importance des courses pour leur économie et se sont dotés d'installations très modernes, extrêmement bien adaptées aux chevaux, qui n'ont plus rien à envier à nos « temples » européens. Ainsi, certains hippodromes qui accueillent des participants venus des quatre coins de la planète sont renommés pour la qualité de leurs infrastructures, comme ceux de Tokyo et de Kyoto, au Japon, qui font l'admiration du monde entier, ou comme celui d'Abu Dhabi, aux Émirats Arabes Unis, qui, organise, depuis 1978, un grand nombre d'épreuves annuelles internationales de plat.

DES PRIX PRESTIGIEUX

D'autres hippodromes sont parvenus à mettre sur pied des courses remarquables, prix prestigieux que tous les grands jockeys ou drivers désirent courir. C'est le cas de l'hippodrome américain de Churchill Downs, dans le Kentucky, aux États-Unis, qui attire des participants du monde entier depuis 1875 – année où fut créé son célèbre Kentucky Derby ; c'est le cas aussi de l'hippodrome de Melbourne, en Australie (héritage britannique oblige !), où se dispute la coupe du même nom.

Bob Langrish

À Miami, la piste tourne autour d'une grande pièce d'eau.

LE SAVIEZ-VOUS ?

Le Derby d'Epsom (qui se court sur l'hippodrome d'Epson, situé à 22 km de Londres) est une véritable institution en Grande-Bretagne : ce jour-là, le Parlement ne siège pas et les souverains font régulièrement participer leurs écuries à cette épreuve.

Bob Langrish

Vue aérienne de l'hippodrome de Cheltenham, en Angleterre.

GROS PLAN

La plupart des hippodromes français sont spécialisés.

- Auteuil organise le prix du Président de la République et le Grand Steeple-Chase de Paris.
- Chantilly n'accueille que des courses de plat, dont le Prix de Diane-Hermès.
- Enghien possède un anneau de vitesse unique en France (trot, steeple, mixte).
- Longchamp, qui date du Second Empire, accueille le Grand prix de Paris et, surtout, le très fameux prix de l'Arc de Triomphe, considéré comme le championnat du monde du plat.
- À Vincennes se court le célèbre prix d'Amérique, considéré comme le championnat du monde des trotteurs.
- Cagnes-sur-Mer, enfin, l'un des grands hippodromes de province, accueille essentiellement des réunions de trot en période hivernale, en raison de la clémence du climat.

L'entraînement du pur-sang

Athlète accompli, capable d'atteindre au galop de grandes vitesses, le pur-sang subit un entraînement quotidien qui canalise son énergie et développe son potentiel physique. Il est, bien sûr, élevé, entraîné et sélectionné selon les critères propres au monde des courses.

Sorrel

UN SEUL BUT : LA VITESSE !

Tout est mis en œuvre pour que le jeune pur-sang devienne une machine à courir et rapporte suffisamment d'argent.

ASPECT PHYSIQUE DU PUR-SANG

Sous l'appellation pur-sang on trouve, en fait, trois races : le pur-sang anglais, l'arabe et l'anglo-arabe. Les deux premières races sont plutôt spécialisées dans le plat, la dernière excelle dans les courses de haies ou les steeple-chases. Le pur-sang a une épaule oblique et longue, une poitrine ample et profonde, un dos droit. Les membres sont déliés, les avant-bras longs et les canons courts. L'arrière-main est puissante, capable de fournir une poussée impressionnante quand le cheval est lancé. Pour l'accentuer, la tête et l'encolure s'abaissent en avant. Le pur-sang dispose ainsi de deux puissants... moteurs, l'un à l'avant, l'autre à l'arrière. C'est un cheval moins rustique que le trotteur, aussi doit-on surveiller son alimentation. Il a surtout besoin de nourriture sèche et de foin. Comme son tempérament est chaud, il faut le manipuler avec une grande attention et beaucoup de douceur.

Sorrel

Côté soins, le pur-sang est bichonné. Surtout si c'est un gagnant...

LE COIN DU PRO

Le handicap est une surcharge de poids qui se calcule en fonction des victoires du compétiteur. Ce système date de 1791. Un handicap de 1 kg fait perdre une longueur.

SÉLECTION ET FORMATION DU PUR-SANG

Sa carrière, qui commence un peu trop tôt, lorsque sa croissance n'est pas encore achevée, fait que le pur-sang devient, oui, une machine à courir, mais seulement pour quelques courtes années. Sa retraite sonne à six ans ! Comme pour les trotteurs, les sélections se font sur un simple test : il doit parcourir un kilomètre au galop en un temps donné. Le poulain reçoit une éducation de base. À dix-huit mois, il est sommairement débourré : il n'apprend pratiquement rien, il suffit qu'il accepte la selle, le filet et un cavalier. On ne lui demande même pas de galoper sur tel ou tel pied : il le choisit lui-même. Il ne connaît ni les effets de rênes, ni les effets de jambes. On le laisse suivre ses congénères au galop tout

LE SAVIEZ-VOUS ?

Sur l'hippodrome de Longchamp, le record du kilomètre en ligne droite a été établi en 1983. Il est de 54 secondes et 30 centièmes, soit une vitesse de 67 km/h.

Le débourrage du pur-sang est des plus sommaires. Du moment qu'il galope...

Kit Houghton

Sorrel

Le pur-sang sort tous les jours pendant une heure ou deux.

Sorrel

La bouche du pur-sang n'est guère épargnée et l'animal n'est pas préparé pour une équitation subtile. À savoir avant d'acquérir un pur-sang de réforme.

en essayant de développer son instinct de gagneur. À deux ans, le pur-sang effectue ses premières courses.

FACILITER LE GALOP

Une seule chose compte pour le jockey : se faire le plus léger possible et aider sa monture dans sa recherche de la vitesse. La selle de course est très simple et pèse environ 500 g ; les étriers sont quant à eux en aluminium. Le poids, la taille et la position du jockey aident le pur-sang dans ses efforts. Le jockey déplace vers l'avant son centre de gravité, ses coudes et ses épaules accompagnent les mouvements d'encolure de sa monture.

UNE PRÉPARATION D'ATHLÈTE

La préparation physique du pur-sang ne laisse rien au hasard. Soins et entraînement sont codifiés. Les infrastructures et les méthodes restent pratiquement inchangées.

LA JOURNÉE TYPE D'UN PUR-SANG

Vers 6 heures, le premier repas est distribué : foin et concentrés. L'eau est donnée au seau et non à l'abreuvoir automatique, ce qui permet d'en contrôler la consommation. Deux heures plus tard, le pur-sang, qu'on prépare toujours dans son box, sort pour un entraînement d'une à deux heures. Le reste de la journée, il le passe au box, où un second repas lui est servi vers 17 heures.

L'ENTRAÎNEMENT HEBDOMADAIRE

Deux méthodes sont utilisées : l'entraînement par intervalles et l'entraînement à outrance. Durant trois ou quatre jours, on travaille le souffle de l'animal en faisant alterner le pas et le trot. Ainsi échauffé, il est prêt à effectuer de petits sprints sur 400 mètres. Ces galops sur courte distance sont appelés canters. Les deux derniers jours, l'entraînement se termine par un long galop (sur plus de 1 000 mètres) : le pur-sang apprend à allonger l'encolure pour gagner de la vitesse par effet de balancier. Après cet effort court et violent, le cheval récupère en effectuant un trot d'une dizaine de minutes suivi d'un galop de détente.

AIDE-MÉMOIRE

Les quatre catégories de pur-sang

- *Le sprinter ou flyer, qui court sur 1 000 m.*
- *Le miler, qui court sur 1 600 m.*
- *Le classique, qui court sur 2 400 m.*
- *Le stayer, qui court sur 3 600 m avec des obstacles.*

LE SAVIEZ-VOUS ?

Lors des courses, l'usage abusif de la cravache est sanctionné. En Angleterre, le nombre de coups de cravache est réglementé. En France, on pénalise un jockey qui frappe son cheval alors qu'il n'a plus aucune chance de gagner.

Kit Houghton

Le rodéo

Constitué d'épreuves et de jeux – parfois dangereux – dérivés du travail du bétail, le rodéo attire des foules immenses. Dans les villes de l'Ouest des États-Unis, on le prépare longtemps à l'avance. Et, lorsqu'il est terminé, il laisse à tous suffisamment de souvenirs pour entretenir des conversations passionnées.

Sorrel

UNE HISTOIRE AUSSI ANCIENNE QUE LE COW-BOY

Le rassemblement annuel du bétail a longtemps été le seul moment où les cow-boys se retrouvaient et pouvaient s'amuser.

DU RASSEMBLEMENT À LA MANIFESTATION COMMERCIALE

Les premiers rodéos furent des fêtes informelles où les cow-boys comparaient leur adresse à monter et à travailler le bétail dans des épreuves variées.

Petit à petit, ces fêtes devinrent des manifestations organisées et payantes.

Le premier rodéo commercial eut lieu en Arizona en 1888. Aujourd'hui, les rodéos, organisés et réglementés, comportent six épreuves classiques et des épreuves secondaires.

SADDLE-BRONC RIDING

Le cheval est sellé et porte un licol équipé d'une corde que le cavalier tient d'une main. Une sangle serrée autour des reins l'incite à ruer furieusement. Le cavalier monte dans un box étroit, dont on ouvre la porte pour laisser bondir l'animal. Le cow-boy doit rester en selle 8 secondes et accompagner sa monture en rythme : il est noté sur son style !

Bob Langrish

BON À SAVOIR

Autrefois, on utilisait pour les rodéos des chevaux sauvages (mustangs). De nos jours, les chevaux sont généralement élevés pour le rodéo et ruent en professionnels ! Certains sont aussi célèbres que leurs cavaliers.

Bob Langrish

BAREBACK RIDING ET BULL RIDING

Le bareback riding se déroule comme le saddle-bronc riding, mais le cheval ne porte ni selle ni licol.

Le cow-boy dispose d'une simple sangle munie d'une boucle pour s'accrocher pendant les 8 secondes réglementaires – toujours dans un style impeccable, en éperonnant les flancs d'avant en arrière.

Le bull riding repose sur les mêmes règles, mais la monture est un taureau.

Sur la piste, des hommes déguisés en clowns sont chargés de détourner la fureur de l'animal lorsque le cavalier tombe à terre.

STEER WRESTLING ET CALF ROPING

Ces deux épreuves de travail du bétail sont des épreuves de vitesse.

Bob Langrish

Dans la première, le cow-boy, assisté par un aide, doit maîtriser un taurillon en quelques secondes !

Dans le calf roping, le cow-boy attrape un veau au lasso, puis saute à terre pour lui lier les pattes, son cheval continuant à tendre le lasso.

La monture doit bien connaître son rôle et faire preuve d'initiative.

LE SAVIEZ-VOUS ?

Le roi des sports américains

Aujourd'hui, par le nombre de spectateurs qu'il attire, le rodéo est le premier sport aux États-Unis. Plus de sept cents rodéos se tiennent chaque année en Amérique du Nord. Les plus connus sont ceux de Calgary Stampede et le National Finals Rodeo de Las Vegas (2 millions de dollars de prix !).

Sorrel

Bob Langrish

GROS PLAN

Certains cow-boys sont des professionnels du rodéo. Ils vont d'une manifestation à l'autre, où ils acquittent un droit pour participer aux épreuves dans l'espoir d'y gagner une somme rondelette. Mais ils ne récoltent souvent rien d'autre que quelques côtes cassées. Tous terminent leur carrière plus ou moins couturés de cicatrices.

TEAM ROPING

Lors de cette autre épreuve de travail du bétail, deux cow-boys s'associent pour isoler un taurillon, puis l'immobiliser.

Tant que les hommes sont en selle, ce sont les chevaux qui prennent l'initiative de la « chasse », courant après le jeune taureau et lui coupant la retraite.

C'est le temps qui départage les concurrents.

Bob Langrish

LES ÉPREUVES SECONDAIRES

À côté des épreuves de rodéo proprement dites, les manifestations présentent toujours des courses et des shows.

CHUCK-WAGGON RACING

Le chuck-waggon racing n'est rien d'autre qu'une version moderne de la course de char des Romains. Elle se fait avec des attelages à quatre et des chariots bâchés et est aussi dangereuse que celle de l'Antiquité.

BARREL RACE

C'est la seule épreuve de rodéo ouverte aux femmes. Cette course autour de trois tonneaux disposés en triangle demande une grande agilité et des accélérations foudroyantes.

WESTERN RIDING

Les shows présentent les différentes épreuves de monte western – reining, western pleasure, trail, pole bending, etc.

À SAVOIR

Certaines épreuves de rodéo sont réservées aux enfants. Les plus petits chevauchent un mouton, par exemple. Mais les plus grands s'y disputent prix et trophées dans des compétitions identiques à celles des adultes.

Bob Langrish

L'histoire des courses

Une longue histoire sépare les premiers cavaliers, qui se mesuraient déjà à la course, et les épreuves qui se déroulent sur nos hippodromes modernes. Mais cette histoire n'a eu que deux motivations : l'utilité et le goût pour les paris.

George Stubbs, « John Singleton sur le bai Malton » Cooper/IGDA

UNE LENTE RECHERCHE DE LA VITESSE

Fondées pour inciter les éleveurs à produire des chevaux rapides et endurants, les courses sont devenues un jeu d'argent.

DANS L'ANTIQUITÉ

Les Grecs, mais surtout les Romains, organisaient déjà des courses montées et attelées qui avaient beaucoup de succès. Les plus prisées et les plus spectaculaires étaient celles de quadriges (attelages à quatre). Pour gagner, tout était permis, même de saboter le char de l'adversaire ! Ces épreuves d'une grande brutalité faisaient de nombreuses victimes parmi les chevaux et les cavaliers – sans compter le bris du matériel !

Les courses montées étant moins spectaculaires, on essayait de les rendre attrayantes.

Kit Houghton

L'arrivée du Derby à Maison-Laffitte en 1865, par Henry Alken (Château Maisons-Laffitte).

L'hippodrome de Newmarket fut ouvert sous le règne de Jacques Ier (1603-1625). Il a beaucoup changé depuis !

LE COIN DU PRO

La course est souvent qualifiée de « sport des rois », ce qui ne veut pas dire que ce soit le roi des sports ! Cette appellation rappelle simplement l'origine des courses, qui ont été créées par la monarchie des Stuarts, en Angleterre, au XVIIe siècle.

Dagli Orti/IGDA

On organisait, par exemple, des épreuves nocturnes au relais, durant lesquelles les cavaliers se passaient un flambeau. Le public comptait déjà de nombreux parieurs.

LA COURSE AU CLOCHER

Après l'effondrement de l'Empire romain, les épreuves de vitesse devinrent occasionnelles. Ce n'est que vers le XIVe siècle qu'est apparue en Angleterre la « course au clocher ». Elle se disputait entre riches propriétaires terriens. Les cavaliers, en partant d'un même point, devaient courir à travers la campagne pour gagner un village dont on apercevait le clocher au loin. Pour atteindre leur but, ils empruntaient le chemin de leur choix, franchissant les obstacles qu'ils pouvaient rencontrer. Le plus souvent, c'est en sautant haies, barrières, murets et canaux d'irrigation qu'ils atteignaient la ligne d'arrivée. Le cheval du vainqueur était évidemment une monture rapide, adroite et endurante.

LES PREMIÈRES COURSES DE GALOP

Au XVIe siècle, le roi Edouard VIII d'Angleterre décida de superviser la reproduction des chevaux, jusqu'alors anarchique. Il mit en place des haras et dota les courses de prix somptueux. C'était, en effet, la meilleure manière d'inciter les éleveurs à produire et à sélectionner des animaux rapides et endurants, aptes au service de la poste et des armées. Dans le même but, un de ses successeurs, Jacques Ier (1603-1625), codifia les courses et ouvrit, à Newmarket, le premier hippodrome anglais. Après son accession au pouvoir, le dictateur puritain Cromwell, qui réprouvait les paris, interdit les courses. Mais il dut les rétablir quelques années plus tard.

Kit Houghton

Les courses d'obstacles sont très dangereuses. Les chutes, parfois mortelles pour les chevaux ou les cavaliers, y sont beaucoup trop fréquentes.

LE SAVIEZ-VOUS ?

Jusqu'à la fin du XIXe siècle, les jockeys chaussaient long et ne décollaient guère de leur selle. C'est un jockey américain, Tod Sloan, qui, le premier, comprit l'intérêt de la monte en suspension et en avant, monte permettant de soulager l'arrière-main du cheval. En quelques années, ses succès incitèrent les jockeys du monde entier à l'imiter (Edgar Degas, *Jockeys devant la tribune*, Paris, musée d'Orsay.)

Kit Houghton

NAISSANCE DU PUR-SANG

Au début du XVIIIe siècle, les Anglais importèrent un grand nombre de chevaux arabes et barbes. C'est grâce aux croisements de ces animaux avec les sujets locaux que fut fondée la race pur-sang. Les épreuves se déroulaient alors sur des distances souvent supérieures à 6 000 m (3 000 m seulement en moyenne aujourd'hui) : on testait autant l'endurance des chevaux que leur vitesse. Il fallut, par la suite, choisir entre ces deux qualités et la rapidité, chez les pur-sang, s'est développée au détriment de la résistance.

UNE VOGUE MONDIALE

Parti d'Angleterre, l'engouement pour les courses de galop s'est assez rapidement répandu à travers le monde. On trouve aujourd'hui des hippodromes dans les pays où l'on élève des pur-sang, mais aussi dans d'autres, tels Panama ou Hongkong, où les chevaux doivent être importés, par avion et en grande quantité, pour la seule satisfaction des parieurs.

DES INVENTIONS MODERNES

Le monde des courses brasse, depuis toujours, des sommes considérables : élevage, dotation des épreuves, paris, etc. Les organisateurs ont donc essayé d'étendre leur principe à plusieurs types d'épreuves.

LES COURSES D'OBSTACLES

Les courses d'obstacles, ou steeple-chase, existaient déjà sous la forme ancienne de la course au clocher. Elles prirent la forme d'une véritable course, destinée aux amateurs de chasse à courre, au début du XIXe siècle en Angleterre. Ces épreuves sont dangereuses, à telle enseigne que les jockeys payés à la course touchent plus d'argent pour les steeples que pour les courses de plat.

LES COURSES DE TROT

C'est un inspecteur des haras nationaux, Ephrem Houel, qui lança en France la mode des courses de trot. Elles devaient permettre de sélectionner de bons chevaux d'attelage. La première eut lieu en 1836 à Cherbourg, le jour de l'ouverture de l'hippodrome. Elle connut un grand succès et l'idée fut reprise, puis exportée. Aujourd'hui, les courses de trot sont populaires dans de nombreux pays, particulièrement aux États-Unis.

GROS PLAN

Le trot « français »

Lorsqu'on parle de courses de trot, il s'agit toujours de trot attelé, les chevaux tirant leur driver installé sur le très léger sulky. La France est le seul pays où se disputent des épreuves de trot monté.

Le cheval et la danse

L'équitation et la danse sont deux disciplines où seul le travail efface le travail. La grâce ne survient que lorsque l'effort disparaît derrière la maîtrise. Bien que difficilement conciliables, haute école et danse se conjuguent parfois et donnent de superbes spectacles.

Sorrel

DE LA BARRE AU MANÈGE

Lorsque le cheval se déplace comme une ballerine et que le danseur exécute de véritables sauts, danse et haute école aboutissent à une synergie parfaite.

LA DANSE DU CHEVAL

« Entre le cheval de promenade et le cheval de haute école, il y a la même différence qu'entre un humain qui marche et un humain qui danse. Le rapprochement n'est pas fortuit. Dans les académies qui fleurirent de la Renaissance au XVIIIe siècle, à côté de la musique, de l'escrime et de la géométrie, on enseignait conjointement l'art équestre et la danse.

Sorrel

Quand la danseuse est aussi écuyère...

Les spectacles de Sophie Bienaimé, au Musée vivant du cheval de Chantilly, associent haute école et danse avec une grâce quasi magique.

Sorrel

Tous deux procèdent des mêmes principes. C'est au terme d'un long travail et d'exercices quotidiennement répétés, selon une exigeante discipline et une progression savamment dosée, que chevaux et danseurs en arrivent à dessiner des gestes légers et aériens dont le bonheur d'exécution ravit l'œil du spectateur. Comme la danseuse, le cheval effectue des pas battus, des grands jetés ou des développés fastueux. Comme le cheval, la danseuse appuie, piaffe et galope, à tel point que l'on ne sait plus si c'est le cheval qui danse ou la danseuse qui passe. »

C'est ainsi que Danièle Rosadoni, à la fois écrivain et amazone émérite, annonce le numéro du Cheval et de la Danse au Musée vivant du cheval, à Chantilly. Ce numéro, au cours duquel une danseuse classique donne la réplique au lusitanien d'Yves Bienaimé,

LE COIN DU PRO

Danseur ou écuyer ?

Quand on est passionné de cheval et de danse, comment associer ces deux passions ? Faut-il devenir danseur ? Faut-il apprendre le dressage ? Il faut, bien sûr, apprendre les deux ! La danse doit être commencée de bonne heure, avant l'équitation, qui bride la souplesse lorsqu'elle est pratiquée intensément. Si on choisit ce métier, l'école du cirque est sans doute la meilleure voie.

GROS PLAN

Le cheval est-il capable d'apprendre par imitation ? Est-il capable de reproduire les gestes de danse qu'un humain à pied exécute sous ses yeux ? Autrement dit, est-il utile de montrer à sa monture comment exécuter un pas de danse avant de lui demander de l'exécuter à son tour ? Une éthologiste aussi fameuse que Marthe Kiley-Worthington pense que oui. Les équidés peuvent parfaitement comprendre le principe d'imitation. Il faut d'abord leur apprendre à imiter le dresseur. Ensuite, ils deviennent capable de répéter les gestes que leur dresseur leur montre, donc d'apprendre à danser avec un cavalier à pied.

Sorrel

est unique au monde. Il a obtenu le Grand prix spécial du jury, au XVe Festival du cirque de Monaco.

LE CADRE NOIR ET L'ÉTOILE

En mai 1999, le danseur étoile Patrick Dupond et le Cadre Noir de Saumur montaient ensemble un ballet équestre à Paris-Bercy. Contrairement à la danseuse du Musée vivant, l'ex-directeur de la danse à l'Opéra de Paris n'y dansait pratiquement jamais dans la sciure, mais sur une gigantesque estrade montée sur le petit côté de la carrière.

Le danseur étoile « rêvait d'être Pégase » et faisait allusion au film Les ailes du désir, pour expliquer son désir d'entrer dans le grand bal des chevaux. De son côté, le colonel de La Porte du Theil souligne les similitudes entre les deux arts : « Comme un danseur s'exerce à la barre chaque jour, le cheval travaille chaque jour sa musculation et sa souplesse ; ses gestes deviennent si précis qu'au fur et à mesure ils sont codifiés. »

DISCIPLINES PARALLÈLES

La danse et l'équitation académique se ressemblent plus qu'il n'y paraît. Dans ces deux disciplines, le corps est modelé, travaillé sans relâche pour livrer sa force avec grâce et élégance.

UNE RÉPÉTITION ARDUE

La danse exige un travail du corps régulier, sinon quotidien. Pour exécuter une chorégraphie, il faut répéter des dizaines de fois les mêmes exercices et figures de base. Le cheval doit, lui aussi, être exercé tous les jours et « faire ses gammes » sur différents airs d'école.

ÉCHAUFFEMENT

En équitation, comme en danse, toute séance commence par un échauffement qui prépare le corps, l'apprivoise, l'assouplit, l'étire, le muscle pour qu'il réponde convenablement au moment voulu. La ballerine travaille à la barre, tandis que l'écuyer utilise le pare-botte pour ses épaules en dedans ou ses croupes au mur.

Tous deux effectuent, parallèlement à leur travail physique, un travail mental. Il s'agit de mémoriser une reprise ou une chorégraphie ; d'apprendre à coordonner parfaitement ses mouvements de manière à les accomplir avec finesse et précision, ainsi qu'avec cette parfaite fluidité qui donne l'illusion de la facilité.

CLASSIQUE OU MODERNE

La musique est, bien sûr, la trame commune aux deux disciplines. Dans les reprises de l'École espagnole de Vienne, les chevaux ne dansent-ils pas en musique, répondant incontestablement au tempo du morceau ? Pirouettes (au galop), sauts (d'école), entrechats, passages ou piaffers sont exécutés en rythme.

L'équitation académique, celle de Vienne, correspond à la danse classique, tandis que l'équitation camarguaise, la doma vaquera ou les pas de deux répondent aux danses folkloriques traditionnelles : la bourrée, le menuet en France ; le flamenco en Espagne ; le tango en Argentine. La danse moderne existe également en équitation. Des écuyers comme Bartabas (de Zingaro) s'affranchissent incontestablement des contraintes de la haute école pour inventer de nouvelles formes d'art équestre.

Sorrel

Les artistes et les dresseurs utilisent à la fois les possibilités du cirque, de la danse moderne et du théâtre pour créer des spectacles équestres qui constituent un genre en soi.

Le cirque d'aujourd'hui

Le cirque d'autrefois, qui allait de ville en village, a pratiquement disparu. Mais le cirque existe encore, et les numéros équestres, qui n'ont cessé d'évoluer et de se développer, ont conquis un nouveau public.

Bob Langrish

ENTRE PISTE ET ÉCRAN

Le progrès a bien failli faire disparaître le cirque. Mais, en l'obligeant à se renouveler, il lui a aussi permis de renaître sous une autre forme.

LE CIRQUE ET L'IMAGE

Avant l'arrivée de la télévision, il fallait sortir de chez soi pour assister à un spectacle. De multiples cirques, plus ou moins grands, sillonnaient l'Europe et dressaient leur chapiteau sur les places des villes et des villages. Mais le petit écran a fait diminuer le public des cirques. Peu à peu, il n'a plus subsisté que les grands cirques de réputation mondiale qui se produisent dans les grandes villes et les tout petits cirques familiaux qui donnent des spectacles très simples dans les villages, pour le bonheur des enfants.

Bob Langrish

Les numéros qui témoignent d'une véritable complicité entre le cheval et le dresseur sont les plus appréciés. Si, en plus, ils font rire, c'est l'ovation assurée !

LE COIN DU PRO
Du cirque au rêve...

La troupe des Zingaros préfère l'appellation « théâtre équestre » à celle de cirque. Mais, sous leur chapiteau, on n'est ni tout à fait au théâtre, ni tout à fait au cirque. Montés principalement par Bartabas, des chevaux évoluent sur la piste avec grâce et précision sous des éclairages discrets et mouvants, dans un environnement véritablement magique. Ces spectacles mettent en évidence l'osmose qui s'est créée entre le cavalier et ses chevaux. Ce cirque français a obtenu d'éclatants succès à l'étranger.

Toutefois, à sa façon, c'est-à-dire en diffusant depuis ses débuts des programmes sur le cirque, la télévision a rendu à celui-ci de grands services. De « La piste aux étoiles » au festival du cirque de Monaco, elle sélectionne des numéros de grande qualité, qui charment ou font frémir. Les « circassiens » doivent tenir compte du petit écran quand ils créent leurs numéros.

EN COSTUME D'ARTISTE

La plupart des amateurs de cirque ne connaissent pas vraiment les chevaux. Pour

Les numéros de cirque sont souvent le résultat d'années de travail. La plupart du temps, le dressage repose sur des bases classiques.

Bob Langrish

Bob Langrish

épater public et téléspectateurs, les artistes s'efforcent donc de présenter des animaux sortant de l'ordinaire. Ils choisissent, bien sûr, leurs chevaux avant tout pour leurs qualités psychiques et physiques – intelligence, capacité d'apprentissage, souplesse, force. Mais, ensuite, dans la mesure du possible, ils donnent la préférence aux robes remarquables et s'efforcent d'associer les animaux selon les règles du contraste ou de l'harmonie. Autrefois dominaient les robes pie ou tachetées. De nos jours, beaucoup d'artistes préfèrent des associations plus subtiles : chevaux noirs comme de l'ébène montés par des cavaliers en blanc, palominos dont l'or brille dans la lumière des spots, etc. En matière de cirque, l'habit fait le moine !

LE SAVIEZ-VOUS ?

Des stars anonymes

Vedettes du petit écran, les chevaux le sont aussi du grand. Ce sont parfois de véritables numéros de cirque qu'ils exécutent pour les besoins de certains films. Dans L'Etalon noir, par exemple, on voit un des onze chevaux utilisés pour le tournage – oui, onze chevaux noirs ! – se cabrer et écraser un serpent à coups de sabots. En fait, le cheval a simplement obéi aux ordres verbaux de son dresseur, comme il le fait dans un numéro sur piste.

UN DRESSAGE TOUT EN FINESSE

Comme autrefois, mais... Au cirque, les numéros équestres sont plus variés aujourd'hui qu'autrefois. Mais, surtout, les chevaux ne sont plus éduqués de la même manière.

UN DRESSAGE FONDÉ SUR LE RESPECT

De nos jours, le public n'attend plus du dresseur un numéro de dompteur. Cris et coups de fouet soulèvent son hostilité. Les spectateurs apprécient les dresseurs qui travaillent avec la complicité de leurs chevaux, les animaux donnant l'impression de participer, presque de leur plein gré, à une sorte de jeu. Les dresseurs mettent parfois des années à développer le talent de leurs chevaux et à le faire valoir sur la piste. Seule une relation fondée sur le respect permet au cheval de donner le meilleur de lui même, de façon brillante et convaincante.

DE LA VOLTIGE À LA DANSE

Les numéros de cirque sont encore principalement basés sur la voltige, la présentation en liberté et la haute école.

Pour les numéros de voltige, un, deux ou trois chevaux tournent ensemble autour de la piste, pendant que des artistes effectuent sauts et acrobaties sur leur dos. Dans les numéros de clowns, un cheval facétieux ne cesse d'enlever le chapeau de son maître ou... de le pousser dans un baquet d'eau. D'autres numéros reposent sur des airs de haute école, le cheval exécutant pas espagnol, courbette et levade avec la grâce d'un danseur, souvent en duo avec une écuyère-danseuse.

Les artistes ne cessent de concevoir des spectacles de plus en plus sophistiqués où danse, voltige, musique et mise en scène se mêlent et créent une atmosphère poétique.

Toujours la même piste

Malgré toutes les inventions et les innovations, les artistes du cirque continuent généralement à se produire sur une piste de 13 m de diamètre.

GROS PLAN

Lors des numéros de voltige, les chevaux portent souvent une sorte de plate-forme matelassée qui répartit le poids du ou des voltigeurs sur leur dos.

Bob Langrish

Le cirque d'hier

Le mot cirque évoque des spectacles extraordinaires avec paillettes et fanfares. Le cheval y a toujours occupé une place prépondérante – il en fut longtemps l'âme.

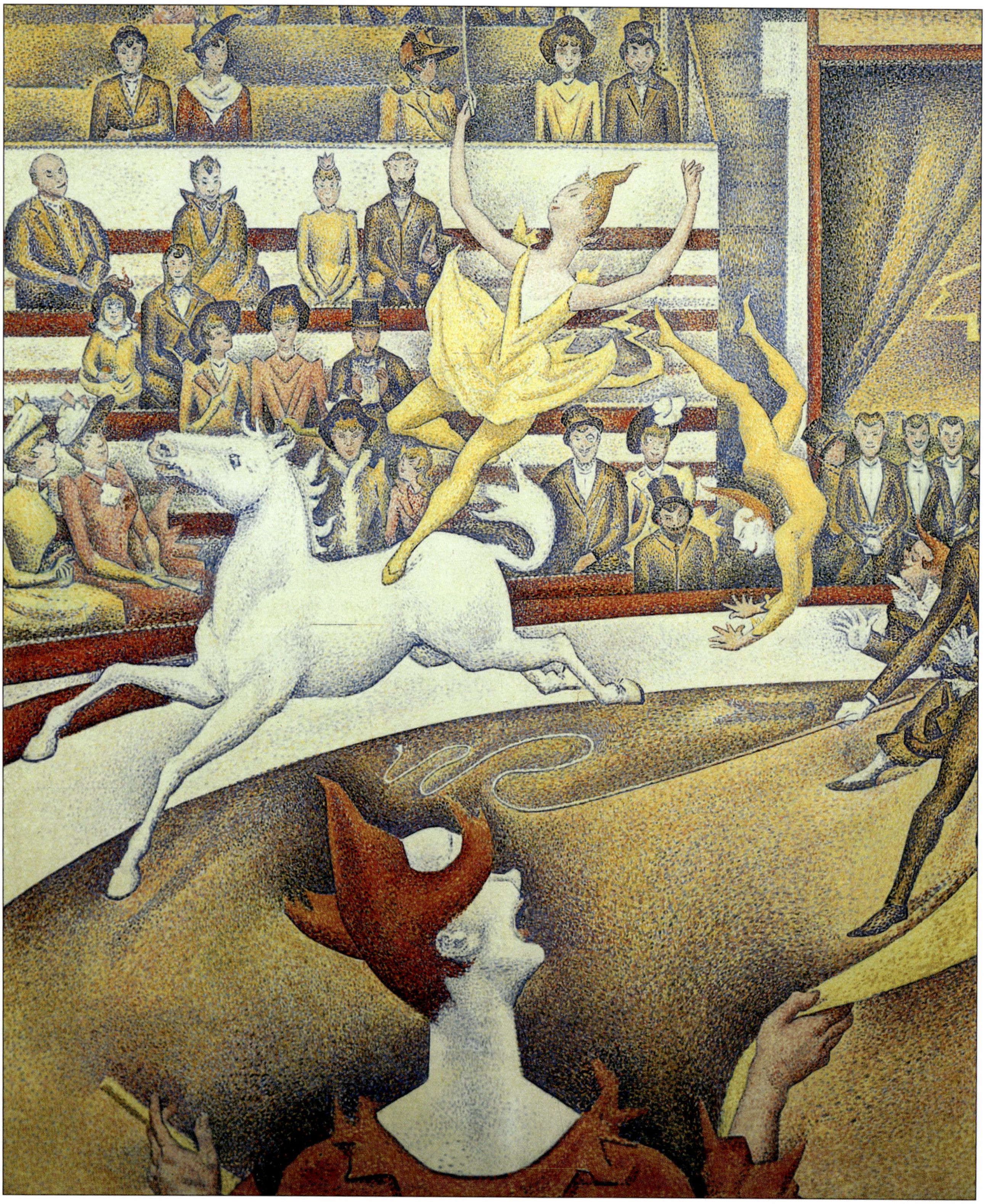

(Georges Seurat, *Le Cirque* ; musée d'Orsay, Paris.)

DES COURSES DE CHAR AUX PANTOMIMES

Bien qu'il ait disparu durant des siècles, le cirque existe depuis très longtemps.

LES ROMAINS ET LES COURSES

Les premiers cirques clos furent sans doute ceux de la Rome antique. On ne peut les évoquer sans penser aux gladiateurs et aux chrétiens jetés aux lions.

Ils avaient pourtant été construits avant tout pour les courses de chars. En bois dans un premier temps, puis en maçonnerie, ils devinrent de plus en plus somptueux.

Certains, comme le circus Maximus, étaient réputés pour leur magnificence et, surtout, pour leurs dimensions. Celui-ci pouvait contenir 385 000 spectateurs !

DE PLUS EN PLUS FORT !

Les compétitions les plus prisées des Romains étaient les courses de quadriges (chars attelés de quatre chevaux).

Sous le règne d'Auguste, douze courses avaient lieu chaque jour. Ce nombre s'éleva jusqu'à trente-quatre sous Caligula et à cent sous les Flaviens !

Lorsque l'Empire romain disparut, le cirque s'éteignit pratiquement avec lui. Il ne devait vraiment reparaître qu'au XIXe siècle.

GROS PLAN

Dans les cirques construits par Astley, la piste ronde avait un diamètre de 13 m. Pourquoi ? Parce que c'est la meilleure dimension pour faire tourner un cheval en longe, donc en liberté. Depuis, le diamètre des pistes de cirque n'a jamais varié.

(Henri de Toulouse-Lautrec, Acrobate à cheval, *Musée Toulouse-Lautrec, Albi)*

RENOUVEAU ET BALBUTIEMENTS

Le cirque moderne a pris naissance en Angleterre. Désireux de montrer son adresse de cavalier et de cascadeur, un ancien sous-officier des dragons, Philip Astley (1742-1814), organisa des spectacles équestres ambulants en plein air.

Le succès le poussa à faire construire un premier amphithéâtre en plein Londres, dans Westminster Road.

Il chercha ensuite à varier ses numéros. Il mêla donc aux exercices purement équestres des acrobaties, des pantomimes et, même, des ombres chinoises géantes.

(Henri de Toulouse-Lautrec, *Au cirque Fernando, l'écuyère*, The Art Institute of Chicago).

Beaucoup d'artistes ont été fasciné par l'atmosphère particulière du cirque.

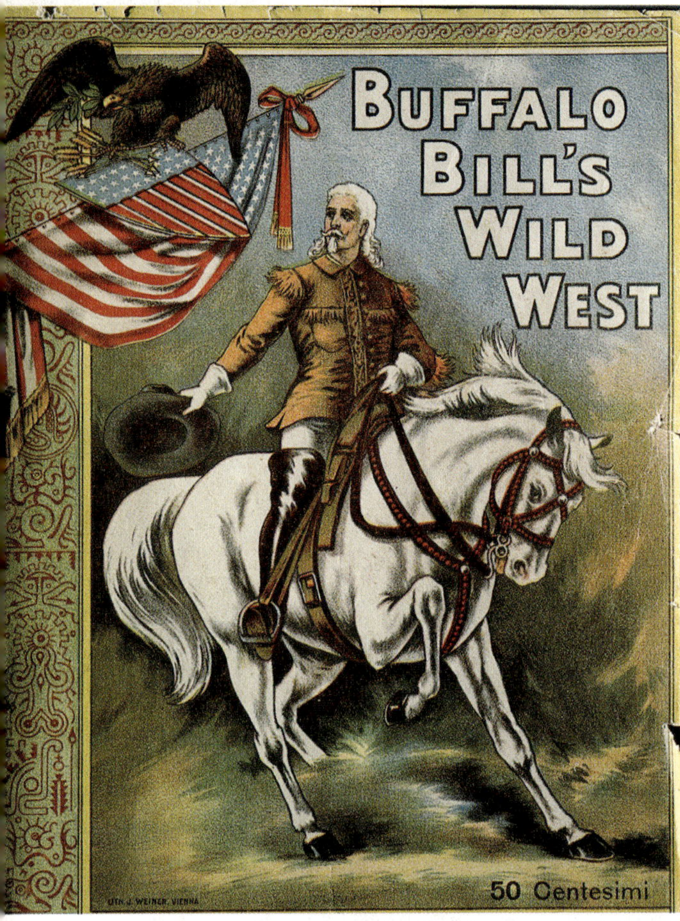

Collection C. Gualandi, Ferrare.

LE SAVIEZ-VOUS ?
Outre-Atlantique

Aux États-Unis, on aime tout ce qui est « le plus grand du monde ». Dès le milieu du XIXe siècle, des cirques gigantesques ont sillonné le pays. Celui de Barnum fut certainement le plus célèbre et le plus démesuré.

Il lui fallait un train entier pour se déplacer ! Un autre cirque américain réservait une place particulière aux chevaux : le Wild West Show, mis sur pied par le légendaire Buffalo Bill.

Il se produisit non seulement aux États-Unis, mais aussi à travers toute l'Europe ; la reine Victoria elle-même lui réserva le meilleur accueil.

Bientôt, précédé par sa renommée, il vint se produire à Paris où, en 1783, il fit bâtir l'Amphithéâtre anglais, rue du Faubourg-du-Temple. À partir de 1802, l'éta-blissement fut exploité par une grande famille d'écuyers et de gens de cirque, les Franconi.

LA HAUTE ÉCOLE EN SPECTACLE

Pendant tout le XIXe siècle, le cirque est resté un spectacle essentiellement équestre, qui s'est vite orienté dans trois directions : la voltige, la présentation en liberté et la haute école.

D'INVENTION EN INVENTION

Parmi les innombrables numéros équestres inventés à cette époque, citons-en deux fort célèbres.

Dans le numéro connu sous le nom de « poste royale » – devenu par la suite « poste de Saint-Pétersbourg » – l'écuyer devait se tenir debout sur deux chevaux, un pied sur chaque croupe, tout en conduisant « un attelage » de six ou huit autres chevaux aux longues rênes.

Le numéro du tailleur militaire tenait, lui, de la pitrerie. Un écuyer représentant le tailleur d'une caserne de cavalerie – personnage ayant la réputation de ne jamais monter à cheval – se trouvait dans l'obligation de se mettre en selle.

Bien évidemment, ses maladresses de clown déclenchaient l'hilarité de l'assistance.

DES MAÎTRES EN PISTE

Bien des écuyers et des écuyères connurent de formidables succès en piste.

Ce fut le cas de Caroline Loyo, qui commença à se produire au Cirque olympique, à Paris, et y demeura cinquante ans !

Les maîtres de l'art équestre attiraient les foules.

Parlons de Baucher, mais aussi de James Fillis, admiré parce qu'il faisait exécuter à ses chevaux un air jusqu'alors inconnu : un « trot espagnol nouveau à deux temps sur chaque jambe et alternatif à un et deux temps ».

Air que nul autre n'a jamais obtenu !

ATTENTION, DANGER !

Certains exercices de saut à cheval sont parmi les plus périlleux du cirque (davantage encore, souvent, que les numéros de trapèze). La première qualité demandée au cheval de voltige est la régularité des allures car un saut se joue à quelques centimètres près.

Bob Langrish

À SAVOIR

Les risques de la piste
Le métier d'écuyer, que l'on fût ou non clown équestre, n'a jamais été sans danger puisqu'un exercice de voltige avait pour nom « le saut de la mort ».
Certains y laissaient leur vie, comme ce fut le cas de Charles Voisin, qui tenait un rôle de tailleur maladroit.
Il mourut d'un coup pied de cheval « que l'animal n'avait aucune intention de lui donner »...

ssier/Cogis

L'ATTELAGE

Les différentes voitures
Le cheval d'attelage
La préparation du cheval d'attelage
Entraînement et soins du cheval d'attelage
Meneur et coéquipiers
Le marathon
L'attelage de tradition

Les différentes voitures

La famille des voitures attelées est immense : c'est que l'histoire du transport à cheval est très longue. Elle continue d'ailleurs à vivre grâce à l'attelage de tradition.

Miriski/Cogis

UNE LONGUE HISTOIRE

Du char à bœufs des Gaulois au tilbury des duchesses, la voiture attelée a connu bien des innovations.

QUELQUES DATES

Les trois dates principales sont :

- l'apparition de la roue à rayon, plus légère que la roue pleine utilisée jusque-là, aux alentours de 1700 av. J.-C. ;
- la création du coche, avec son centre de gravité abaissé, au XVe siècle ;
- la mise au point de la suspension à ressort par les carrossiers anglais au XVIIIe siècle, suspension qui améliorait beaucoup la stabilité de la voiture et le confort des passagers tout en rendant la charge plus facile à tracter pour les chevaux.

Dagli Orti/IGDA (Musée national de la Voiture et du Tourisme, Compiègne).

Au XIXe siècle, l'attelage privé devint un véritable phénomène de mode. Les carrossiers imaginèrent alors toutes sortes de véhicules – ici, une chaise à poney.

LE XIXe SIÈCLE

L'attelage étant resté pendant des siècles le principal moyen de transport sur la terre ferme, une multitude de voitures ont été inventées au fil des siècles, au gré des inventions techniques mais aussi en fonction des besoins et de l'état des réseaux routiers.

Le XIXe siècle a sans doute été l'un des plus productifs en la matière, la mode de l'attelage privé incitant les carrossiers à inventer des modèles toujours plus perfectionnés et plus élégants.

LA VOITURE MODERNE

Les voitures modernes, faites avec des matériaux plus résistants et beaucoup plus légers, ont toutefois considérablement modifié les possibilités de l'attelage. Si les collectionneurs préfèrent les voitures anciennes restaurées, les véhicules utilisés dans les compétitions d'attelage sont le plus souvent de conception moderne, même quand ils sont faits « à l'ancienne », c'est-à-dire sur des modèles traditionnels.

DEUX OU QUATRE ROUES ?

Pour s'y retrouver dans la grande famille des voitures, il faut diviser celle-ci en deux catégories simples : les voitures à deux roues et les voitures à quatre roues.

LES VOITURES À DEUX ROUES

La voiture à deux roues est la plus simple et la moins onéreuse, à la fois parce qu'elle fait

Miriski/Cogis

Une voiture légère à deux roues, type charrette anglaise.

Sorrel

Les voitures anciennes restaurées gardent un charme particulier qui séduit les collectionneurs.

BON À SAVOIR

Les voitures à quatre roues peuvent être tirées par un cheval, deux chevaux en paire ou en tandem, quatre chevaux ou plus.

buggy

tilbury

charrette anglaise

Illustrations : Chantal Dumoux

appel à une technique simple et parce qu'elle peut être tirée par un seul cheval.

À l'origine, la voiture à deux roues, type chariot avec sa caisse brute, était surtout destinée au transport des marchandises.

Mais de nombreuses voitures élégantes, conçues pour le transport des personnes, sont apparues par la suite : buggy, dog-cart, tilbury, etc.

mail coach

phaeton

coupé

Illustrations : Chantal Dumoux

UNE TECHNIQUE SIMPLE

La voiture à deux roues est faite d'une caisse, de deux brancards, d'un point d'attache et d'un train. Elle est d'un entretien assez simple.

Les petites voitures à deux roues de conception moderne sont faciles à mener et ne reviennent pas très cher.

Elles conviennent bien à l'attelage de loisir et sont généralement adoptées par les meneurs débutants.

Elles peuvent être tirées par un cheval ou un poney ou par deux chevaux ou deux poneys en tandem.

GROS PLAN
Quelques voitures à quatre roues

La liste est longue et le choix parmi toutes ces merveilles est forcément arbitraire. Citons la berline, voiture créée à Berlin au XVIIe siècle et conçue pour les longs trajets ; le break (de l'anglais *to break*, rompre, dresser), qui servit d'abord au dressage des chevaux puis devint une voiture pour le transport des passagers ; la calèche, voiture à deux portes et à deux passagers, le cocher étant assis devant ; la diligence, voiture publique qui transportait voyageurs et colis ; le landau, voiture de maître à quatre places conçue... dans la ville de Landau, en Bavière ; le phaéton, dont la caisse haute porte deux banquettes parallèles et, bien sûr, l'omnibus, grosse voiture tirée par six chevaux, conçue pour transporter plusieurs voyageurs.

Quelques voitures à deux roues

Parmi les voitures à deux roues, citons le cabriolet, voiture légère à deux places, son cousin le cab, créé en 1850, où le cocher se tient à l'arrière, les guides passant au-dessus du passager, le tilbury, élégante voiture appréciée des dames au XIXe siècle.
Mais il faudrait encore parler du dog-cart, de la charrette anglaise, destinée à la chasse à courre, du tonneau, du gracieux buggy, etc.

LES VOITURES À QUATRE ROUES

Elles sont généralement plus complexes – à concevoir, à entretenir et à mener – que les voitures à deux roues.

DES VOITURES IMPOSANTES

Les voitures à quatre roues furent surtout conçues pour le transport des personnes, l'exemple type étant, bien sûr, la diligence. On utilisait aussi les voitures à quatre roues pour le transport des marchandises, mais, dans ce cas, la caisse restait brute.

D'un point de vue technique, les voitures à quatre roues sont assez complexes : elles ont un double essieu, une suspension à quatre ressorts, un train arrière solidaire de la caisse et un avant-train tournant.

LA TECHNIQUE AU SERVICE DE L'ATTELAGE

Les véhicules modernes sont d'une conception résolument différente, en tout cas pour ce qui est de leur avant-train articulé, qui permet une grande maniabilité. Les matériaux modernes ont permis de construire des carrosseries et des châssis beaucoup plus légers, qui s'adaptent à tous les attelages.

Le cheval d'attelage

Les chevaux, tout comme nous, ne peuvent être performants dans toutes les disciplines. Et si certaines races se montrent assez polyvalentes, toutes ne sont pas adaptées à l'attelage, qui nécessite beaucoup de force et un tempérament docile.

Sorrel

IL NE PORTE PAS, IL TIRE

Le cheval attelé tire une charge mais ne porte pas de poids. Les efforts qui lui sont demandés sont très différents de ceux que l'on attend du cheval monté.

ATTELÉ OU MONTÉ

Un cheval attelé peut travailler plus longtemps qu'un cheval monté et parcourir des distances plus importantes. Il peut aussi commencer à travailler plus tôt, car l'attelage n'a pas sur le squelette et les articulations du cheval le même impact que l'équitation.

Néanmoins, de nombreux chevaux de selle se prêtent à l'attelage. On les appelle des chevaux à double fin : citons les trotteurs, les selles français et américains, l'andalou, le frison, le lipizzan, le holstein. Ils constituent de bons attelages légers et conviennent pour la compétition. En revanche, ils ne sont pas adaptés au travail (travaux agricoles, débardage, etc.).

LE SAVIEZ-VOUS ?

Les chevaux lourds, déconsidérés pendant des années, retrouvent la faveur de nombreux amateurs. Leur force, leur beauté et leur tempérament conciliant sont de grands atouts en attelage.

BON À SAVOIR

Pour atteler à plusieurs chevaux, l'idéal est, bien sûr, de choisir plusieurs individus de même race. À défaut, choisissez des animaux de même taille et d'allures similaires. Une inégalité des forces engendre des difficultés importantes.

Kit Houghton

LES ÉLÉMENTS À PRENDRE EN COMPTE

Le choix d'un cheval d'attelage dépend avant tout, bien sûr, de l'usage auquel on le destine. En schématisant, on peut diviser l'attelage en trois grandes catégories : l'attelage de trait lourd, l'attelage léger et l'attelage de compétition. Vous devez choisir votre cheval en fonction du type d'attelage que vous souhaitez pratiquer et, bien sûr, de la voiture que vous employez. Néanmoins, on recherche toujours chez le cheval d'attelage certaines qualités physiques et mentales indispensables.

Bob Langrish

LA FORCE AVANT TOUT

Un cheval d'attelage doit être fort – ce qui ne veut pas forcément dire lourd. Le barbe

Kit Houghton

Certaines races, comme le frison, sont assez polyvalentes pour se prêter à la selle comme à l'attelage.

LE COIN DU PRO

En compétition, on voit beaucoup de chevaux de sang, appréciés pour leur rapidité, leur réactivité. Attention toutefois, il faut éviter les sujets nerveux ou ombrageux.

Lacz/Sunset

ou l'anglo-arabe, par exemple, compensent leur légèreté par un bon influx nerveux. Le poids et la taille n'ont pas la même importance selon le type d'attelage pratiqué : pour les travaux de force ou les charges pesantes, un animal lourd et de taille assez importante est nécessaire. Pour les compétitions, un cheval doit mesurer au moins 1,48 m, sinon il est classé dans la catégorie poney.

UN MODÈLE ADAPTÉ

On recherche plutôt une épaule longue et droite, ce qui permet une bonne mise en place du collier, et les marques de puissance : poitrail ouvert, « éclaté », poitrine profonde, croupe généreuse et large, articulations solides. Mais ce sont des généralités et, selon le type d'attelage pratiqué, on choisit de privilégier certaines qualités plutôt que d'autres : la force ou bien la rapidité, un influx nerveux important ou une certaine placidité, la masse ou l'élégance, etc.

LA BEAUTÉ DES ALLURES

Que ce soit pour le loisir ou la compétition, la qualité des allures détermine pour beaucoup la beauté de l'attelage. Même si vous n'êtes pas sensible à leur élégance, soyez attentif à l'engagement du cheval, au rythme et à la régularité de ses gestes, à la rectitude des aplombs. Il faut savoir que des allures économiques, parfois moins belles, épargnent, à court et à long terme, beaucoup de fatigue au cheval : ses articulations s'usent peu, il se fatigue moins vite et peu parcourir des trajets plus importants.

LA SÉCURITÉ AVANT TOUT

Quand on attelle, on est souvent sur les routes ou dans les villes. Pour votre sécurité et pour la sienne, un cheval d'attelage doit impérativement savoir garder son calme dans une situation difficile.

LE MENTAL DU CHEVAL D'ATTELAGE

On reproche souvent aux éleveurs français qui font de la sélection de ne pas prendre suffisamment en considération les dispositions psychologiques du cheval. L'attelage, plus que toute autre discipline, exige une sélection rigoureuse du caractère des chevaux. C'est cela qui explique le succès de certaines races, notamment allemandes et néerlandaises. Avant d'atteler un cheval, il faut s'assurer que son tempérament est adapté à cette discipline.

SANG-FROID ET BONNE VOLONTÉ

On ne peut songer à atteler un animal caractériel. Un cheval ombrageux, vicieux, craintif, agressif à l'égard de ses congénères ou des hommes, devrait être systématiquement écarté de la reproduction – et de la pratique de l'attelage. Un bon cheval d'attelage est docile, courageux, coopératif. Il peut avoir du sang, donc un influx nerveux relativement important, mais ne confondez pas énergie et nervosité. Préférez toujours un animal calme et, surtout, capable de conserver son sang-froid et de rester obéissant même dans les situations délicates.

GROS PLAN

Quand on attelle par paire, les deux chevaux doivent bien s'entendre et avoir des tempéraments compatibles, sinon similaires.

Kit Houghton

La préparation du cheval d'attelage

Même s'il est déjà parfaitement mis sous la selle, le cheval doit être préparé au travail spécifique de la traction. Longues rênes, fouet, voix, harnais : tout cela doit lui être présenté progressivement.

Bob Langrish

AVEC UN CHEVAL DÉBOURRÉ

Nous considérons ici la préparation spécifique à l'attelage, le cheval étant déjà débourré.

METTRE LE CHEVAL AUX LONGUES RÊNES

La mise aux longues rênes est un moment important dans le dressage de tous les chevaux. Elle est d'une importance particulière, on s'en doute, pour le cheval d'attelage. On procède à la mise aux longues rênes quand le cheval est parfaitement aux ordres en longe.

Pour les premières leçons, mieux vaut travailler le cheval en caveçon. Il faut se faire aider d'une personne qui se tient à la tête du cheval et le contrôle avec une longe fixée à l'anneau central du caveçon. Les longues rênes sont fixées aux anneaux latéraux du caveçon, puis passées dans les clés du surfaix.

PATIENCE ET DOUCEUR

Il faut amener en douceur le cheval à accepter la sensation des longues rênes sur sa croupe. Le dresseur marche tantôt à côté du cheval, tantôt derrière lui. L'objectif est de lui apprendre à mobiliser ses épaules et non pas seulement sa tête et son encolure, ainsi que de l'accoutumer à la pression des rênes sur sa croupe et, lorsque le dresseur marche à côté, au-dessus de ses jarrets. Soyez patient et peu exigeant. Accordez de fréquentes récréations et récompensez abondamment. Les premières séances aux longues rênes doivent être très courtes (10-15 mn).

Lorsque le cheval accepte les longues rênes dans le calme et répond bien aux ordres, l'assistant peut se retirer. On peut ensuite travailler sur le filet.

GARNIR LE CHEVAL

L'étape suivante consiste à « garnir » le cheval, c'est-à-dire à lui passer le harnais d'attelage. Il faut pour cela procéder progressivement en posant le harnais pièce par pièce. Un cheval bien débourré accepte tranquillement cette étape si elle est menée avec la douceur nécessaire. Il doit s'habituer à se déplacer à toutes les allures avec le harnais jusqu'à ce qu'il retrouve une aisance parfaite.

LA TRACTION

La sensation suscitée par une résistance sur les traits est tout à fait nouvelle pour le cheval. Il doit alors comprendre qu'on attend de lui qu'il résiste lui-même et tire la charge.

COMPRENDRE LA TRACTION

Pour commencer, deux assistants doivent s'accrocher aux traits en se plaçant assez loin derrière le cheval. Ils s'écartent plus ou moins et dosent la résistance qu'ils exercent selon les indications du dresseur. L'avantage de la coopération de deux assistants est qu'ils peuvent réagir rapidement si le cheval n'accepte pas bien la traction.

LE PNEU

Lorsque le cheval semble comprendre le principe de la traction, on l'attelle à un pneu accroché à un palonnier. Cette charge, qui est sans danger, lui permettra de mieux se familiariser avec les sensations qui accom-

GROS PLAN
Le matériel nécessaire

Pour mettre votre cheval à l'attelage, il vous faudra :

- un caveçon
- un filet
- de longues rênes ou deux longes de travail
- une chambrière
- un harnais de travail
- une traîne en bois ou un vieux pneu muni d'un palonnier
- des cordes
- de faux brancards (des tuyaux en PVC, par exemple)
- une voiture à deux roues

Le moment est venu d'aborder la traction. D'abord avec un assistant...

Kit Houghton

BON À SAVOIR
Les aides du dresseur

Contrairement au cavalier, le meneur n'a pas de contact physique avec le cheval : il doit employer des aides particulières. Le fouet et la voix sont deux outils de communication très importants. Pendant toute la phase préparatoire aux longues rênes et au trait, le meneur doit enseigner ce code de communication au cheval.

pagnent l'attelage. Attention, ses réactions peuvent être violentes ! On peut remplacer le pneu par une traîne en bois. Le dresseur ou l'assistant peut monter sur le pneu ou la traîne lorsque le cheval se montre calme.

LES BRANCARDS

Le cheval est maintenant familier avec le harnais et les traits. Reste à lui donner l'occasion de découvrir les brancards. Leur contact et le sentiment d'emprisonnement qu'ils provoquent risquent de susciter des réactions violentes.

Deux assistants se placent à droite et à gauche du cheval en tenant les faux brancards (tuyaux en PVC ou baguettes rondes en bois) qu'ils rapprochent progressivement de ses flancs.

LA MISE À LA VOITURE

Il faut maintenant mettre le cheval à la voiture. On se fera aider de deux assistants. Il faut amener la voiture au cheval et non chercher à faire reculer celui-ci vers les brancards.

Bob Langrish

D'abord, accoutumer le cheval aux longues rênes avec l'aide d'une autre personne qui le contrôle...

Bob Langrish

... puis travailler l'obéissance aux longues rênes.

Bob Langrish

... puis comme aux longues rênes mais sans assistant ; le cheval sera prêt, ensuite, pour la voiture.

Bob Langrish

On peut alors garnir le cheval et le familiariser aux trois allures avec la sensation du harnais.

Entraînement et soins du cheval d'attelage

Bien que l'on attelle de plus en plus souvent des chevaux polyvalents qui vont aussi bien sous la selle que sous le trait, le cheval d'attelage nécessite un entraînement et des soins spécifiques.

Farissier/Cogis

UNE EXISTENCE DIFFÉRENTE

Entre le cheval d'attelage qui tirait un omnibus en 1900 et celui que l'on pomponne en vue d'une épreuve de tradition, il y a un gouffre...

UN DUR LABEUR

Autrefois, les chevaux d'attelage étaient des chevaux de labeur qui passaient souvent plus de huit ou dix heures d'affilée dans les brancards et rentraient à l'écurie épuisés. Le travail constituait en soi un entraînement très exigeant. Le soir venu, les chevaux harassés acceptaient sans mal de séjourner dans les stalles. Depuis que l'attelage est devenu un sport et un loisir, le cheval qui travaille dans cette discipline a besoin d'un entraînement régulier pour remplacer les longues heures de labeur – et ne peut plus être logé de façon sommaire.

DES HAUTS ET DES BAS

Assez souvent, le cheval d'attelage est soumis à des sorties irrégulières : il lui arrive de ne rien faire pendant toute la semaine et de parcourir des dizaines de kilomètres le week-end.

Cette irrégularité peut être à l'origine de nombreux problèmes : douleurs articulaires, problèmes de dos, problèmes digestifs, maladie du lundi, etc.

BON À SAVOIR

Il faut également profiter des séances de travail pour aborder le problème des montées et des descentes, le cheval devant, dans ce cas, apprendre à doser son effort ainsi qu'à tirer et à retenir la voiture.

Hermeline/Cogis

Il faut donc s'efforcer avant tout de le sortir régulièrement et, s'il doit rester au repos des journées entières, de ne pas le faire vivre toujours au box.

L'ENTRAÎNEMENT

Bien qu'on attelle de plus en plus des chevaux à sang chaud qui travaillent également sous la selle et qui sont bien mis, le cheval d'attelage doit être soumis à un entraînement spécifique si on veut qu'il s'accoutume à la voiture et qu'il la tracte avec aisance.

TOUS LES JOURS

Dans l'idéal, il faudrait faire travailler le cheval tous les jours et plutôt deux fois qu'une, surtout s'il vit au box. S'il est mis sous la selle, il faut alterner travail attelé, travail monté et travail aux longues rênes.

Le travail monté permet d'aborder des exercices qu'il est difficile d'exécuter aux longues rênes ou sous les traits : cercles et

Monnier/Cogis

Si on destine son attelage aux compétitions, il faut établir un planning d'entraînement rigoureux.

BON POUR LE MORAL

Comme tout cheval de sport ou de loisir, le cheval d'attelage doit pouvoir se dépenser quotidiennement pendant plusieurs heures. Si vous n'avez pas le temps de lui assurer deux sorties par jour, il faut le faire vivre au pré.

Miriski/Cogis

Seul un entraînement régulier permet d'obtenir que les chevaux d'un attelage en paire ou à quatre travaillent en bonne harmonie.

LE COIN DU PRO

De longues séances de trot sur le plat contribuent au développement de l'endurance du cheval et font partie de l'entraînement si l'attelage est destiné au sport. Dans la mesure du possible, il est préférable de trouver un sol moins dur que le bitume.

Hermeline/Cogis

serpentines, travail sur deux pistes, travail au galop. Il convient également d'emmener régulièrement le cheval en extérieur pour une balade décontractée.

AVEC LA VOITURE

Il est indispensable que le cheval retrouve au moins une fois par semaine les sensations de la mise à la voiture et de la traction. Le travail en traction met à contribution des muscles particuliers qui ne se développeront pas si le cheval n'est pas soumis à un exercice régulier.

Commencez toujours par le faire marcher pendant au moins 10 minutes avant d'aborder un bon trot actif sur le plat. Remettez régulièrement le cheval au pas pour lui permettre de souffler et n'oubliez pas de travailler les arrêts et l'immobilité, essentiels quand il s'agit d'un cheval d'attelage.

LES SOINS AVANT ET APRÈS LE TRAVAIL

L'usage d'un harnais qui appuie en de multiples points sur le corps du cheval doit vous inciter à une vigilance particulière. Prévoyez des soins d'une trentaine de minutes avant et après le travail.

AVANT D'ATTELER

Avant de mettre le cheval à la voiture, vous devez procéder à un pansage rigoureux. Il est d'autant plus nécessaire que la friction des harnais sur une peau sale risque de provoquer des blessures et des gonfles. Pendant ce pansage, contrôlez tous les points délicats, c'est-à-dire ceux où les harnais appuient le plus, à la recherche d'une usure du poil, d'une irritation, d'un début de blessure. Un cheval blessé sous le harnais doit être mis au repos jusqu'à complète cicatrisation, faute de quoi la blessure s'aggrave, s'infecte et s'installe durablement. Curez également les pieds et vérifiez l'état de la ferrure.

LE BON GESTE

Les heures passées à parcourir les chemins de terre et les routes goudronnées mettent les pieds et les fers à rude épreuve. Prenez soin des pieds du cheval et contrôlez-les systématiquement avant et après le travail.

APRÈS LE TRAVAIL

Une fois que vous avez dételé, séchez le cheval en le bouchonnant si nécessaire. Si ses membres sont couverts de boue, douchez-les et séchez-les. Une fois encore, contrôlez les points de friction du harnais, vérifiez que la bouche n'est pas blessée, prenez les pieds pour vous assurer qu'ils sont en bon état et que les quatre fers tiennent bien. Si le cheval a fourni un effort important, posez des bandes de repos ou un cataplasme de poudre armoricaine.

Miriski/Cogis

Meneur et coéquipiers

L'attelage est une discipline sportive et un loisir que l'on pratique rarement seul. La présence de compagnons ajoute au plaisir. Simples passagers ou grooms compétents, ceux-ci doivent, pour le bon menage et la sécurité de l'attelage, connaître leur place et respecter certaines règles.

Monnier/Cogis

RESPECTER LES RÈGLES DE SÉCURITÉ

Monter dans la voiture, y prendre place, en descendre : tout cela répond à des règles d'abord instaurées pour des raisons de sécurité.

LA POSITION DU MENEUR

En compétition, le meneur peut choisir sa méthode et son style de menage. En épreuve comme pendant les sorties de loisir, le tout est que le meneur parvienne à diriger correctement son attelage et à en conserver toujours la maîtrise.

La position du meneur est pour beaucoup dans la qualité du menage. Elle doit lui permettre une bonne indépendance du haut du corps, afin que buste, bras et mains puissent agir librement et avec décontraction sur l'appareil de gouverne. Comme le cavalier, le meneur doit garder une main fixe par rapport à la bouche du cheval et éviter les à-coups. Son siège est incliné afin que le poids du corps se reporte sur les jambes, qui sont étendues, les pieds prenant appui sur le repose-pied ou sur la coquille de la voiture. Le meneur se carre dans son siège pour trouver le bon équilibre et le bon appui qui lui permettront de voyager confortablement, de bien contrôler ses chevaux et de ne pas basculer en avant en cas de traction sur les guides.

Bob Langrish

En compétition, la présence d'un groom pour deux chevaux est obligatoire, celle des passagers interdite. Pour le marathon, on compte un groom supplémentaire. Dans le cas d'un attelage à quatre par exemple, on trouvera dans la voiture le meneur, un groom pour chaque paire de chevaux plus un troisième groom.

LE BON GESTE

Pour des questions de sécurité, il est préférable de toujours partir en compagnie d'une personne capable de se débrouiller avec les chevaux, qui pourra, par exemple, les tenir en cas d'incident sur la voiture.

MONTER EN VOITURE

Pour des raisons de sécurité, parce qu'il est le seul capable de bien maîtriser ses che-

L'attelage en compétition est un sport, qu'on se le dise !

Bob Langrish

vaux, le meneur monte toujours le premier dans la voiture.

Il monte par la gauche, selon une tradition qui remonte, comme dans le cas du cavalier, à l'époque où les hommes, portant l'épée, ne pouvaient monter que de ce côté.

Le meneur saisit les guides qui sont sous la croupière ou dans la clé de la sellette, les ajuste, puis, faisant passer les guides dans sa main gauche, pose le pied gauche sur le marche-pied et, en s'aidant de la main droite, se hisse dans la voiture.

Une fois installé sur le siège, il reprend les guides dans les deux mains en position de menage et saisit son fouet.

Les chevaux étant désormais en main, les autres passagers peuvent monter à leur tour.

Le groom se tient à la tête de l'attelage pendant que le meneur, puis les passagers s'il y en a, montent en voiture.

Ensuite seulement viendra son tour.

DESCENDRE DE VOITURE

Le groom descend le premier pour aller se mettre à la tête de l'attelage ; vient ensuite le tour des éventuels passagers. Le meneur quitte la voiture le dernier. Il reprend les guides dans la main gauche, descend, puis replie les guides sous la croupière ou les passe dans la clé de la sellette. Durant cette opération, il doit toujours être prêt à remonter rapidement si nécessaire.

LE GROOM

Le groom est l'accompagnateur privilégié du meneur.

UN COÉQUIPIER

Autrefois, c'était un palefrenier chargé des soins des chevaux et de leur surveillance. Aujourd'hui, c'est un coéquipier, qui participe, ainsi que le meneur, à l'ensemble des taches.

BON À SAVOIR

En compétition, le meneur doit être titulaire d'un galop d'équitation option attelage correspondant au niveau de l'épreuve.
Le groom lui-même doit être titulaire du galop 4 ou 5.

GROS PLAN

Bien calé dans son siège, en appui sur ses jambes tendues, le meneur peut agir avec son buste pour accompagner et reprendre les chevaux sans risque d'être déséquilibré.

Bob Langrish

En compétition, le groom se tient à la tête de l'attelage durant la montée en voiture, sans toucher les chevaux, sauf nécessité.

Durant l'épreuve, il est présent dans la voiture, mais ne peut monter ou descendre librement. En cas d'incident, le juge peut l'autoriser à descendre, mais cette opération sera sanctionnée par des points de pénalité.

Il n'a pas le droit d'intervenir auprès du meneur pour l'aider : il n'a même pas le droit de lui indiquer un itinéraire.

On compte un groom pour deux chevaux : dans un attelage à quatre, par exemple, on trouvera dans la voiture le meneur et deux grooms. Lors du marathon, il faut un groom supplémentaire.

CHACUN SA PLACE

Dans l'attelage de loisir, le placement des passagers dans la voiture répond évidemment à des raisons de sécurité et de répartition équilibrée de la charge.

En compétition, outre le meneur, seuls les grooms sont admis dans la voiture. Durant les épreuves, ils doivent conserver leur équilibre et contribuer à la stabilité de la voiture, notamment dans les épreuves de marathon.

LE COIN DU PRO
La bonne tenue

Dans l'attelage de loisir, et pendant l'entraînement, chacun est libre de s'habiller comme il l'entend. En dehors de la belle saison, il est important, notamment pour les grooms et les passagers, qui restent immobiles, de s'habiller suffisamment pour résister au froid.

En compétition, l'attelage est jugé en partie sur la tenue des occupants de la voiture, notamment dans les épreuves de présentation et de dressage. Le règlement impose pour le meneur le port d'un tablier, d'un couvre-chef et de gants. Les grooms doivent également porter un chapeau. La tenue du meneur et des grooms doit être en rapport avec le style de la voiture et des harnais. On recherche élégance et harmonie. Pour le marathon, la tenue est moins stricte.

Sorrel

Le marathon

Le marathon est l'une des épreuves les plus spectaculaires et les plus éprouvantes en concours d'attelage. Elle est très appréciée du public, qui aime cette belle démonstration de force et de précision.

Bob Langrish

UNE ÉPREUVE MAJEURE

Le marathon peut constituer un concours d'attelage à lui seul ou être l'épreuve la plus importante dans un concours combiné d'attelage.

DE NOMBREUSES DIFFICULTÉS

Le marathon est une épreuve d'attelage destinée à juger surtout l'endurance et l'agilité du cheval – ainsi que l'adresse et le sens du train du meneur. Elle se déroule en plusieurs phases : 3 phases (A, C, E) dans les concours de catégorie B, 5 phases (A, B, C, D, E) dans les épreuves de catégories A, les championnats et les concours internationaux.

Bob Langrish

En marathon, la tenue est moins stricte qu'en dressage ou en épreuve de maniabilité, mais doit être correcte et adaptée à l'attelage. Le port du casque est en train de se généraliser.

LE COIN DU PRO

Les attelages autorisés à participer au marathon sont les suivants :

- les attelages à quatre et en paire avec une voiture à 4 roues, avec frein ;
- les attelages en tandem, avec une voiture à 4 ou 2 roues ; s'il n'y a pas de frein, le reculement est obligatoire ;
- les attelages à un, avec voiture à 4 roues ; s'il n'y a pas de frein, le reculement est obligatoire.

Le marathon est émaillé de difficultés (montées, gués, tournants brusques, barrières), de passages obligatoires et d'obstacles que les concurrents doivent franchir dans l'ordre, dans le sens indiqué par les fanions, et à l'allure précisée par le règlement.

BON À SAVOIR

La reconnaissance officielle doit avoir lieu 48 heures avant le départ du marathon. Après la reconnaissance officielle et jusqu'au début de l'épreuve, les concurrents sont autorisés à déambuler librement sur le parcours.

UN LONG PARCOURS

La distance totale du marathon va d'une quinzaine de kilomètres (maximum 16 km) pour les épreuves en trois phases à une vingtaine (maximum 22 km) pour les épreuves en cinq phases.

Bob Langrish

Si l'attelage à un est moins spectaculaire que les impressionnants attelages à quatre, il n'en demande pas moins une grande compétence de la part du meneur.

LE SAVIEZ-VOUS ?
L'arbitre

Un arbitre monte à bord de la voiture pour juger le parcours. On l'appelle le juge volant, ce qui est une appellation cruellement appropriée, car il lui arrive bien souvent d'être éjecté de la voiture. Le règlement spécifie d'ailleurs : «Si l'arbitre est éjecté de la voiture, le concurrent doit l'attendre aussi longtemps que possible. Si l'arbitre n'est pas en état de continuer, le jury de terrain doit être averti sans délai.»

Bob Langrish

Les chevaux sont donc rudement éprouvés. C'est pourquoi le règlement prévoit des haltes obligatoires d'au moins 10 mn à la fin des phases B et D, pendant lesquelles les chevaux peuvent s'abreuver et se reposer.

Un vétérinaire et un maréchal-ferrant sont présents lors de la seconde halte.

LES OBSTACLES

En marathon, le mot obstacle ne recouvre pas, évidemment, la même réalité qu'en concours hippique. Il ne s'agit pas de sauter des barres, mais de franchir des difficultés qui obligent les attelages à faire la démonstration de leur agilité, de leur force, de leur franchise et de leur précision.

Les obstacles du marathon – au moins 5, au plus 8 – sont groupés dans la phase E de l'épreuve. Ils sont composés de plusieurs éléments – talus, poteaux, arbres, gués, etc. Leur entrée et leur sortie est marquée par une ouverture, la porte.

Des portes peuvent également être aménagées entre les différents éléments de l'obstacle.

Elles peuvent être franchies dans l'ordre qu'on veut, mais pas toujours – l'ordre est alors indiqué par des lettres classées alphabétiquement.

Un obstacle de marathon peut être long au maximum de 250 mètres.

Un temps limite est imparti pour le franchissement de chaque obstacle. Son dépassement entraîne l'élimination du concurrent.

LES PÉNALITÉS EN MARATHON

Les pénalités ne sont encourues que dans les zones de pénalités, qui sont signalées par des fanions rouges et blancs.

CONNAÎTRE LES PÉNALITÉS

Comme dans un parcours de saut d'obstacles les points de pénalités dépendent des fautes commises.

Le détail de ces pénalités est longuement exposé dans le règlement de la Fédération internationale d'attelage.

VOICI LES FAUTES LES PLUS COURANTES

- **Erreur de parcours.** Il y a erreur de parcours quand le concurrent ne franchit pas les portes obligatoires dans l'ordre indiqué. Si le concurrent corrige cette erreur, il est pénalisé par le seul temps perdu. S'il ne la corrige pas avant de sortir de la zone de pénalité, il est éliminé.
- **Faute d'allure.** Si un ou plusieurs des chevaux rompent l'allure prévue pour la phase pendant plus de 5 secondes, le concurrent est pénalisé d'un point. Si la faute se poursuit, on ajoute 1 point toutes les 5 secondes. Attention : le fait de mettre intentionnellement les chevaux à une allure non autorisée est éliminatoire.

L'allure est libre dans la zone de pénalité des obstacles.

- **Temps perdu.** Tout dépassement du temps accordé entraîne une pénalité de 1 point par 10 secondes. Le dépassement du temps limite entraîne l'élimination.
- **Mettre pied à terre.** Mettre pied à terre est pénalisé de 20 points dans les phases B et D. Dans les obstacles, la pénalité est de 10 points pour le groom, de 30 points pour le meneur.
- **Dépôt ou perte du fouet.** Le fait de déposer ou de perdre son fouet peut coûter 5 points de pénalité au concurrent.
- **Renversement de la voiture.** En cas de renversement de la voiture, on comptabilise les pénalités pour mise pied à terre et perte du fouet.
- **Dételer.** Le fait de dételer un ou plusieurs chevaux ou de les guider à la main est éliminatoire.

Bob Langrish

Tout comme en concours complet, le gué est un obstacle redouté. Le public s'y masse toujours dans l'espoir d'assister au bain forcé d'un groom, d'un meneur ou... d'un juge volant.

L'attelage de tradition

L'attelage de tradition donne enfin sa place à la beauté : bien que les épreuves comportent plusieurs notes, la réussite esthétique de l'attelage considéré dans son ensemble, des chevaux aux passagers en passant par la voiture, est déterminante.

Kit Houghton

RELANCER LA TRADITION

C'est l'Association française d'Attelage qui a relancé l'attelage de tradition, en mettant sur pied pour l'an 2000 un règlement qui a inspiré plus d'un pays.

BEAU ET CONVIVIAL

Pour les amateurs d'attelage qui n'avaient pas envie de se mesurer dans les épreuves de plus en plus sportives de la discipline, mais qui souhaitaient trouver l'occasion de rencontrer les autres meneurs dans une ambiance conviviale et stimulante, il manquait des manifestations. L'AFA s'est efforcée de mettre sur pied l'attelage de tradition.

Une formule qui a séduit acteurs et spectateurs, sur les sols français, suisse et belge, mais qui attire aussi des meneurs venus de tous les pays.

LE DÉROULEMENT D'UN CONCOURS DE TRADITION

Un concours de tradition comporte trois épreuves.

• La présentation
L'attelage peut être présenté aux juges à l'arrêt ou en mouvement.

Les juges notent les chevaux, les harnais, la voiture, l'équipage ainsi que l'impression dégagée par l'ensemble.

• Le parcours routier
Ce parcours sur routes et chemins d'une quinzaine de kilomètres doit être parcouru

LE SAVIEZ-VOUS ?

Bien qu'ils ne portent pas le même nom, et ne se plient pas forcément aux mêmes règlements, les concours de tradition existent depuis longtemps en Grande-Bretagne, en Allemagne, aux Pays-Bas, mais aussi aux États-Unis. L'esprit est le même : tradition, harmonie et beauté avant tout !

BON POUR LE MORAL

Bien que les chevaux de sport se soient taillé la part du lion dans les compétitions d'attelage, les chevaux lourds font un retour remarqué dans les concours de tradition. Ils sont très appréciés du public.

Sorrel

Les attelages à quatre font toujours de l'effet, mais qui peut rivaliser en élégance avec un joli cheval bien attelé ?

Kit Houghton

à une vitesse moyenne imposée. Cinq difficultés jalonnent le parcours.

• **L'épreuve de maniabilité**

Cette épreuve se déroule sur un terrain herbeux ou sablonneux « roulable ».

Elle comporte une quinzaine de « portes » matérialisées par des cônes surmontés d'une balle.

Le meneur doit les faire franchir à son attelage sans rien renverser.

LE CLASSEMENT

À la suite de ces trois épreuves, deux classements sont prévus : l'un général, l'autre par catégorie.

Il existe, bien sûr, des prix spéciaux (pour les attelages de chevaux lourds, par exemple) ; souvent, le public peut élire lui aussi l'attelage qu'il préfère.

COMMENT PARTICIPER ?

Tout meneur peut participer à un concours d'attelage de tradition pourvu qu'il possède un équidé et une voiture... et qu'il fasse l'effort de consulter le règlement publié par l'AFA avant de s'inscrire !

MANIFESTATIONS ET CONCOURS

L'attelage de tradition revit aussi bien au travers de simples démonstrations lors de fêtes ou d'événements divers, où des juges notent simplement la beauté des attelages à l'arrêt, que lors de concours de tradition.

Bob Langrish

Le passage d'une porte, durant l'épreuve de maniabilité : les balles ne doivent pas tomber !

GROS PLAN

Si l'attelage comporte plusieurs chevaux, il faut chercher à apparier les robes et les marques – ici, c'est remarquablement réussi !

Kit Houghton

Tous les attelages peuvent participer – anciens, copies d'anciens et modernes, avec une ou plusieurs bêtes attelées (cheval, âne ou poney) – mais il ne faut pas perdre de vue la vocation de ces épreuves, qui est de faire revivre la tradition.

L'AMOUR DU MATÉRIEL

L'état du matériel, autant que sa qualité, a une grande importance.

Il faut donc faire réparer, entretenir, repeindre et astiquer soigneusement sa voiture.

La sécurité ne doit jamais être négligée, la plus belle des voitures pouvant être écartée si elle ne satisfait pas dans ce domaine.

Les harnais sont presque obligatoirement en cuir, celui-ci devant être fabriqué de préférence selon des méthodes traditionnelles.

Les accessoires (lanternes, capotes, etc.) peuvent être ajoutés, pourvu qu'ils s'accordent avec le style du véhicule.

Les chevaux doivent être toilettés avec le plus grand soin.

La queue n'est jamais nattée mais la crinière peut l'être – le nombre de nattes devant obligatoirement être impair.

ÉLÉGANCE AVANT TOUT

L'équipage doit, bien sûr, revêtir une tenue élégante en harmonie avec la voiture et correspondant à la catégorie choisie. Tout est question de détails mais, d'une façon générale, une sobriété de bon goût, sans fausse note, est mieux notée qu'une débauche d'accessoires, si beaux soient-ils.

Sorrel

Sur le routier, une vitesse moyenne est imposée.

INDEX